本书由上海市高校高原学科（监狱学方向）建设项目资助。

人民警察的时代担当

江宪法◎著

上海人民出版社

目 录

CONTENTS

导 论

2017年5月19日，习近平总书记在人民大会堂会见全国公安系统英雄模范立功集体表彰大会代表时发表重要讲话，高度赞誉人民公安。习近平总书记说："公安队伍是一支有着光荣传统和优良作风的队伍，也是一支英雄辈出，正气浩然的队伍。""正是有了你们的辛勤付出和流血牺牲，才换来了广大人民群众的安宁和幸福。你们不愧为党和人民的忠诚卫士，党和人民感谢你们。"[①] 学习习近平总书记的讲话，回想2014年10月28日，自己在参加全国公安机关爱民模范集体和爱民模范表彰大会时受到习近平总书记亲切接见的难忘时刻，为自己能够成为一名人民警察感到无上光荣。

党的十八大以来，在党中央、国务院的坚强领导下，在公安部的正确领导下，公安事业有了跨越式的发展，在司法改革、社会治理、能力提升和队伍建设等方面都取得了新的成绩。这期间，自己身为一名省级公安机关的领导成员，留下了深深的记忆。于是，便想把它记录下来。

党的十八届三中、四中全会对司法改革作了重大部署，从司法责任制改革到司法管理体制和司法权力运行机制改革到党的十九大召开后的机构改革中推出的新的公安机构改革，公安改革在整个司法改革中渐变为改革的重点。司法改革的核心是司法公信力，是老百姓对司法制度的认可。数据表明，上海公安工作的社会满意度逐年提升。据零点公司调查显示，2017年度上海公安工作公众满意度达84.36%。

党的十八届三中全会提出："全面深化改革的总目标是完善和发展中国特色社会主义制度，推进国家治理体系和治理能力现代化。"实现国家治理体系和治理能力现代化是公安发展的新定位，面对日益变化的社会环境，公安机关抓住机遇，迎头而上，在履行公安

① 参见《人民公安报》2017年5月20日。

职责参与社会治理的各个方面都显现一派新气象。社区警务顺应社区的变化，社区民警担当起管理者、参与者、建设者的新角色，社区安全技防建设跨入了3.0版。交通违法大整治这看似无法做到的头等难事，在全体公安民警的努力下，在广大市民的配合下，上海的交通状况得到了根本性转变。在特大型城市并不多发生却风险极大的消防安全方面，由于在消与防两个方面下功夫，上海的火灾发生数2018年比上年度下降了12.3%。

狱政管理、“民告官”是司法人权保障最为重要的“窗口”，它从一个鲜为人知的角度折射出社会主义法治建设的成效。我们看到正是在这个陌生的领域，公安工作变得更加透明、更加自信，展现出公安司法人权保障实实在在的进步。

特大型城市的人口管理及社会秩序稳定是公安职责中最为重要的内容。改革开放以来，这两块的市情社情一直在考验着公安的履职能力。面对复杂交织的现实与历史的原因，在上海市委、市政府的领导下，上海公安实现了让社会有序稳定发展，打造最安全城市的承诺。

党的十八大以来，习近平总书记先后在2014年、2019年两次出席中央政法工作会议并发表重要讲话，对新时代政法公安工作提出新要求。2019年1月，习近平总书记在中央政法工作会议上的讲话深刻点化了新时代的公安工作。习近平总书记说：“要坚持以新时代中国特色社会主义思想为指导，坚持党对政法工作的绝对领导，坚持以人民为中心的发展思想，加快推进社会治理现代化，加快推进政法领域全面深化改革，加快推进政法队伍革命化、正规化、专业化、职业化建设，忠诚履职尽责，勇于担当作为，锐意改革创新，履行好维护国家政治安全、确保社会大局稳定、促进社会公平正义、保障人民安居乐业的职责任务，不断谱写政法事业发展新篇章。”习近平总书记这段讲话中的“三个坚持”“三个加快推进”“四化队伍建设”“四项职责任务”，高瞻远瞩，意义深远。

一是新时代的公安警魂更加坚定。2017年5月，习近平总书记在全国公安系统英雄模范立功集体表彰大会上就提出了公安建设“四句话”“16个字”的总要求，“对党忠诚、服务人民、执法公正、纪律严明”。而对党忠诚是公安的警魂，是公安一切工作的底气所在。公安是一支特殊的队伍，手握枪杆子、刀把子，肩负维护国家安全的特殊使命。公安是国家专政机关的重要组成部分，是武装性质的行政力量。公安的命脉必须听从于党的指挥。新时代对党忠诚的核心就是坚决维护习近平总书记党中央的核心、全党的核心地位，坚决维护党中央权威和集中统一领导。在大是大非面前立场坚定，在大风大浪面前无所畏惧，确保公安队伍绝对忠诚、绝对纯洁、绝对可靠。

二是新时代的公安职责更加鲜明。中国进入改革开放以来，加快了中国特色社会主义法律体系建设。1995 年 2 月，制定了第一部《人民警察法》，第 2 条规定了警察的任务。习近平总书记在 2019 年的中央政法工作会议上的讲话中阐述的政法职责任务，正是新时代公安所要承担的职责任务，那就是“维护国家政治安全、确保社会大局稳定、促进社会公平正义、保障人民安居乐业”。公安机关必须旗帜鲜明地承担起这四方面的职责任务，其中与保障人民安居乐业直接相关的大量的公安行政管理职责、参与社会治理职责在许多方面需要公安机关付出更多更大的努力，以切实回应广大人民的新期盼。

三是新时代的公安担当更加坚定。2017 年习近平总书记在会见全国公安系统英雄模范立功集体表彰大会代表时说：“在你们当中，有的在打击犯罪、保护人民的关键时刻挺身而出、冲锋在前，有的在重大安保任务面前不怕疲劳、连续奋战，有的长期默默无闻、甘当无名英雄，有的在平凡工作岗位上像老黄牛一样辛勤耕耘、当好‘螺丝钉’，大家用辛勤的汗水乃至宝贵的鲜血和生命，为国家安全、社会公共安全、人民生命财产安全筑起了一道坚不可摧的铜墙铁壁。”习近平总书记褒奖的是公安的担当，敢担当者是对自己职业的敬重，敢担当者付出的是责任的勇气，敢担当者才会赢得社会的微笑。人民公安哪怕是“白加黑”“五加二”，任务面前他们依然只说一句话：首战用我，用我必胜。

四是新时代的公安发展更加明确。习近平总书记要求政法公安要加快推进革命化、正规化、专业化、职业化建设。“四化”的要求正是公安发展的方向，正是公安队伍的价值取向。现如今，智慧公安已成为公安履职的共同追求。这些年来，公安队伍发生了很大的变化，上海公安民警中 94% 已具有大专以上学历，许多民警还具有双学历，他们已经熟练地站在了新科技运用的前沿。如同我这样一个老兵，公安民警更懂得不忘初心、方得始终，他们都把公安工作作为自己的终身选择，让“四化”要求在自己身上闪光。

党的十八大以来，公安事业的发展是新中国成立以来成绩显著的一段。现如今，以习近平总书记在党的十九大报告中提出的“科技是核心战斗力”重要指示为牵引，在“智慧公安”大手笔谋划中，上海公安工作又进入了一个新的发展时期。警务流程再造；一线执法民警成为“全科医生”；全市近两万个社区的 3.0 版社区技防建设；从严治警从优待警等一系列新的举措正在实践中。我们完全有理由相信，若干年后再评估时又有一番可赞可颂的业绩。

以警务流程再造为总规划的公安体制机制改革将不断深化。公安警务流程再造通过更加科学合理的设计，更加科学合理地用警，能够更好地履行法律赋予的各项职责。以科技强警为核心的能力建设将全面提升公安战斗力。大力推进“智慧公安”建设的“四梁八柱”已经架构，执法能力会越战越强，各业务警种和队伍建设会全覆盖提升，服务人民的宗旨会更加踏实努力地践行。

随着社会的快速发展，服务人民公正执法的内容和形式都会发生变化，警察所追求的是在履职中，让人民群众有实实在在的获得感，让身边的人支持做身边的事。

公信力是试金石

公安改革是司法改革的一部分，是在国家司法改革进程中不断深化的一项重要改革。

公安工作如同各项工作都是在改革创新中发展的基本规律一样，也是在不断的改革创新中发展前行。在我从警的经历中，公安工作改革创新始终是一条主线，尤其是党的十八大作出司法改革的重大部署后，公安改革更是取得了新的发展。

公安改革是司法改革的一部分，是在国家司法改革进程中不断深化的一项重要改革。司法制度改革是党的十八届三中全会（以下简称三中全会）确定的六大改革任务之一，是全面改革的组成部分。三中全会所确定的全面改革任务在党的十八届四中全会（以下简称四中全会）决定中，在法治中国建设的总要求下进一步深化，扩展了司法改革的内容，提出了新的改革任务。从三中全会决定到四中全会决定，从提出司法改革到内容深化，整个逻辑关系是递进的。公安改革是司法改革的组成部分，而司法改革是国家全面改革的组成部分，这是大背景的逻辑关系。细化学习全会决定时理解上是从小讲到大，从公安改革讲到司法改革，再讲到三中全会、四中全会的决定；在整体把握上是从大讲到小，从国家大的改革背景讲起，然后讲具体改革是怎么推进怎么演化的。对公安改革的递进理解要讲三个问题：第一个问题是公安改革的总要求；第二个问题是公安改革的阶段性推进及焦点；第三个问题是推进公安改革的主要做法。

一、公安改革的总要求

习近平总书记在党的十八届三中全会所作的《关于〈中共中央关于全面深化改革若干重大问题的决定〉的说明》中有几段重要的阐述。一个阐述讲到了对三中全会的关注度。翻开改革开放以来党的发展历史篇章，从党的十一届三中全会以来，历次三中全会都成为重要的关注点，全世界都高度关注。习近平总书记说：“改革开放以来历次三中全会都研究讨论深化改革问题，都是在释放一个重要信号，就是我们党将坚定不移高举改革开放的旗帜，坚定不移坚持党的十一届三中全会以来的理论和路线方针政策。”中央党校郑必坚同志写了一篇文章《全面深化改革的重大意义》，这篇文章分析了党的十一届三中全会以来历次三中全会的关注点。回顾历史，改革开放以来我们党历次三中全会都聚焦改革，十二届三中全会研究的是以城市为重点的经济体制改革，全会通过了《中共中央关于经济体制改革的决定》，中国改革从农村走向城市。我国的改革是从农村开始的，从农村的包产到户责任制开始搞经济改革，真正从农村走向城市是十二届三中全会作出的重要决定。十三届三中全会研究的是深化经济体制改革特别是价格改革、企业改革的问题，企业开始转制。十四届三中全会研究的是社会主义市场经济体制问题，全会通过了《中共中央关于社会主义市场经济体制若干问题的决定》，提出在20世纪末初步建立起社会主义市场经济体制。十五届三中全会研究的是农村改革问题，全会通过了《中共中央关于农业和农村工作若干重大问题的决定》，提出到2010年建设有中国特色社会主义新农村的奋斗目标。十六届三中全会主题是完善社会主义市场经济体制改革问题。十七届三中全会主题是新形势下推进研究农村改革发展问题。郑必坚同志说：这六次三中全会都是专注于某个领域或者某个方面的改革，而且都是以经济体制改革为主。由此得出了一个结论，十八届三中全会部署的全面深化改革，是以经济改革为重点，以协同推进经济体制、政治体制、文化体制、社会体制、生态文明体制和党的建设改革为主要内容的全面性、系统性、整体性的改革，改革涉及领域之多、范围之广前所未有。为什么叫“全面深化改革”，因为其不像以前历次三中全会研究的是某一个经济领域的改革，无论是城市的还是农村的或者是专项的，这一次是全面改革，改革所涉及的领域最多、范围最广，特别是第一次系统地、全面地、整体地对改革作出部署。

党的十八届三中全会在研究全面改革的过程中研究了司法改革问题。习近平总书记在他所作的说明中有一段这样的话：“当前，国内外环境都在发生极为广泛而深刻的变化，我国发展面临一系列突出矛盾和挑战，前进道路上还有不少困难和问题。比如：发展中不平衡、不协调、不可持续问题依然突出，科技创新能力不强，产业结构不合理，发展方式依然粗放，城乡区域发展差距和居民收入分配差距依然较大，社会矛盾明显增多，教育、就业、社会保障、医疗、住房、生态环境、食品药品安全、安全生产、社会治安、执法司法等关系群众切身利益的问题较多，部分群众生活困难，形式主义、官僚主义、享乐主义和奢靡之风问题突出，一些领域消极腐败现象易发多发，反腐败斗争形势依然严峻，等等。解决这些问题，关键在于深化改革。”习近平总书记的话告诉我们，改革开放以来，积累的问题已经不像前几次三中全会那样解决一个一个单项问题即可，必须全面解决国家遇到的不同问题，必须是一个全面的改革。全面改革的背景就是因为有很多问题，包括司法领域存在的问题，都到了必须要改的程度。

党的十八届三中全会确立的司法改革和接下来的工作展开，其内容可以用“五·六·四”来概括工作布局。什么叫“五·六·四”的工作布局呢？就是三中全会决定中所明确的司法改革指“五个方面的任务”，这是“五”。时任中央政法委书记孟建柱在解读三中全会决定中关于司法改革内容时讲了六项任务，就是将全会确定的五个方面的内容细化到六项具体的任务，这是“六”。据《人民公安报》报道，2015 年 7 月在上海召开司法改革试点工作推进会，孟建柱在会上讲话说，前阶段的司法改革重在四项任务的改革，这是“四”。从 2013 年 11 月三中全会布置司法改革到 2015 年 7 月的上海会议，七个地方的试点工作主要是立足于四方面的改革，完成四项改革任务。所以，三中全会所确定的司法改革从部署到实际展开，可以用“五·六·四”来提炼。具体说，三中全会决定的第九部分“推进法治中国建设”，在这一部分中规定了五方面的改革内容，包括：维护宪法法律权威、深化行政执法体制改革、确保依法独立公正行使审判权检察权、健全司法权力运行机制、完善人权司法保障制度。孟建柱在他的解读文章《深化司法体制改革》中，将三中全会的五个方面的内容又细化为六项具体的任务：一是确保人民法院、人民检察院依法独立公正行使审判权、检察权；二是建立符合职业特点的司法人员管理制度；三是健全司法权力运行机制；四是深化司法公开；五是广泛实行人民陪审员、人民监督员制度；六是严格规范减刑、假释、保外就医程序。在上海召开试点工作推进会的时候，孟建柱在会上讲：这次会议是贯彻三中、四中全会、深入贯彻习近平总书记系列重要讲话精神、总结完善司法责任制等四项改革的第一次会议。就是说试点工作第一阶段主要是围绕四方面的改革任务在推进，改革内容又聚焦到司法责任主体的改革，围绕着司法责任主体这个核心内容推进一系列的改革，在试点中开展的四项改革包括员额制改革、责任制改革、职业保障制度改革和条线管理改革。

三中全会决定是关于全面深化改革若干重大问题的决定，四中全会决定是关于全面推进依法治国若干重大问题的决定，两个决定都有关于司法改革的内容，三中全会和四中全会在司法改革这点上的关系可以从两方面理解：第一是时间关系。党的十八大作出改革战略部署将全面深化改革和加强法治中国建设在时间上作了一个排列：先讲全面改革，然后再讲法治中国建设，两者是相互衔接相互促进的关系。在时间上如果不先提全面改革，讲法治中国建设中的司法改革的很多内容时就没有出处。先要有一个全面改革的部署，然后再就其中的重点工作作进一步部署。第二是逻辑关系。怎么看这个逻辑关系？法治中国建设是全面改革的组成部分，是全面改革的保障，如果没有法治中国建设，各项改革都得不到有效保障。正因为这样，四中全会决定所涉及的内容更多的是讲法治政府，讲司法公正，讲权力运作，更加凸显各项社会制度的法治保障。四中全会和三中全会所讲的司法改革在内容上有很大的不同，三中全会确定了五个方面的内容，四中全会则更多讲体制机制问题，它不单单是宏观地整体地对改革作出部署。习近平总书记关于四中全会决定的说明中有一段话非常深刻，他说："全面推进依法治国是关系我们党执政兴国、关系人民幸福安康、关系党和国家长治久安的重大战略问题，是完善和发展中国特色社会主义制度、推进国家治理体系和治理能力现代化的重要方面。我们要实现党的十八大和十八届三中全会作出的一系列战略部署，全面建成小康社会、实现中华民族伟大复兴的中国梦，全面深化改革、完善和发展中国特色社会主义制度，就必须在全面推进依法治国上作出总体部署、采取切实措施、迈出坚实步伐。"要实现党的十八大和十八届三中全会作出的部署就必须研究依法治国问题，这就是两者的逻辑关系。要全面深化改革、全面建设小康社会、全面依法治国，必须作出一个关于法治中国建设的总体决定。中央的战略决策所站的高度就在这里。所以在三中全会结束后马上研究全面推进依法治国问题。习近平总书记在作说明时特别讲到了法律的重要性，讲到了我们党的历届领导人都高度重视中国的法制建设问题。习近平总书记说："法律是治国之重器，法治是国家治理体系和治理能力的重要依托。全面推进依法治国，是解决党和国家事业发展面临的一系列重大问题，解放和增强社会活力、促进社会公平正义、维护社会和谐稳定、确保党和国家长治久安的根本要求。要推动我国经济社会持续健康发展，不断开拓中国特色社会主义事业更加广阔的发展前景，就必须全面推进社会主义法治国家建设，从法治上为解决这些问题提供制度化方案。"习近平总书记说："现在，全面建成小康社会进入决定性阶段，改革进入攻坚期和深水区。我们党面对的改革发展稳定任务之重前所未有、矛盾风险挑战之多前所未有，依法治国在党和国家工作全局中的地位更加突出、作用更加重大。"

四中全会决定关于司法体制改革的内容与三中全会决定有一个很大的区别，重点加强了司法管理体制和司法权力运行机制方面的改革，这是司法改革内容的一个很大的拓展。虽然三中全会决定在五方面内容布置中也讲到权力运行的问题，但是四中全会决定更加突出了司法管理体制和司法权力运行机制。体制机制是什么含义，一般来说制度是宏观的，体制是中观的，机制是微观的。司法责任主体改革重在主体责任，司法管理体制和司法权力运行机制重在管理体制和运行机制，两者是有明显区别的。司法管理体制与司法权力运行机制两者也有明显区别，可以说管理体制更多的是对内的，权力运行机制更多的是对外的。司法管理体制包括对内的司法权力配置、组织机构、人员与编制、领导体制、从优待警、工资福利、财物保障等方面，更多的是对内一些体制设定的改革。比如，这次的公安改革在人员编制上就有一个很大的突破，将属于地方事务的警力配置权交给地方自行安排，不再受中央核定编制的限定。比如工资待遇可以公务员为基准高于地方等。司法权力运行机制包括了司法职权配置，司法权力运行中的相互配合、相互制约、对司法权力运行的监督。由于司法权力运行具有作用于社会的特征，这里的机制改革也就包括了执法公开的内容，对公安机关而言就是"阳光警务"的内容。比如权力配置，对内有上下事权的配置问题，对外有各职能部门的职责更清晰划分的问题，比如制约问题有办案流程中的规范操作与移送标准的研究问题。总之，可以说司法权力运行机制的改革是更系统对外的。

习近平总书记在政治局集体学习时讲这次司法改革关键是要解决司法公正的问

题，用司法公正、司法公信力作为改革的一把尺来衡量改革成功与否。2015 年 3 月 24 日，中共中央政治局就深化司法体制改革、保证司法公正召开第二十一次集体学习，习近平总书记主持学习并发表重要讲话，对司法改革提出明确要求。习近平总书记说：“深化司法体制改革，完善司法管理体制和司法权力运行机制，必须在党的统一领导下进行，坚持和完善我国社会主义司法制度。”“司法体制改革必须为了人民、依靠人民、造福人民。司法体制改革成效如何，说一千道一万，要由人民来评判，归根到底要看司法公信力是不是提高了。”“司法体制改革必须同我们根本政治制度、基本政治制度和经济社会发展水平相适应，保持我们自己的特色和优势。”习近平总书记在学习会上讲的“三个必须”是司法改革中必须把握的原则，提高司法公信力是根本的价值取向。回过头来看，四中全会决定讲司法管理体制和司法权力运行机制时是把它放在保证公正司法、提高司法公信力方面来论述的。从司法改革的角度看，四中全会更加强调司法公信力，强调司法公正。做到司法公正，实现社会的公信力，必须解决管理体制和运行机制的问题。

孟建柱对四中全会决定也有一篇解读性的文章叫《完善司法管理体制和司法权力运行机制》，在这篇解读性文章中可以清晰地看到，中央政法委作为主管政法工作、主管司法改革的部门，对四中全会决定把握的最核心的问题就是司法管理体制和司法权力运行机制，这是四中全会所作出的一个重要的战略部署。文章从三个方面讲了这个问题的重要性，围绕着体制、机制进一步明确了改革的任务。孟建柱说：完善司法管理体制和司法权力运行机制是坚持和完善中国特色社会主义司法制度的必然要求；是推进国家治理体系和治理能力现代化的客观要求；是维护社会公平正义的迫切需要。这些改革的任务都已经被细化转化到工作中，共有五个方面：一是完善确保独立公正行使审判权和检察权；二是优化司法职权配置；三是完善司法管辖体制；四是完善司法权力运行机制；五是加强对司法活动的监督。

我学习四中全会决定后觉得，决定所确定的司法改革任务公安机关最重。在三中全会决定讲司法责任主体改革时提的是审判权独立行使，以审判权为中心，推进法官检察官责任主体改革。四中全会的召开，公安机关成了改革的重头戏。因为四中全会讲了司法管理体制和司法权力运行机制的改革，公安机关是最具有管理体制问题和权力运行机制问题的。因此，公安机关是四中全会布置的司法改革任务最重的机关。

还有一个重要的问题，就是司法权的配置问题。三中全会决定中讲司法改革指公、检、法三家，四中全会指公、检、法、司四家。司法权力配置要重新调整，三家的相互制约相互配合相互监督变成四家的相互制约相互配合相互监督，从三家机制变成了四家机制，这是一个很大的调整。调整的核心问题是执行权问题。从现行机制看，公安部门的刑事立案谁来监督，什么案子该立什么不该立，立了案子程序怎么走，程序没有走下去是怎么处理的。另外，从现行体制看，法院的执行案件由法院的执行局来执行。然而，执行权应该交给司法行政部门。首先，从法律体系上来讲，这样做有利于相互制约。刑事诉讼环节是四个环节，侦查、起诉、审判、执行，法律本身是这么设计的，而且刑罚执行机构在司法行政部门。既然是刑事诉讼活动，那么羁押人的司法活动是否都应交给司法行政部门会更好呢？所有人员的羁押都应当同侦查活动和其他刑事执法活动分离，应该交给专有的执行机构管理。而民事执行活动是社会高度关注的问题，为什么不交给司法行政部门呢？所以，执行权无论是羁押人的刑罚执行权还是民事执行权，应该统一归属到一个执行部门去执行，那就是司法行政部门。四中全会认识到了这个问题，对执行权配置有了许多新的内容，“优化司法职权配置。健全公安机关、检察机关、审判机关、司法行政机关各司其职，侦查权、检察权、审判权、执行权相互配合、相互制约的体制机制”。“完善司法体制，推动实行审判权和执行权相分离的体制改革试点。完善刑罚执行制度，统一刑罚执行体制。改革司法机关人财物管理体制，探索实行法院、检察院司法行政事务管理权和审批权、检察权相分离。”司法执行权改革和司法机关的行政事务管理改革是四中全会决定非常重要的一个内容。什么是优化司法职权配置？指的是四机构监督，由公、检、法三机构变为公、检、法、司四机构，这是重大变化。把审判权和执行权分离是和法治的基本精神一致的。这里讲的审判权包括所有审判活动的执行权都应分离出来。谈到刑罚执行机制要讲到羁押人员的管理，拘留所、看守所由公安机关来管理，不利于羁押合理性把控，不利于诉讼活动的司法监督。四中全会决定还进一步讲到审判权、检察权和人财物分离，以后法院、检察院所有的行政事务可能交给司法行政部门去管。法院、检察院不再是一个财务独立预算机构，有机构专门配给。这个机构就是司法行政机关，它管司法机关人财物等行政事务，希望改革尽快走到这一步。

四中全会决定在司法改革要求方面更加突出司法公信力、管理体制和运作机制，可以说改革的方向和内容更加具体。习近平总书记在中央政治局第二十一次集体学习会上强调了这个问题，一定要提高司法公信力，要把这个问题作为法治中国建设和司法体制改革中的核心问题。强调体制机制改革是为了提高公信力，为了体现司法公正。这是我对三中全会和四中全会关于司法改革的认识，是研究公安改革的背景。

公安改革是司法改革的组成部分，由于改革的一些具体任务大多与公安行政管理行为有关，因此，也可以说公安改革属于行政改革的组成部分，很多方面都是放在法治政府建设问题上讲的。讨论公安改革就要对国家行政体制改革问题有一个把握。《上海行政司法研究》（2015）刊登原上海社科院法学所所长、市政府法制办主任刘华的一篇文章《推进上海法治政府建设的若干思考》，文章写道，中国的法治建设经历了三大节点：一是党的十一届三中全会实现了工作重心的转移，以阶级斗争为纲转化为以经济建设为中心，作出加强社会主义民主法制建设的重大决策。二是党的十五大正式提出了“依法治国，建设社会主义法治国家”的基本方略，1999年依法治国载入《宪法》。三是党的十八大真正把法治中国作为治国理政的基本方略，四中全会出台了《中共中央关于全面推进依法治国若干重大问题的决定》。党的十八大之后制定了两个重要的决定，真正将法治中国建设确立为治国理政的基本方略，不仅提出了一个理念，而且从战略上作出了部署，对具体工作都有要求。文章说，法治政府建设在中国经历了四个阶段，第一是起步阶段，是改革开放后的第一个十年。这时主要是培养法律需求意识，有了“一五普法”和一直进行到现在的普法教育。第二是确立阶段（1989—1999年），这个阶段主要是加强对政府守法意识的培养。第三是推进阶段（2000—2009年），基本形成了建设法治政府的共识。2010年以后属第四个阶段即提速阶段，这一阶段开始加大加快法治政府建设的力度。文章说，经过这过程政府开始形成法治意识，这个意识体现在哪里呢？主要体现在五大意识的形成：第一有了规范意识；第二有了风险意识；第三有了公开意识；第四有了文明意识；第五有了责任意识。经过四十年的努力，对怎么打造法治政府有了五方面意识的极大提升，整个行政执法水平有了明显的提高。这个提高又主要表现在两个方面：一个是行政审批事项的减少，另一个是行政管理方式的创新。文章列举了一组数据，2001 年以来国家进行了七次行政审批事项清理，上海保留的行政审批事项大大减少，在市级只有 1115 项，区级 644 项，街镇 17 项。下一步政府管什么？文章说政府管五件事：第一管准入，第二管安全，第三管环境，第四管公共产品的建设和维护，第五管秩序。

四中全会对法治政府建设、行政管理改革提出明确要求，有几个关键点：第一，法治政府。决定讲到法治政府就是“六条标准”：“职能科学、权责法定、执法严明、公开公正、廉洁高效、守法诚信。”第二，行政法定。决定特别强调行政法定。什么叫行政法定？它是指“机构、职能、权限、程序、责任”五法定，这里有一个很重要的权限划定问题。权限划定就是平常所讲的事权划分，这件事情归你管还是归我管，要有明确的权力边界，由权力边界确立权力责任。公安改革涉及的事权非常多，有些事权是归属公安部直接掌握的事权，不是地方公安部门可以随便定的。有些则是地方公安机关的事权，都有明确的事权界定。第三，法定程序。这次特别强调决策的法定程序。它包括了“公众参与、专家论证、风险评估、合法审查、集体讨论”五个重大决策的程序过程。现在政府重大决策广泛听取民众意见已成为常态。第四，综合执法。整合归并行政执法队伍和职能，实现协调高效、权责一致的行政执法体制。说到政府执法就有意思了，一件事情发生，首先问发生在哪里？发生在马路上，是交警的事情。发生在人行道，是城管的事情。发生在店里面，是工商的事情。“铁路警察，各管一段”，但是到最后要解决问题找谁都找不到。第五，自由裁量基准。自由裁量权是指法律规定对某一行政行为的方式、手段、范围未作详细、具体、明确的规定，执行时由行政机关根据自己的评价和判断，确定适用的范围，选择适当的方式手段处理的权力。大陆法系和英美法系一个很大的区别在于大陆法系是成文法，英美法系是判例法。第六，规范执法。规范执法行为讲六方面的行为必须规范：行政许可、行政处罚、行政强制、行政征收、行政收费、行政检查，这六个方面的执法行为必须规范。其中，处罚的问题要坚决克服随意自由裁量，要对行政处罚行为加强监督。四中全会决定将监督权具体理出了八个方面，政府执法行为受到八个方面的监督。决定谈道：强化对行政权力的制约和监督。加强党内监督、人大监督、民主监督、行政监督、司法监督、审计监督、社会监督、舆论监督制度建设，努力形成科学有效的权力运行制约和监督体系，增强监督合力和实效。第七，政务公开。能公开就公开，以公开为常态，不公开为例外。现在越来越强调能公开要公开，不能公开必须作出说明。

我个人学习四中全会决定的相关内容后，对依法行政加强法治政府建设觉得以下这些方面要重点把握好：什么是法治政府？行政法定讲什么？决策的过程讲什么？怎么推进综合执法？执法行为怎么规范？对政府的行为怎么监督以及政府的信息公开怎么做？这七个方面是决定中关于法治政府建设比较重要的内容，也是公安改革必须把握的要点。

二、公安改革的阶段性推进及焦点

公安改革很大一块是行政管理事项改革，也就是说要按照法治政府的要求进行改革。公安行政管理的一个焦点就是三张清单，即权力清单、责任清单和负面清单。国家对这三张清单提出了明确的要求，特别是权力清单，在四中全会决定中有具体规定：推进政府权力清单制度，坚决消除权力设租寻租空间。2015 年 3 月，中办国办印发了《关于推行地方各级政府工作部门权力清单制度的指导意见》(以下简称《指导意见》),《指导意见》要求所有省级和市县两级政府在 2015 年、2016 年年底要制定权力清单。权力清单告诉政府各部门可以做什么，权力清单中没有的是不能为的。与权力清单相一致的是责任清单，如果违法了，就要承担相应的责任。所谓负面清单就是不可为，告诉行政管理相对人什么是不可以做的，除列举的不能做的事情之外都是可以做的。负面清单必须体现国民待遇，不论你是中国人还是外国人，国有企业还是私营企业，这张清单同等适用。

司法改革和老百姓有什么关系？我们讨论了这么多，政府部门关起门来改那些与老百姓有关的管理，老百姓却全然不知，这怎么改得好呢？公安行政管理事项方面的改革重要的一点是让老百姓知道司法改革、法治政府建设和自己息息相关。把改革问题想明白讲清楚，老百姓才会关心你的改革，支持你的改革，改革才会体现它的社会价值。由于检法两家的改革，更多的是在体制内进行，普通老百姓若无具体诉讼活动的经历，一般都不会知道什么是司法主体责任？什么叫以审判为中心？检、法两家除了与案件有关的司法活动，并无与社会普通老百姓直接关联的司法活动。所以，司法改革进行了一段时间，老百姓对改革的内容、改革的进程都不会太关心，这与公安改革的社会关注度有很大的不同。从这些年司法活动的社会影响来看，老百姓更关心的还是公正审判问题。2006 年 11 月 20 日上午，南京市民徐女士在某公交车站等车，据其称，被正在下车的市民彭某撞倒，而彭某称他下车时老人已经摔倒，所以扶至旁边，并且在其家属到来后一起送老人到医院，还垫付了 200 元的医疗费。2007 年 1 月 4 日，徐女士将彭某告上了法庭。9 月 3 日，法院判决彭某赔偿 40% 的损失费，计 45876.36 元。此案引起网民的激烈争论，被称为 2007 年最具影响力的十大事件之一，而此案中法律与道德的讨论一度成为人们议论的焦点。“见义勇为”“出手相助”，曾一度被人们质疑，一篇《老翁摔倒在地，无人敢扶》的帖子，在各大网站疯传，短短四天，跟帖超过了两万。

公安改革与老百姓有没有关系？结论是肯定的。老百姓对公安改革有着极大的期待，具体体现在以下几个角度。

第一，老百姓对司法有自己的切身感受。

一是，包括公安机关在内的司法制度是国家制度的重要组成部分，现代社会无论哪个国家都是如此。根据我国宪法，国家机构以行使职权的地域范围分为中央国家机构和地方国家机构。中央国家机构由全国人大及其常委会、国务院、国家主席、中央军委、最高人民法院、最高人民检察院组成。这个架构表明了司法制度在全部架构中的位置，所以开“两会”时要听取“一府两院”即政府和法院、检察院的工作报告。

二是，公安工作不仅仅是公安机关本身的活动，它是一个关系千家万户的社会活动。司法活动是依法进行的社会管理和对纷争的裁决，是管理相对人和纷争当事人参与的活动，离开了社会对象也无所谓司法活动。虽然对一个具体的家庭、对一个人来讲也许一辈子也不会打一场官司，但不可能不受到社会管理的约束，不会不受司法活动的影响。一个社会是否公平正义，老百姓就是从点点滴滴，从一件事情的处理过程中来评判的。从根本上讲，一个司法活动就是对社会的一个印记。

三是，新中国历史上有过不讲法律或者法律被滥用的历史教训。

四是，现在用司法方式来解决争议已越来越得到社会认可，它的地位越来越重要，和其他解决争议的方式相比，它更具权威性、普遍性和适用性。

五是，司法制度也确实到了非改不可的程度，老百姓对司法不公，执法不规范，告状无门等问题意见很大，不改无法回应社会呼声。从社会心态来讲，老百姓已不满足于一般意义上的凡事要有法律依据，更关心的是依据法律政府管了没有，管得好不好。执法不到位、执法随意性、人情执法是当下老百姓最不满意的事。

由于这五方面原因，公安改革不仅是公安机关自身的事，更是一个社会问题，是和老百姓有着广泛联系的大事。司法是老百姓心中真正的底线，如果失去了司法这条底线，老百姓对社会还有什么期待、什么寄托呢？老百姓是希望守住心中的这条底线的。

第二，老百姓对司法最大的期待是希望人权得到保障。三中全会、四中全会在决定中都把人权司法保障放到非常突出的位置，公民的人身权、财产权要得到司法保障。中国在法制发展中加强人权保障一直是一个重要的方面。2004年的宪法修正案明确写入了“国家尊重和保障人权”，以后在刑诉法、法院组织法、公安部门相关规章修改中都加上了人权保障的内容。人权是每个人按其本质和尊严享有或应该享有的基本权利，本质特征和要求是自由和平，实质内容和目标是人的生存发展。社会生活的方方面面，各项社会管理的制度安排，无不透着对人的基本权利的保护。可以说，改革开放以来，社会发展最大的变化就是在全社会培育起了人权保障的理念，全社会学会了尊重人，知道要保障公民的基本权利。

第三，老百姓要求司法一定要公正。老百姓都是透过一个一个具体的案子来看司法是否公正，要老百姓记住那么多法条是不可能的，老百姓也讲不出那么多法理，就看事情的处理是否公正。

第四，老百姓希望社会秩序良好。任何一个改革都是为了让老百姓安居乐业，使社会秩序越来越好。举个简单的例子，如果改革把马路上警察都改不见了，老百姓就不会满意。有人批评交警站路执勤的事情，说马路上都是交通协管员在管，交警都在休息，当然实际情况并非如此，但透着老百姓的期望，那就是司法部门的改革要让老百姓安居乐业。老百姓肯定希望改革能使自己的生活更加方便，能安居乐业，任何事都更加安全。

第五，老百姓希望通过司法改革推动社会的健康发展。小到菜篮子大到金融理财，老百姓希望生活在有法制保障的环境中。我们到一些发达国家，感受最深的往往不是它的物质条件而是它的法治环境。人们都夸上海有好的投资环境，其实夸的是上海按规矩办事，讲法治。中央提出司法改革，老百姓当然希望越改法治环境越好，这样可以促进社会更加健康发展。

正因为公安改革的任务更重，公安改革与老百姓有极大关系，老百姓对公安改革有极大期待，实现公安改革的任务才更艰巨。怎么来实现呢？我觉得改革的内容要通过各种方式让老百姓了解，获得社会支持。特别是与老百姓有密切关系的公安改革的具体举措要让老百姓了解，并且在改革的过程中接受社会监督，改革成效如何这把尺要拿在老百姓的手上。

党的十八届四中全会通过《中共中央关于全面推进依法治国若干重大问题的决定》，吹响了公安改革的号角，上海成为全国公安改革的试点单位。经过一段时间的改革试点，已经取得了阶段性成果。我们回过头看中国的司法制度发展是一种渐进式的发展，带有明显的阶段性特征。总的来说可以分为三个阶段。

初创阶段。这阶段为新中国成立到基本形成社会主义司法制度的阶段。1949 年新中国成立后社会主义司法制度开始逐步形成，从具有临时宪法性质的政治协商会议共同纲领开始，着手建立新中国的司法制度，到第一部宪法“五四宪法”真正确立中国的司法架构，这是第一阶段。很多初创的司法制度今天来看仍然是合理的，比如说司法权的配置，当时就有司法行政，有律师。中国的审级制度开始时是三审制，后来改成两审终审制，是适合我国国情的，也是非常成功的。

受挫阶段。中国初创的司法制度在第二阶段遭到严重挫折，最典型的是司法制度被破坏，律师制度被取消。1979 年 9 月，司法部恢复重建，同年 12 月 9 日，司法部发出关于恢复律师制度的通知，据记载当时全国只找到212名律师。1980年8月26日，五届人大常委会通过《律师暂行条例》，新中国第一次有了一部规范律师执业的法律。

重建阶段。党的十一届三中全会后，邓小平同志提出有法可依，有法必依，执法必严，违法必究的法制建设的指导思想。从党的十一届三中全会到十八大，我国在重建推进法制建设中有几个关键点：第一是在人权保障上，吸取历史教训，在以后的法制建设进程中都非常重视人权保护；第二是在物权保障上，体现在民商法体系的建设；第三是司法权的配置，把中国现行司法制度逐步推进完善。经过这个过程社会主义的法制体系已经基本建成，之后的主要任务是依法治理。法治讲的是依法治理，在社会主义法律体系法律制度已基本建成，执法活动已基本做到有法可依的情况下，更多讲的是依法治理，就是严肃执法的问题。在相当长一段时间里，执法失之于宽给社会管理带来很大的负面影响，也使执法人员面临很大的压力。

三中全会决定提出司法改革，四中全会决定更加侧重于司法管理体制和司法权力运行机制改革，侧重法治政府建设和行政执法管理改革。四中全会后中央批准的公安改革由一个框架意见，3个配套文件组成。改革的内容主要包括“1+8+1”，也有人表述为“3+8+4”。第一部分讲改革的指导思想，是改革的总纲，这就是“1”，有的人讲“3”，即指导思想+目标+基本原则。“8”就是任务，是公安改革的8大任务。关于这8大任务也有人把它归结为“7+1”的改革任务。因为那个1是现役部队的改革，7项是公安自身职能的改革。最后一个“1”，也有人讲成“4”，即推进的要求，包括推进的步骤，推进的大局安排，增强有序实施，推进的舆论引导。所以是“1+8+1”，或“3+8+4”。整个内容非常丰富，具体任务涉及内容非常多。其中有几个方面具有普遍性，一是创新治安治理，二是公安管理体制，三是公安执法权力运行。关于创新治安治理，共规定了五个方面改革任务：一是创新立体化的治安防控体系；二是建立全国统一的公民身份代码；三是建立犯罪人信息库；四是建立境外追逃的工作机制；五是建立社会信息资源并实现共享。公安管理体制方面有六个方面具体任务：一是深化行政审批制度改革，也就是建立公安的权力清单；二是推进户籍制度改革，实现城乡统一的新型户籍制度；三是建立国家人口信息库；

四是加强对外国人居住居留管理；五是加强车驾管理；六是加强消防制度改革，把消和防分开。公安执法权力运作方面也有五个方面具体任务：一是改革立案制度，把受案和立案分开；二是完善证据规则要求；三是人权的司法保障；四是涉案财务管理；五是执法责任制度。

时任公安部部长郭声琨说公安改革具有四个特点：目标明确，内容丰富，重点内容突出，含金量高。郭声琨讲的“含金量高”体现在六个方面：

第一，理顺了事权。司法管理的关键是事权，事权是行政管理的基础。公安发展中关于事权有两个特点，一是事权向中央集中，公安部集中了大量的公安管理事权。二是这种集中体现了垂直领导的必要性，保持了管理政策全国执行的一致性，是必要的。公安管理的很多事权具有全国性的特点，比如外国人管理、出入境管理、车驾管理等，因此是自上而下的制度安排。这次改革一个很大的变化就是尽可能多地将中央事权下放到地方，尽可能把公安部所掌握的事权下放到地方公安机关。比如在人口管理问题上，社会主义市场经济体制下的户政管理多由各地自行探索以适应形势发展的需要，现在户籍管理制度越来越放开，必须要有新的制度安排。比如境外人员管理，以前非常严格，是中央事权，现在在不断地下放。像自贸区建设最大的特点就是国民待遇，对入园的外国人管理必须放开。还有交通管理，现在可以异地驾考。消防管理也在放开，除了武警的消防队伍还有很多社会化的消防队伍，这些都是事权的调整，更多体现的是事权下放。

第二，地方公安一把手在政府兼职问题，就是地方公安的主要领导兼任地方政府行政副职。原来公安局局长身兼数职，其中有两个很重要的职位就是地方党委常委和政法委书记，这两个身份决定了他在党内的话语权很强，但是这里面有两个矛盾。一个矛盾是在权力架构中不平衡；另一个矛盾是和政府的组织架构不平衡。公安部门本应该是政府的组成部分，将公安的地位突出到党委的高度，可以领导其他部门，这是不平衡的。后来提出要把公安的权力逐步恢复到它本来的位置上，公安局局长不再担任同级党委常委和政法委书记，而由政府的副职来担任。2010 年 4 月，中组部下发文件，要求省级政法委书记不再兼任公安厅（局）长。文件规定，省级公安厅（局）长由政府领导班子成员，或政府党组成员兼任。这是为什么呢？

在权力平衡当中，检察院、法院是国家机构的重要组成部分，“两院”在国家组织架构中和国务院是平行的，它的级别很高，公安只是同级政府的组成部门，按正常设置公安就会比检、法低半格，所以从司法体制上来说，既然你是国家司法体制的组成部分，从公安实际承担的任务和责任来讲，公、检、法应该是同一级别为好。那么该如何解决这个矛盾？改革把这个问题明确了，地方公安局局长由地方政府副职担任。

第三，公安主要领导异地交换任职，不在本地产生公安局局长。公安部门的“一把手”异地交流任职已实施了好几年，这项制度被认为是落实领导干部交流制度和重点岗位回避制度，深化干部人事制度改革的重要举措，有利于改善干部结构，增强公安队伍活力；有利于开阔工作视野，提高领导能力和水平；有利于摆脱人情关系束缚，促进公正廉洁履职。现在这项制度已成为常态，近两任的上海市公安局局长均属异地交流任职。

第四，招警权力下放。警察编制一直是由中央核定，这次改革有一条新的提法叫纯地方性管理的警务，如交警可以由地方招警。这次仅仅是讲交警可以自己招，如果放开来讲就不单单指交警，比如社区民警，就完全是地方性事务，从警力配置来讲社区民警的配置还是不足，随着社区功能的不断扩大，公安在社区的职能也在不断加大，有无足够的社区民警，对加强社会管理是很重要的，如果在社区民警配置环节能给地方一些自主权，对加强社会管理肯定是有益的。当然，警察毕竟是武装性质的特殊力量，必须要有更加严格的管理。

第五，警察分类管理。今后警察分为三个大类：职务系列、技术系列和文职系列。公安是一支庞大的队伍，占公务员队伍相当大的比例。由于人数众多，完全参照公务员的行政级别进行管理矛盾很大，地方政府的干部职级职数有限，一个民警可能干了十几年还只是一个副科级干部。分类管理之后，一方面不以行政级别定干部，一个长期在社区工作的民警的行政级别可能与所长、教导员平级。另一方面技术类、文职类拟设计另外一套系统进行管理，这就为公安队伍的管理腾出了很大的空间。

第六，进一步提高公安干警的待遇。这次改革在民警物质待遇方面明确可高于地方公务员标准，也就是说与同级公务员相比收入可略高一点。我认为这也是合理的，因为公安是一支特别辛苦的公务员队伍，真正是“白加黑”“五加二”，公安民警的薪水略高一点是应该的，在国外也早有这样的制度安排，让警察有较高的在职待遇和退休待遇。

中央正式下发关于公安体制改革的文件以后，经过半年的改革试点，2015 年 9 月 24 日在大连召开了全国公安体制改革座谈会，据《人民公安报》报道，中央政法委书记孟建柱在会上作了重要讲话，在肯定试点工作的基础上，对公安改革下一步怎么搞提出了要求，即四个深入：一是深入推进警务机制改革，提高防范打击犯罪水平；二是深入推进公安行政管理改革，提高服务群众能力水平；三是深入推进执法权力运行机制改革，提高维护社会公平正义能力水平；四是深入推进公安管理体制改革，提高公安队伍正规化建设能力水平。2015 年 9 月 21 日《人民公安报》有一篇文章，对全国公安改革的阶段性成果作了全景式描绘，可用三句话来表达：第一叫“动”了，全国 20 多个省市制定了本地区的实施方案。第二叫“推”了，中央文件明确 9 个方面 16 项重点任务，和公安部提出的六十几项重大改革任务，都逐步在落实。公安部为此召开 12 次专题会议来推进。第三叫“变”了，这些改革在户籍制度、人车管理等很多方面逐步显现出来。经过努力公安改革是动了，推了，变了，都已显现改革的成效。

2016 年 2 月 17 日，上海召开全面深化公安改革动员布置大会，上海市委对推进上海公安综合改革工作作出布置。市委领导在会上对公安改革提出如下要求：第一，必须牢牢把握公安改革的正确方向。全面深化公安改革是中央全面深化改革的一项重要内容，是深化司法体制和社会体制改革的重要组成部分，事关国家长治久安，事关广大人民群众切身利益，事关国家治理体系和治理能力现代化。要把牢一个核心目标和两条标准。上海全面深化公安改革的核心，是通过体制机制创新，全面提高公安工作的能力，提高维护社会大局稳定的能力，提高促进社会公平正义的能力，提高保障人民安居乐业的能力。整个试点过程都必须始终坚持能力提高这个目标导向。有两条标准，一是看改革是不是真正解决问题，必须坚持问题导向，看到问题，针对问题，找准改革的关键；二是看改革形成的经验在全国是不是可复制、可推广，将形成可复制、可推广经验作为试点过程一以贯之的要求。第二，要找准改革着力点，全面提高上海公安工作的能力和水平。必须突出重点，抓住关键环节，要针对问题补短板，抓住队伍这个关键。第三，要确保改革试点积极稳妥有序。积极，就是要增强责任感和紧迫感，只争朝夕，尽早形成可复制、可推广的经验；稳妥，就是要一步步扎扎实实地走，尽量不走弯路、少走弯路；有序，就是围绕改革目标，坚持问题导向，步步为营。

如果说要聚焦改革的着力点，那么公安和检法两家的改革着力点是不一样的。可以从以下六个方面体现：

第一，依据不一样。检法两家依据三中全会的决定以司法责任主体为主推进改革，而公安改革主要立足于贯彻四中全会决定，以推进法治政府建设、完善司法管理体制和司法权力运行机制为主推进改革。

第二，改革的重点不一样。检法两家的改革是以司法责任主体为主要内容，包括四个方面的改革，公安改革涉及的总体目标是讲完善和推进国家治理体系和治理能力现代化，建设与中国特色社会主义法治体系相适应的现代警务运行机制和执法权力运行机制。公安改革是治理能力现代化总要求下完善警务运行机制的改革，是要建立符合公安机关任务性质的公安管理体制，是要建立体现人民警察职业特点，有别于其他公务员的管理制度。在这过程中要实现基础信息化、警务实战化、执法规范化、队伍正规化的四化建设。要提高人民群众安全感、满意度和执法公信力。它的工作目标和检法两家以建立责任主体为主的改革不同。检法两家的改革在建立司法责任主体责任制后，改革的重心将放在主体保障上，要进一步实现人财物的拉条管理、去行政化管理，真正实现以“审判为中心”的改革。公安改革更多是体制机制的改革，是更加面向社会的改革。

第三，涉及的面不同。检法两家基本是体制内改革，比如三类人员的划分，按一定比例切分为入员额检察官、法官、司法辅助人员、司法行政人员，基本不涉及社会司法活动，通过责任主体的调整在司法过程中体现司法价值。公安改革不一样，公安改革 8 大任务可以清晰感觉到它是面向社会的改革，虽有体制内改革的内容，但更多的是面向社会的改革。

第四，框架任务不一样。三中全会确定的司法改革简要说就是“五·六·四”的改革，这个框架任务并不完全作用于公安改革。例如，人财物的拉条管理改革，回归司法属性实现去行政化改革等，而公安改革就没这个问题。公安作为政府组成部分具有明显的行政特点，而且公安的拉条管理在早些年就已实现。根据四中全会决定所确定的相关公安改革所涉及的方面要多得多，既有自身的改革，也有与法治中国建设、法治政府建设相关的改革。所以，我们把公安改革称为综合改革。

第五，时间节点不一样。检法两家是先试点后推开，根据中央要求在全国 7 个省市先行试点。上海检法两家各选了 4 家单位试点，然后在全市逐步推开，而且有 5 年的过渡期。中央对公安改革要求到 2020 年基本形成系统完备、科学规范、运行有效的公安工作和公安队伍管理制度体系，实现基础信息化、警务实战化、执法规范化、队伍正规化，进一步提升人民群众的安全感、满意度和公安机关的执法公信力。对这一时间节点要求，上海市委提出在 2017 年要基本形成，并明确了 60 项具体内容。

第六，后续制度安排不一样。检法下一步是针对责任主体的权力运行，进一步加强制度设计和制定规范。而公安改革则要求将改革成果转化为社会规范，甚至地方性法规。

可以看出，三中全会、四中全会都讲司法改革，公检法三家都在搞改革，但改革内容是不一样的，明确这一条对以后的改革推进是非常重要的。那么公安行政改革的定位是怎样的？公安改革具体要解决什么问题？在公安部改革方案推出后，公安部新闻发言人有一个解读：公安改革是三个必然要求。他说，公安改革是适应时代新发展和人民新期待的必然要求，是促进社会公平正义和维护社会稳定的必然要求，是激发公安队伍生机活力和提高公安机关战斗力的必然要求。这是很重要的定位。随着人民生活水平的提高，国家进一步改革开放，转型发展遇到了很多问题，公安在社会管理活动中怎么来适应时代的发展和人民要求，出现了很多新情况。举个很简单的例子，现在几乎每天的报纸都少不了公安的消息，这反映出社会发展到了这个阶段，社会法治的普遍性和公安工作的社会性逐渐提高。

特别是在自媒体时代，执法活动的社会关注度日益提升。2017 年 9 月 1 日上午

10:30，上海市松江公安分局交警支队民警朱某带领一名辅警在马路上开展违法停车整治时，遇有一违章停车，按规定拍照取证，开具罚单。这时，一位张姓妇女怀抱一名儿童过来阻止，民警朱某继续处理并开具罚单。张某纠缠民警，将贴在车上的罚单撕下，捏在手中。民警说，你不服，可申请行政复议，说完，准备驾车离开。张某追至警车旁，采取扒车门拉扯后视镜，用身体顶住副驾驶门等方式阻止警车驶离。民警朱某下车告知未果，在张某第三次推搡时，朱某用绊摔方式放倒张某，张某手中的孩子同时摔倒在地，民警朱某和辅警将张某控制后，朱某抱起儿童，经送医院检查，儿童手臂表皮挫伤，张某面部、颈部软组织损伤。

事发之后，上海市公安局立刻作出反应，当日12时即要求松江分局和市局警务督察队开展调查。9月2日16时，根据调查情况作出处理，民警朱某被记行政大过，张某被处行政警告。警察绊摔抱娃妇女这件事，在网上的传播有三次高峰。9月1日中午微信群流传出来有民警粗暴执法绊摔抱娃妇女的小视频后，舆论迅速酝酿发酵，达到第一次高峰。在此阶段网民主要态度是渴求事实真相，期待官方回应。9月1日18时，上海市公安局和松江分局陆续回应后，舆情达到第二次高峰。此阶段微博舆论场迅速兴起，人民日报、中央电视台等媒体纷纷转发表态。与此同时，微信平台热度不减，出现大量评论文章。9月2日，传统媒体纷纷跟进，人民日报、长安剑等媒体报道此事，并发表评论。舆论出现分化态势，表态支持警察和支持抱娃妇女的网民纷纷发表意见。9月2日晚，上海市公安局发出调查结果后，舆情达到第三次高峰，此后舆论逐渐平息。

上海市公安局党委认为：该事件暴露出个别民警保护儿童的意识不强，在复杂的情形下，不能准确把握执法尺度。市局党委要求，全局民警要持续开展严格公正文明执法教育活动，切实维护好人民群众的合法权益。

但是，这件事引起了广泛的讨论。2017年9月4日的《环球时报》上刊登文章《对警民关系的定位需要再认识》，文章说，改革开放之后，社会日趋复杂化、多元化、流动化，这给警察执法带来非常大的挑战，远非一句“严格执法，热情服务”可解决的：第一，整个社会不再是铁板一块的单位制社会，随着流动性上升，社会治理难以继续采取整齐划一的控制方式，以约束人们的行为，警察执法面临的难题随之增多。第二，社会公众的权利意识、法律意识、监督意识觉醒，他们往往会采取各种手段，维护自己的权益，包括合法，或自认为合法的权益。公众已经实现了对警察执法的监督，深知警察执法也必须在法律与道德、动用警力与维护人权之间进行权衡。第三，在信息高度透明的时代，违法犯罪形态出现了虚拟化的新变化，而且公众可以通过越发便捷的自媒体对警察的执法行为进行舆论监督，甚至采取舆论动员的方式对警察的执法进行抗衡，施加压力。中国目前仍有相当一部分民众认为，自己不是违法犯罪的“坏人”，警察与自己是服务关系，缺少对“执法与被执法”关系的认识。面对复杂的执法环境，我们的执法力量要正视这一变化并积极因应而变：首先，应在社会层面理清、强化警察的执法角色，提升执法的权威性。其次，应意识到“警力有限，民力无穷”的含义，吸纳社会公众参与到治理公共安全问题的过程之中。最后，警察要提升自己的执法素质和学习能力，增强自身的灵活性、适应性，审时度势地采取适当的行动。

绊摔事件发生后，如何公正客观冷静地看这件事，长安剑提出三个观点：第一，执法民警难辞其咎，不是说只要能达到最终控制的目的，就可以不计后果地采取任何措施。第二，孩子不应成为挡箭牌，任何人都不能拿孩子来冒险。第三，当事民警的行为，超出了执法的合理限度，但把这样的个体行为扣到整个警察群体头上，是以偏概全。中央电视台评论认为，同情该同情的，处罚该处罚的，法律的边界应该清晰。这起事件之后，舆论场上许多人发出的是理性的声音，这种理性的舆论本身就是法治的土壤，只有不枉不纵，不偏不倚，才是真正践行法治精神，也才会促进法治的脚步，不断向前迈进。

促进社会公平正义和维护社会稳定是公安机关面对的两大现实问题。如果说改革开放前期重在法律制度建设，那现在就到了法治建设的阶段。社会主义法律体系已经基本建成，接下来的任务就是依法治理的问题，而依法治理最突出的就是公平正义，就是习近平总书记说的司法改革的关键点是提高司法公信力。现在社会治安稳定问题突出，就拿最突出的重大项目建设中的环评来说，造成不稳定的一个重要原因就是司法公信力的缺失，老百姓不相信某些地方政府部门办的事，老百姓不相信你拿出来的环评结果，因为这些部门缺乏公信力。公信力怎么会缺乏的？并不是说政府搞大的建设规划老百姓觉得不对，而是部分地方政府部门在实施大量管理行为时点点滴滴的不公正行为伤害了老百姓，这种积累到最后就变成了对政府的不信任。

激发公安队伍生机活力和提高公安机关战斗力，是指公安改革在通过解决自己的问题进一步提升战斗力，提高对社会的管理能力。公安机关有一个不足点就是事情办一件放一件，很少去总结提炼以形成新的科学、理性的指导意见。上海一年办理的治安案件要达到50万到70万件，交警一年处理上千万件的交通违章，没有时间去仔细琢磨如何通过规律性问题的把握，更好地掌握主动权，提升战斗力。所以公安部发言人认为这一次的公安改革不是一件简单的事情，它是在国家发展的大背景和四中全会提出的改革要求下实施的，从根本上讲是“三个必然”。

在全部公安改革的内容中，公安行政管理方面的改革占了很大的比重，其内容归纳起来主要是八个方面：深化行政审批制度改革；推进户籍制度改革；创新人口服务管理；出入境管理改革；外国人在中国居住制度改革；交通管理制度改革；消防制度改革；行政管理服务方式改革。这八个方面改革的价值追求，我认为体现了开放性，让社会了解公安改革，顺应改革的需要，在改革的过程中将可下放的事权更多下放给地方公安部门，能下放的下放，能简政的简政；体现效率性，能够方便老百姓的事尽量方便老百姓，公安部门受理老百姓的办事申请一次能办好的不让老百姓跑两次，能够在本地办理的事不让老百姓去原籍往返跑。例如实行居民身份证异地办理；体现监督性，立足于自身的建设，接受社会监督，特别强调将利益剥离，取消办事收费，所有的处罚款不得入公安账户，实行完全的收支两条线。有时会有人说，在交通整治中公安收了那么多罚款可以发奖金了，这是一种误解。公安执法活动中的所有处罚款都是转入指定银行的，与公安人员的收入分配没有任何关系。

公安改革将目标设定为：完善与推进国家治理体系和治理能力现代化、建设与中国特色社会主义法治体系相适应的现代警务运行机制和执法权力运行机制，建立符合公安机关性质任务的公安机关管理体制，建立体现人民警察职业特点、有别于其他公务员的人民警察管理制度。到2020年，基本形成系统完备、科学规范、运行有效的公安工作和公安队伍管理制度体系，实现基础信息化、警务实战化、执法规范化、队伍正规化，进一步提升人民群众的安全感、满意度和公安机关的执法公信力。司法改革不同于一般的行政改革，它要遵循司法规律，对改革成效的评价不是主观臆断的，归根到底是要提升人民群众的获得感，要获得人民群众的认同，让人民群众有安全感、满意度。

三、推进公安改革的主要做法

抓手问题是一个机关一个部门工作方式的方法问题，更是一个机关一个部门的法定职权问题。公安机关行政管理职责的抓手主要包括：行政许可、行政处罚、行政强制措施、行政检查监督和案件查处办理，这些都是公安履行管理的主要方式。在公安改革中许可管理这项工作抓手的变化最大。许可管理的特点一是事先，二是强制，这次改革就是要把不必要的行政性强制许可职权给砍掉。实行行政审批制度改革以来，上海公安机关总共经过了八轮行政审批制度改革，对行政许可项和非行政许可项进行全面清理。清理的结果将原先拥有的 176 项行政审批事项拿掉了 101 项，目前只剩下 75 项，改革率达到了 57.4%，大大降低了行政许可管理度。

改革是一种调整，调整不仅会有得失进退，更重要的还是要有利于改进和促进工作的发展。那么公安改革中出现的新情况带来了哪些新问题呢?

第一个问题是没有了前置审批如何管理的问题。没有前置审批减少许可职能对管理是个挑战，从某种意义上讲会出现控制力下降的情况。一种情况是对于被管理者的有些行为，在管理者视线里变得可管可不管了，不在视线里就更不能有效控制。而且还出现除了审批管理部门不知道能干什么的情况，出现“审批迷恋”的情况。另一种情况是出现换马甲现象，在办证过程中增加征求意见环节，把征求意见变成了变相审批，或者是换汤不换药的做法，原来审批在政府，现在政府部门不做了，设立一个事业性的单位，这个事业单位依附于政府，说到底还是政府在审批。

第二个问题是事前管理向事中事后管理的转变。原先的事前管理也就是许可审批没有了，应当转变为事中和事后管理，即过程管理。公安管理怎么去实现这种转变呢，遇到的新情况包括：一是信息问题。事中事后管理的依据在哪里，有审批权的部门并没有主动积极地把对象的信息告诉公安，公安没有管理信息作为基础，工作很难展开。对于打破信息壁垒的问题，其他政府部门对公安部门的意见很大，因为公安的基础信息是最完整的，信息控制在一些部门的手中成为信息“孤岛”，互不相通，出现你要向我要信息，先把你的信息给我这种扯皮的事。二是标准问题。管理必须要依法办事，事中事后的管理究竟管什么，现在还没有一个非常完整的管理标准，还是有管理行为的随意性，这就不利于管理。三是主动管理和被动管理问题。各级政府在探索行政审批制度改革以后对各种社会主体怎么积极主动地进行管理都在讨论。对怎么进行集中管理，政府也想了很多办法。比如政府推出的大联动管理，把所有的管理部门集中在一起，出了问题大家一起解决，现场办公。再比如说综合执法管理，提高执法的效率，降低执法的风险，有效解决执法中遇到的扯皮问题。这些都体现了主动管理，但是无论是大联动的成员单位，还是综合执法的组成部分，对于公安来讲，怎么积极主动地参与还在摸索中。

第三个问题是服务公安实战能力的问题。司法改革最终还是要为公安能力建设服务，改革中的一些事项调整会不会对公安能力建设带来挑战呢？归纳起来有这样一些新情况：一是基础信息完善问题。要维护社会秩序，就要有完善的基础信息，知晓社会各管理要素的变化。现在，很多管理采用了备案制，使得管理者在第一时间掌握被管理者完整的基础信息，面临比较大的挑战。二是基础信息多渠道来源问题。社会信息渠道有其特殊的作用，传统信息，可以从社区里弄的老伯伯老妈妈嘴里知晓，他们反映这家每天弄得很晚，进进出出的人都面黄肌瘦，社区民警就会判断这些人在一起会不会吸毒。三是社会对公安工作的支持问题。各公安警种执法中会遇到许多需要社会支持的情况，没有社会基础信息的支持，要办好一个案件很难。社区掌握的基础信息越全面就越能形成良好的执法环境。

那么怎么来思考推进改革发展的对策呢？还是要敢于大胆地先行先试。对于改革当中的问题先行者有时候很苦有时候又很得益。上海在公安改革这个问题上态度是一贯的，一直秉承坚决积极的态度。道理很简单，检、法两家实行司法责任主体制，没有公安机关办案的责任主体制不行，反过来检、法两家出现办案责任倒查，公安的办案环节也回避不了。从社会管理角度来讲，公安机关非常希望有一个更好的符合市场规律的法治环境，希望各级政府部门承担应有的工作责任，而不是总把公安推到刚性执法的第一线。中央作出公安改革的总体部署后，上海作为首批试点单位立刻着手准备改革方案。在准备调研、细化方案、落实具体事项的基础上，上海市委、市政府批准了上海公安综合改革方案，并正式下发实施。在《综合试点方案》调研起草过程中，上海市公安局注重把握好“五个坚持”，即：坚持科学谋划与城市定位相对标，坚持改革创新与服务大局相融合，坚持目标导向与问题导向相统一，坚持整体推进与突出重点相协调，坚持改革试点与基层首创相促进。2016年，上海市公安局细化制定了《关于上海公安机关全面深化改革的实施意见及责任分工方案》《上海公安机关全面深化改革项目分工推进表》，层层细化分解责任，一项一项抓推进落实。2017年3月，上海市公安局对2016年改革推进情况进行全面评估，在此基础上，又印发了《2017年上海公安机关全面深化改革项目分工推进表》，对2017年重点改革举措进行细化补充，倒排时间节点，确保按时按质完成所有改革任务。

先行先试不是一件简单的事情，需要解决认识问题，要准备完整的方案，要立足上海公安实际解决自身的问题。就拿行政管理相关的改革政策来说，公安部提出的8大改革内容具有全国性的普遍意义，很多问题在上海显得更为紧迫。无论是人口管理、境外人员管理，还是交通消防管理都遇到了非常紧迫的情况，所以改革还是要立足自身推进。改革中要完成三张清单也不是一件容易的事，特别是上海先行先试的自贸区，自贸区公安局成立时遇到行政执法权范围划定问题，是按地区公安分局来划定管理权还是按专门公安分局划分职权，是多给一些管理权还是少给一些管理权，在当时都引发过讨论。上海自贸区成立不久，原来自贸区范围的28平方公里扩大到了129平方公里，把整个浦东陆家嘴地区都包括在内，功能、职责都发生变化，执法内容执法范围都遇到新的挑战，需要先行者跟着变化而变化。上海是全国公安执法规范化建设的先行者，第一批通过了公安部执法规范化建设验收，紧接着又开展了第二轮阳光警务建设，大力推进执法规范化，期间遇到整治烟花爆竹燃放、交通违法大整治、推进食品安全城市、全市大规模拆除违章建筑、整治中小河道等一系列在全国影响很大的城市建设、城市管理大动作，对公安部门执法规范化带来一波又一波的考验。如何坚持规范运作，依据法定职权规范操作，以及推进的过程中不断及时调整规范，真正发挥“阳光警务”的优势，对公安改革都是现实的考验。

上海公安改革就是在这样的压力和动力之下一步步向前推进，历时三年交出满意的答卷。公安改革是一个全方位的改革，从行政管理部分来讲取得了明显成效。从几个方面分析：

（一）深化公安行政管理改革。在综合改革方案设计的改革专项中，公安行政管理改革有 6 个方面，其中 3 个方面直接和人的管理有关联。包括扎实推进户籍改革，建立城乡统一的新型户籍制度；推进国家人口基础信息库建设，建立信息资源共享机制；外国人永久居留管理，健全和完善统一、规范、灵活、务实的外国人在中国永久居住管理制度。户籍制度改革要解决从两元户籍结构到单一户籍结构的转变，这是改革中明确要实现的任务。这种改革的意义在于：从国家宏观层面来讲，打通解决农村人口脱贫的转移渠道；推动小城镇建设；解决已经进城的失地农民及家属的归宿。解决户籍问题必定会带动整个社会管理的变化，比如养老金和医保的问题。建立国家人口基础信息库是讲三层意思，一是，建信息库是必须的，因为在大流动的背景下，没有一个全国的人口信息库就没办法进行有效管理。二是，现在全国各地已经建立了自己的信息库，实现了人口的信息化管理，有了建全国库的基础。三是，建立信息库的关键是要实现信息共享，使得各个政府部门可以透过这个信息库来加强对人口的服务和管理。外国人管理是讲两个问题，一个是外国人在中国居留制度，另一个是转变为中国人的管理规定。

上海推出的深化公安行政管理改革内容当中列了一个事项，就是推进户籍制度改革。上海提出：深化户籍制度改革，贯彻落实国务院关于进一步推进户籍制度改革的意见，制定符合上海实际的直接落户政策，建立落户管理工作规范和落户管理信息平台，取消农业户口和非农业户口性质区别，统一登记为居民户口，健全居住证制度，完善上海市居住证管理办法及居住证申办实施系统，加强来沪人员和本市户籍人户分离人员的居住登记，健全与居住证挂钩的基本公共服务基础。上海提出健全户籍管理规范化、信息化、专业化体系，构建户口审批事项目录化，审批程序流程化，审批标准规范化，审批依据公开化，审批档案电子化，执法监督信息化，户政管理工作标准化框架，建立户口迁移网上流转核验制度和居民身份证异地受理制度，严格户口登记管理，建立户口和身份证信息联系、联网查询对接制度，落实户口办理的终身负责制。上海提出，按照国家部委统一部署，进一步向区县、自贸区公安机关下放出入境证件受理、审批和质证权限，扩大出入境管理窗口受理、审批、签发等办理渠道，扩容、改建出入境办证中心，提高管理服务效率。由此可见，其中的每一句话都是一项具体工作，都必须扎扎实实、认认真真去做才能完成。我们看到这些要求已经或正在得到落实。

（二）社区警务工作深入发展取得成效。改革方案中有一条：深化社区警务改革。贯彻落实《中共上海市委、上海市人民政府关于进一步创新社会治理加强基层建设的意见》及配套文件，在市委和市政府领导下，加强保障支撑，健全群防群治工作机制，推动社区警务与社会治理融合发展。创新社区警务方式方法，将社区警务室建设纳入城建整体规划，完善社区安全管理。对于这一改革的落实情况，“中国警务网”刊文指出，为主动适应动态化、信息化社会发展趋势，上海市公安机关认真贯彻落实中央关于全面深化公安改革的意见方案，全面推进社区警务改革，进一步夯实公安基层基础，完善社区共建共治共享机制，走出了一条符合超大城市特点的社会治理新路。目前，全市已全面完成“一居一警”“一村一警”配置工作，社区民警总数比改革前增加23.5%，有力维护了社区安全。据统计，2017年第一季度，上海市入民宅盗窃案件接报数同比下降25.1%，盗窃车内财物案件数同比下降25.4%，电信诈骗案件数同比下降51.8%。在深化社区警务改革中，上海公安真正让警力下沉至基层。从2016年起，上海市各公安分局就通过内部交流、岗位遴选、领导兼职等方式实现了“一居一警”“一村一警”的配置。按照“有独立空间、有鲜明标识特征、凸显社区警务室专业服务功能、能体现社区治理主题”的要求，通过政府租赁、改建、整合等多种形式，全面推进社区警务室规范化建设。社区民警每周在辖区内开展不少于5个半天的巡查走访，每月入户走访不少于30户。上海公安部门完善考评体系、深化科技应用，推动社区工作转型升级。治安部门全面升级换发移动警务终端，通过新研发完成的警综平台社区民警工作模块，实现了工作任务推送、外部信息录入、碎片信息滚动碰撞等功能，提升了社区民警工作的集成化、智能化水平。上海公安探索党建推进社区治理的新路子，全市各区以基层党建为平台，推动落实党员社区民警兼任居（村）委会党组织副书记、社区民警兼任居（村）委会工作站副站长，党员社区民警兼任居（村）委会党组织副书记占比已达 88.9%。为创新完善社区矛盾纠纷化解工作，各公安分局在原有派出所纠纷调处室的基础上探索建立人民调解工作室。2016 年，全市公安机关共有效化解矛盾纠纷 3.8 万余起，取得了良好的法律效果和社会效果。

（三）“阳光警务”推动执法规范化上新台阶。改革方案中有一条：完善执法公开机制。深入推进阳光警务，建立案件进展情况网上查询平台，为特定对象提供案件进展情况查询服务。落实执法告知制度，最大限度公开执法依据、执法程序、执法进度、执法结果。全面梳理行政处罚、行政强制、行政检查等行政权力清单，以适当方式向社会公布。2016 年第 10 期《人民警察》杂志刊登一篇报道：《让公正置于阳光之下》，全景式报道了公安改革中上海公安阳光警务改革。报道说：所谓“阳光警务”，就是以公开为原则、不公开为例外，最大限度地实现公安行政管理、执法办案活动的公开、透明，用全方位的监督来倒逼公安机关、民警提升执法质量和执法水平，形成决策科学、执行坚决、监督有力、群众认可的现代警务运行机制。2014 年 8 月 5 日，上海市公安局召开电视电话会议，动员部署新一轮执法规范化建设，强调上海公安机关将全面推进“阳光警务”建设行动，全力实现执法依据公开的最大化、执法办案公开的主动化、行政管理公开的便民化和社会监督的全方位化。力争通过 3 年时间，基本实现执法队伍专业化、执法流程信息化、执法保障实战化，进一步提升广大民警的执法能力和公安机关的执法公信力。上海市公安局将全部 75 项行政审批事项的法律依据、办理条件、办理要求、审批期限等梳理编制成《上海市公安局行政审批办事指南》，在上海市公安局门户网站向社会主动公开，最大限度方便群众办事，并接受监督。在此基础上，印发《上海市公安局行政审批业务手册》，建立标准化审批流程，供全局审批人员学习掌握。全面梳理现行有效法律法规授权公安机关行使的行政处罚、行政强制、行政确认、行政检查、行政备案、行政奖励、行政指导、行政调解、行政规划、行政决策、行政复议等行政权力事项，共形成上海公安市级行政权力事项1091项、区级行政权力事项1037项，并将相关的行政权力清单和行政责任清单在上海公安门户网站上予以公布，确保权力规范行使。如果说“阳光警务”是对公安执法规范化建设的思路引领，“阳光警务大厅”便是落实这一思路的重要抓手和载体。“阳光警务大厅”清晰显示，凡有行政审批的事项，一律公开；凡是控制社会治安、打击犯罪的执法标准，一律公开；凡是能够实现网上办案办事的，一律网上办理；凡是新设公安管理事项措施的，一律向社会征询意见。

上海公安门户网站“阳光警务大厅”创办于2015年11月，标志着“阳光警务”建设进入了2.0时代。“阳光警务大厅”公开了行政处罚、行政复议、刑事复议复核结果等。由公安机关负责的11类70项行政审批事项，也全部可以通过网上办理。“阳光警务大厅”设栏目三级，如同一个个环厅分设的大套间；大套间内再设二级、三级小套间，套套相衔，级级层叠，全方位覆盖可以公开的全部警务。一级栏目共设7个：警务信息、权责清单、办案公开、行政审批、便民服务、互动交流、网上110。二级栏目有：职责义务、执法依据、警务视窗、公示公告、便民举措、警方提示、信息公开目录、信息公开查询、信息公开申请，以及办案进展查询、行政处罚公开、行政复议公开、律师预约会见、家属视频会见、行政许可公开、交通出行、出入境、网上寻人、信访等，目前总计已达61个之多。三级栏目包括栏目维护的责任单位、栏目发布内容、工作任务等。“阳光警务大厅”构建了三级“阳光警务大厅”群，即市局、分局的两级“阳光警务大厅”和基层派出所的阳光警务工作站。通过“互联网＋执法公开”的新模式，实现线上线下深度融合和双向互动，形成全方位、宽领域、跨平台的阳光警务公开体系。阳光警务大厅，对原来分散在门户网站各栏目和各业务总队网站的办事栏目进行整合，将广泛涉及出入境、交警、消防、人口管理等领域的29大类服务项目全部集中起来，形成“一口办理、一码查询、一站反馈、亲民提醒、公众监督”的崭新格局。实践证明，以公开透明倒逼执法办案公平公正，是促进公安执法规范化建设，彰显公安工作核心价值的有效手段。唯有公开，才能杜绝暗箱；唯有透明，才能涤清污秽。

上海市公安局在2015年首批命名了38家“阳光警务”建设示范点，涵盖了各分局和各警种，后又新增确定派出所示范点21个，业务支（大）队的示范点19个，通过示范点辐射、带动作用，由点及面推进“阳光警务”建设。以《目录清单》明确派出所8大类36项公开标准，各警种部门也分别制定条线的公开标准，初步形成了建设标准体系。上海市公安局的“阳光警务大厅”设立职责权利、执法依据、执法标准等8个栏目，自2015年11月底运行以来，全局共网上办理案件145.1万件，其中提供“案件进展情况查询平台”公开查询的139.6万件，公开率为96.2%。市公安局梳理的市公安局行政权力清单17大类1091项，执法责任清单17020项；新编《上海市公安局行政审批业务目录》和《上海市公安局行政审批办事指南》，实现行政审批负面清单管理；编制梳理刑事权力清单8类49项，对市公安局刑事权利进行了全面梳理规范。

上海市公安局法制办按照2016年完成9项，2017年完成4项的改革节点要求，对照《法制条线深化公安改革推进实施方案》，全力抓好13项改革项目的推进落实。比如，关于推进行政审批制度改革，法制办归纳为：目前推进的情况是，全市已经建立行政审批目录管理制度，2013年在上海市公安局门户网站公布行政审批目录，经多次清理，目前行政审批事项共75项。已在“阳光警务大厅”以《行政审批负面清单》形式公布，并逐项完成行政审批办事指南的编制和修订工作，在“阳光警务大厅”及市局网上政务大厅对外发布。下一步，将按照国务院和市政府的部署，继续做好行政审批制度的清理工作。再比如，建设完善行政管理网络平台这一项改革，推进的情况是，根据市政府第71次常务会议精神，以及市政府办公厅关于推进本市网上政务大厅建设的总体部署，自2015年3月起，开展了行政审批事项上网工作，建设了上海市公安局的网上政务平台，对28项行政审批事项在市局网上政务平台新建审批系统，将全部行政审批系统接入市政府的网上政务大厅，并在市政府的网上政务大厅逐项公开办事依据、办理流程、办理材料、办理期限等审批信息，并开展了行政审批系统的操作培训。目前审批系统已上线运行，其中，采取数据对接的方式接入的审批事项数据均已实时同步至“网上政务大厅”，使用平台录入事项的应用推广工作也正在有序推进中。后续工作重点将从平台建设向平台管理和功能拓展转移。法制办认为，这一项改革的成果，除涉及国家秘密事项以外，将全部的公安行政审批系统接入市政府网上政务大厅，在市政府网上政务大厅逐项公开，并且开展了行政审批系统培训，实现了公安机关行政审批事项“全部上网、全程上网、规范上网、高效上网”和“一口办理、一码查询、一站反馈、亲民提醒，公众监督”这样的目标，有效推动了线上服务与线下服务的深度融合。

司法改革还在路上，公安改革刚刚起步，从试点的上海来看，公安执法能力已明显提高。从改革号角吹响的那一刻到今天，上海公安面临了那么多场考验，在繁重的任务面前经受住了考验，完成了任务。虽说原因是多方面的，但改革所带来的变化无疑是其中重要的原因，上海市委、市政府所要求的60项改革任务经过扎扎实实的努力，于2017年已如期完成，形成制度性、规范性、成果性文件116项，推出便民利民举措62项，大数据实战运用、境外非政府组织管理、反电信网络诈骗中心建设、道路交通管理等工作走在了全国的前列，形成了一批可复制、可推广的经验。公安部在督导检查上海公安改革推进情况时认为：各项改革任务推进有序，件件落地；改革成果不断巩固，既着力打造现代警务机制升级版，又提升了群众获得感。

2017年7月10日，全国司法体制改革推进会在贵州省贵阳市召开，据《人民公安报》报道，会上传达了习近平总书记对司法体制改革作出的重要指示：司法体制改革在全面深化改革、全面依法治国中居于重要地位，对推进国家治理体系和治理能力现代化意义重大。全国政法机关要按照党中央要求，坚定不移推进司法体制改革，坚定不移走中国特色社会主义法治道路。党的十八大以来，政法战线坚持正确改革方向，敢于啃硬骨头、涉险滩、闯难关，做成了想了很多年、讲了很多年但没有做成的改革，司法公信力不断提升，对维护社会公平正义发挥了重要作用。全国政法机关要按照党中央要求，坚定不移推进司法体制改革，坚定不移走中国特色社会主义法治道路。要遵循司法规律，把深化司法体制改革和现代科技应用结合起来，不断完善和发展中国特色社会主义司法制度。要全面落实司法责任制，深入推进以审判为中心的刑事诉讼制度改革，开展综合配套改革试点，提升改革整体效能。要统筹推进公安改革、国家安全机关改革、司法行政改革，提高维护社会大局稳定、促进社会公平正义、保障人民安居乐业的能力。各级党委要加强领导，研究解决重大问题，为推进司法体制改革提供有力保障。

习近平总书记的指示充分肯定了司法改革的重要性，指明了下一步改革的重点任务，为深化司法体制改革指明了方向。在这次会议上时任中央政法委书记孟建柱对公安改革提出明确要求：要进一步加大公安改革力度，从根本上提高打击犯罪、社会治理、服务群众的能力和水平。具体要求是：一要适应违法犯罪形态的新变化，加快建设侦查工作新机制，打破数据壁垒，优化配置和科学使用不同层级警务资源，加强侦查工作和队伍专业化建设，以打击的信息化、协作化、专业化应对犯罪的智能化、组织化、职业化，努力使打击犯罪更有力。二要推动建立政府主导下各方参与的系统化风险治理体系，针对消防、公共交通、危爆物品、新业态管理等风险突出领域，落实行业主管部门监管责任和运营单位主体责任，发展智能安防，不断提高风险防控精细化、智能化水平，努力使社会治理更有效。三要以深化“放管服”改革为抓手，大力推进“互联网＋公安政务服务”建设，推出更多接地气的惠民便民政策措施，让科技应用发挥大效用，努力使人民群众办事更方便。

2017 年 9 月 28 日，上海召开推进司法体制综合配套改革会议，部署下一步深化改革的任务，市委领导说，一是坚持目标导向，二是强调改革的系统集成。核心是提高司法质效，重要的是发挥科技支撑作用。上海司法体制综合配套改革试点框架意见，已经中央批准。重在司法体制的配套改革和司法工作的配套制度。“两个配套”涉及多达 117 项具体的任务，而且要在 2019 年基本完成，任务十分繁重。站在公安改革的角度看新出台的“配套意见”，定位还是在完善司法责任制主体下的其他各方面改革，内容与公安有直接的联系。例如，落实人民法院、看守所法律援助值班律师制度，就需要公安机关在看守所中完善相关的软硬件条件，例如，理清司法责任与工作责任，明确侦查人员、法官检察官的责任界定，这是司法改革推开后一直在思考研究的问题，这次正式被提出来。《方案》提出：要健全和强化检察机关介入侦查，引导取证工作机制，完善补充侦查制度，建立退回补充侦查引导和梳理的机制，这一看似规范检察院工作的工作着力点却在公安机关。在全部 117 项配套改革任务中，责任单位包括公安的多达 40 项。这其中，有的是配合性的，有的是直接实施并承担完成责任的，这 40 项任务也是要在 2019 年完成的，在继续做好原有60项改革的同时，这些新增的任务也要完成好，这是公安改革面临的新的任务。

2017年6月14日的《人民公安报》发布《部分公安改革项目实施效果评估报告》(以下简称《报告》)。《报告》称，中央关于全面深化公安改革“1+3”意见出台实施两年多来，公安部认真贯彻落实习近平总书记关于抓改革落实的重要指示精神，聚焦重点问题，持续用劲发力，公安改革的成效日益显现，改革的受益面不断扩大。特别是在解决关系群众切身利益的问题方面，全面推进服务经济社会发展、便利群众生产生活改革举措的落地实施，形成了一大批具有重大影响的公安改革亮点，赢得了社会各界和广大人民群众的点赞。本次项目评估所涉及的改革项目，主要包括：无户口人员登记户口；居民身份证异地受理、挂失申报和丢失招领试点；车检制度改革；驾考制度改革试点；公路和农村地区交通事故快处快赔改革试点。报告显示改革政策深得民心，获得了广大人民群众的高度认同和极大支持，认为中央出台的这些改革政策反映了民意、顺应了民心、改善了民生，是“以人民为中心”的好政策。广大人民群众普遍认为这些改革举措，给他们带来了看得见感受得到的新变化和实实在在的获得感。

党的十九大作出决胜全面建成小康社会，夺取新时代中国特色社会主义伟大胜利的总体部署，再次吹响了深化司法体制综合配套改革和深化机构和行政体制改革的进军号。改革开放以来，中国已进行了七次国务院政府机构改革，国务院组成部分由1982年的100个削减为2013年的26个。党的十九届三中全会作出《中共中央关于深化党和国家机构改革的决定》，2018年3月13日，国务院机构改革方案公布。根据改革方案，改革后的国务院正部级机构减少8个，副部级机构减少7个，除国务院办公厅外，国务院设置组成部分26个，在这次大调整中关系到公安工作的有两个直接相关部门，一是国务院新组建应急管理部，将公安部的消防管理职能划给应急部，二是新组建国家移民管理局，将公安部的出入境管理划入移民局，移民局仍由公安部管理。

深化党和国家机构改革是推进国家治理体系和治理能力现代化的一场深刻变革。党的十九届三中全会公报中有一段话深刻指出新一轮机构改革的重要性、必要性，全会强调：面对新时代、新任务提出的新要求，党和国家机构设置和职能配置同统筹推进“五位一体”总体布局，协调推进“四个全面”战略布局的要求还不完全适应，同实现国家治理体系和治理能力现代化的要求还不完全适应。面对这两个“还不完全适应”，全会强调要“下决心解决党和国家机构职能体系中存在的障碍和弊端”，要完成新一轮机构改革，并深化推进司法综合配套改革。除顺利完成部分职能的直接划转之外，公安机关内部的机构调整、职能调整和人员编制调整的力度和难度也会很大。

公安机关的职能在不同的历史时期有过调整。20 世纪 80 年代以来，1983 年，随着国家安全机关的组建，维护国家安全的职能从公安机关分离出去，随着司法行政体制改革的推进，劳动改造和劳动教养职能也从公安机关中脱离出去，整体移交司法行政机关。2013 年后，公安机关原来所承担的强制禁毒职能移交给司法行政机构新组建的强制戒毒机构。新一轮改革又将消防管理职能和出入境管理职能划转。机构改革是为了解决“还不完全适应”的问题，用调整执政资源的方式解决不平衡、不充分的问题，构建系统完备、科学规范、运作有效的制度体系。从公安机关的现有职能看，还会有一些职能的调整包括划转给其他的国家机关。

公安机构改革的总体方案还未公布，精减是总的趋势。从已完成内部机构调整的检察院、法院的改革情况看力度很大，精减数的占比很大。我认为公安机关在机构改革中应当将分散在不同警种的同一职能合并；将一个管理行为分割为若干管理过程并分属不同部门的合并；将分散却有着同样功能的部门合并。司法改革有其自身的规律，要服务服从于职能体现。前一轮的体制机制改革已见成效，在新一轮改革中，公安机关也一定会按照公安部的统一部署，积极有为地探索推进。相信公安工作一定能在改革中发展，进一步提升司法的公信力，提升人民群众的安全感满意度。

稳定也是硬道理

习近平总书记说："发展是硬道理，稳定也是硬道理，抓发展、抓稳定两手都要硬。"

2017 年 9 月 19 日，全国社会治安综合治理表彰大会在北京举行，中共中央总书记、国家主席、中央军委主席习近平亲切会见与会代表，并发表重要讲话，习近平总书记说："发展是硬道理，稳定也是硬道理，抓发展、抓稳定两手都要硬。"我在从警的经历中深深体会到稳定是社会发展的首要条件，是硬道理，上海的快速发展离不开稳定的大好局面。

改革开放以来，我国发生了翻天覆地的变化，各方面都好起来了，全世界都看到中国比以前强大了，但是，维护社会秩序稳定的任务却依然严峻，维护好稳定的社会秩序依然是公安机关的重要职责，有时甚至变成阶段性的重点工作。在发生"瓮安事件"等事件之后，公安维稳工作深刻反思，吸取教训，在党委政府的领导下，面对复杂繁重的任务，不断提升自身的能力水平，从总体看，切实维护好了稳定的社会秩序。这其中，一是总结调整公安维稳的基本原则；二是真正树立公安维稳的大局意识；三是认真分析公安维稳的矛盾特点；四是提升履行公安维稳的能力水平。

一、总结调整公安维稳的基本原则

2015 年《新民周刊》刊登一篇文章叫《六十甲子的巨变》，这样写道：1949 年的时候，美国的发电量是 3451 亿度，苏联 783 亿度，中国仅为 43.1 亿度。原油产量，美国 24892 万吨，苏联 3344 万吨，中国 12.1 万吨。汽车产量，美国 625.4 万辆，苏联 27.6 万辆，中国 0 辆。

毛泽东曾感慨说："现在我们能造什么？能造桌子椅子，能造茶碗茶壶，能种粮食，还能磨成面粉，还能造纸，但是，一辆汽车，一架飞机，一辆坦克，一辆拖拉机都不能造。"

到如今，中国成为世界第二大经济体，外汇储备世界第一，成为世界货物贸易第一大出口国，第二大进口国。“十二五”期间，我国的粮食产量从 57121 万吨上升到 60703 万吨；高铁运营里程达 1.6 万公里；宽带用户超过 7.8 亿户。可以说，许多数字证明了中国的发展变化，说明老百姓的日子越来越好。但是，社会稳定的形势不容乐观，群体性事件、群众上访事件的问题依然存在。在许多涉及社会秩序稳定的冲突现场警察都会现身，或在维持秩序，或在处置治安危机，或在运用强制手段打击现行违法犯罪。公安机关处置涉及治安稳定的度究竟该如何把握？2008 年 6 月 28 日发生在贵州省瓮安县的“瓮安事件”让公安机关直接站出来作出回答，并画了一条线，这条线到今天依然应该坚守，那就是“三个慎用”的原则，即公安机关在处理涉稳群体事件时必须慎用警力，慎用武器警械，慎用强制措施。

2008 年 6 月 28 日下午，因对贵州省瓮安三中初二年级女学生李树芬死因鉴定不满，死者家属聚集到瓮安县政府和县公安局上访。在接待过程中，一些人煽动不明真相的群众冲击县公安局、县政府和县委大楼，最终酿成严重打砸抢烧突发事件。从事件参与人数、持续时间、冲突剧烈程度和造成的影响看，“瓮安事件”都是近年来中国群体性事件的“标本性事件”。

有关部门统计，“瓮安事件”中，直接参与打砸烧的人员超过 300 人，现场围观群众在 2 万人以上，事件持续时间 7 个小时以上。瓮安县委、县政府、县公安局、县民政局、县财政局等被烧毁办公室 160 多间，被烧毁警车等交通工具 42 辆，不同程度受伤 150 余人，造成直接经济损失 1600 多万元。

7 月 1 日 19:40，贵州省政府新闻办、省公安厅、黔南布依族苗族自治州在贵阳举行“瓮安 6.28 严重打砸抢烧突发事件”新闻发布会。7 月 9 日，中国新闻周刊记者蔡如鹏发表《瓮安事件当事少女李树芬三次尸检内幕》一文，文中对三次尸检的情节和原因进行了还原。经尸检，排除李树芬系奸杀或他杀可能性。①

2008 年 7 月 12 日，贵州省公安厅“瓮安事件”专案组介绍，已查获“瓮安事件”涉案人员 217 人，查清涉案人员 355 人，其中黑恶势力成员 90 人。已刑事拘

① 参见蔡如鹏：《瓮安事件当事少女李树芬三次尸检内幕》，《中国新闻周刊》2008 年 7 月 9 日。

留 100 人，其中黑恶势力成员 39 人。

“瓮安事件”发生后，全国范围内又发生了“孟连事件”等重大社会事件，在激烈的冲突中都发生了大规模的警民对峙现象，警察在现场使用了警械等强制手段，也发生了警车被毁等打砸抢烧的违法行为，一时间舆论对警察如何处置群体性事件成了突出的热点。依照法律规定，警察具有维护社会秩序良好的法定职责，警察的力量配置，强制手段的应用是任何部门所没有的。因此，在平息社会治安事件处置中，被寄予了很大的希望。又由于警察是一支准军事化的队伍，具有极强的组织性、纪律性，具有服从命令听指挥的职业特点，因而极易站在冲突的风口浪尖上，直接变为矛盾冲突的一方。站在公安机关的角度看，在处置中运用具有压倒性的兵力优势，使用警棍盾牌等防护手段，甚至现场采取强制措施都是控制事态发展、迅速恢复社会秩序的必要措施。在很多情况下，警察一旦干预冲突，容易将利益矛盾冲突转变为妨碍执法活动的冲突。如果这种冲突不加以及时控制，产生打砸抢烧的极端事件对公安的形象损害会很大，从根本上讲也不利于维护好社会秩序稳定。

2008 年 11 月，公安部部长孟建柱在《求是》杂志上撰文指出：在处置群体性事件中要坚持“三个慎用”（慎用警力，慎用武器警械，慎用强制措施），坚决防止因用警不当，定位不准，处置不妥而激化矛盾，坚决防止发生流血伤亡事件。“三个慎用”工作原则的提出，在工作的方式方法和各级公安机关如何维护社会治安秩序良好方面产生了重大的影响，迅速扭转了公安机关处置群体性治安事件的不利局面。可以说整个工作局面发生了重大的变化，在这之后全国范围内再无出现像“瓮安事件”等直接面对公安机关的打砸抢烧行为，公安维护社会稳定的作用也发挥得更加有序有度有效。孟建柱同志的文章说：要严格请示报告制度，调用警力参与重大非警务活动的，必须逐级上报，严格审批。要做到：依法使用，合法使用，妥善使用。对此，应该理解为坚持“三个慎用”从根本上讲是为了更好地维护好稳定这个大局，是为了社会秩序的良好运行，而不是逃避公安机关应尽的职责。

所谓慎用就是能不用就不用，不要轻易随便用，使用也要注意控制分量。在群体性事件中，警察面对大量的处置工作要坚持做到“三个慎用”，警力的调动使用、武器警械的执法使用、控制现场过程中的强制措施使用，都要坚持慎用原则。

二、真正树立公安维稳的大局意识

公安在维护社会治安稳定当中的角色怎么定位？化解社会矛盾，处理群体性事件警察要不要管？为什么要管？怎么来管？这些常被提及的问题答案是肯定的，化解社会矛盾处理群体性事件警察当然要管，因为稳定是大局，所以要管。社会稳定是当代中国最重要的政治。稳定是大局，稳定压倒一切，只有在稳定的环境下，经济才谈得上发展，人民生活才谈得上安宁，国家各项事业才谈得上顺利发展。我们说，当前正是我国最好的发展机遇期，如果社会不稳定怎能抓住用好这个机遇期？我们说，改革发展是千千万万人的共同行动，如果社会不稳定怎能调动一切积极因素参与到改革发展中去？我们说，改革发展需要良好的内外部环境，如果社会不稳定怎能创造出一个良好的内外部环境？

发展是硬道理，是第一要务，稳定也是硬道理，是发展的首要条件。改革开放以来，历任中央领导高度重视社会稳定，在不同历史时期，对维护社会稳定都有重要论述。习近平总书记在2014年中央政法工作会议上指出："维护社会大局稳定是政法工作的基本任务。"没有稳定的社会政治环境，一切改革发展都无从谈起，再好的规划和方案都难以实现。

为什么说稳定是大局？

第一，稳定是发展的前提。国家处于转型发展的过程中，从计划经济向社会主义市场经济的转变过程必然带来利益的调整，在改革开放的过程中必然形成多元的观念，这些都会给发展带来这样那样的影响。多元的社会，多元的观念，多元的价值必然对社会稳定产生影响。改革开放之前的中国是单元社会，经济上实行计划经济，片面强调公有化程度；社会文化观崇尚"高大全"，排斥外来文化，当时的中国是相对封闭的。国门打开，改革开放使单一社会发生了变化，变成多元了，并体现在政治、经济、文化等多个方面。经济转型带来社会经济成分多元化，出现多种经济成分并存和利益主体分化的局面。多种经济成分必然产生多元的市场主体，而任何一种市场主体都会从自身的需要和利益出发去选择一定的价值取向，其结果是价值体系的一致性被打破，呈现出多元价值态势，整个社会出现主导价值观和非主导价值观并存、竞争的局面。

党的十八大确立了24字的社会主义核心价值观，以前的社会价值是讲：人生意义在报效祖国，服务人民，先国家后自己的义务感；讲为尽社会责任不计报酬，甚至不惜牺牲自己的生命；讲社会道德理想的追求，维护社会道德秩序的使命感；讲政治抱负，关心政治，参与政治；讲国家兴亡，匹夫有责的深刻的忧患意识等。但在多元社会里，观念趋于多元性，凸显自我价值的实现和对个体的尊重。在各种社会价值的评判更加复杂多样的背景下，包括政治观点、宗教信仰、婚姻家庭观、个人的审美观等都发生了变化。人们正按自己的选择安排生活，这种权利受到充分的尊重。这种多元性是社会发展的必然结果，只要不伤害国家、社会和他人的利益都可合理存在。

当这种多元性反映到一件具体利益的调整时，就无法用一种简单的声音去统一，如果认识不统一出现博弈，在较量的过程中就有可能发生冲突。当今中国，涉及稳定的事基本上属于人民内部矛盾，在发展过程中、在利益调整中难免会有价值观的冲突、利益的冲突，也必然对社会稳定带来影响。但这一切并不会改变社会发展的基本事实。邓小平同志说：中国的问题，压倒一切的是稳定。没有稳定的环境，什么都搞不成，已经取得的成果也会失掉。邓小平同志的话非常深刻，稳定是前提，是发展经济和顺利改革的前提。要稳定就离不开人民群众，要让人民看到稳定对发展经济、改善生活的好处，看到了人民就会拥护你。要实现改革的力度、发展的速度与群众的可承受程度的有机统一。没有一个稳定的环境，经济要想发展，人民生活水平要想提高，这是不可能的。著名学者张维为在他的著作《中国震撼》中这样写道：我们较好地处理了稳定、改革和发展三者的关系。中国是一个人口众多、人均资源有限的国家，这就容易引起围绕资源的竞争，造成不稳定。另外，“百国之和”形成的巨大版图使中国有着比一般国家复杂百倍的地域文化差异和民族文化差异，稍处理不当就容易引起各种矛盾甚至冲突。

第二，稳定是执政的基础。执政基础是执政党地位赖以维持和巩固的基本条件，即依靠谁，依靠什么执政的问题。一个执政党的执政基础是由多方面因素构成的，最核心的是人民这个基础，只有人民的认可、授权和支持，党才能执政，才能执好政。在这个基础上，又可以进一步把党的执政基础分为阶级基础、群众基础和社会基础。阶级基础是政党所代表的阶级，群众基础是本阶级以外的其他阶级和阶层，社会基础则是一个社会体阶级、阶层的结构状态。

苏联解体时是怎样的执政基础呢？王瑜在他所著的《大党的兴衰》一书中这样写道：苏共垮台、苏联解体 20 多年过去了，这段历史似乎已经离我们远去，然而，它留下的教训却是深刻的、无法抹去的。在苏联解体前，当时的苏联社会主义科学院曾经进行过一次民意调查，被调查者认为苏共仍然能够代表工人的占 4%，代表全体人民的占 7%，代表全体党员的只占 11%；而认为苏共代表党的机关和特殊利益集团的竟高达 85%。也就是说，绝大多数苏联人并不认为苏共代表他们的利益。得人心者得天下，失人心者失天下，古今中外，概莫能外。

今天，我们所遇到的稳定问题，绝大多数都是人民内部矛盾，我们所面对的就是执政的基础即老百姓。涉稳群体 99% 是我们的人民，不能把矛头对准他们。他们遇到了矛盾不给解决，他们的正常诉求得不到合理回应，这个政权能巩固吗？能稳定吗？不可能，这是一个非常现实的问题。什么叫人心向背，就是人民大众的拥护和反对。在社会稳定事件中，就单个事件也许人数并不多，单个看是一个孤立的部分，但整体上都是我们的执政基础。

第三，稳定是现实社会最为突出的问题之一。国家在发展的过程中会遇到很多问题，比如，关注度很高的公共安全问题。现在公共安全问题被拓展得越来越广，已经不是简单表现为公共安全的治安事件，还有食品安全问题等。我们遇到很多社会问题，但不得不承认稳定问题仍然是当今中国的焦点问题之一。这些焦点问题首先是量大。上海信访办每周三的信访接待日，一天之内要接待很多人，他们中间有的是第一次来，有的是每周都来，有的是个体矛盾，有的是群体矛盾，都是来表达对自己利益的不满。其次是容易聚众，这种聚众性来自利益诉求的一致性，也来自虽然利益诉求不同，但表达诉求的方式意愿的一致性。

人民广场是上海的一张名片，是外地来沪人员都想去看看的地方，那里有上海博物馆、上海大剧院、上海城市规划馆，而且地处市中心，500 米半径内就有上海最有名的南京路、淮海路、豫园商圈。同时，这里也是市政府所在地，市信访办的接待窗口。很长一段时间以来，每周三信访接待日，人民大道的东北侧站满人影响交通秩序，影响上海城市的形象。为维护人民广场的治安秩序，公安机关设置了人民广场治安派出所，结果，这个所的重要任务变成了维护信访办门口的秩序。属地民警说：警察作为行政的武装力量有维护社会秩序的职责，包括信访秩序。而老百姓反映诉求到信访办来要求登记接待反映问题也是合法正常的渠道，这两者归结为一点就是秩序，来的信访人员再多也要讲秩序，为了秩序，任务再重警察也要维持，这就是维护稳定的法律环境。

还有一点很重要，就是信访过程中可能引发的公共安全事件，在信访接待大厅里可能发生极端事件，在信访机构的外围可能发生妨碍公共秩序的行为，这些都会给公共安全造成不同程度的影响。当今社会有很多问题要解决，比如环境污染问题、食品安全问题、实体经济与虚拟经济的矛盾问题等，不同的专家从不同的角度可以讲出很多社会问题需要治理和改进，但社会稳定作为一个大局问题始终是一个非常突出的现实问题。

第四，维护社会稳定是全党的共同任务。做好社会稳定工作绝不是一个部门所能解决的，光靠信访办、公安局这两个部门是解决不了问题的。解决社会稳定问题是全党的共同任务，必须要统一全党的意志，集合全党的力量，找到一个共同施策、共同解决问题的着力点，只有这样才能把社会稳定问题解决好。

信访矛盾是多方面的，背后的化解主体部门也是多方面的；信访主体来自各方面，背后承担化解责任的主体也是多方面的；信访矛盾的解决方式是多方面的，背后所要使力出钱出人出办法的也是多方面的。这种多方面的特征决定了做好这件事必须要综合施策，要全党全社会共管才行。

谈到社会稳定是当今社会一个突出矛盾时，必须要讲对社会现实矛盾的分析判断。罗干同志对中国社会现阶段的矛盾做过一个概括，他说“面对世纪之交，我国所发生的深刻的变化和复杂的形势，我国正处于人民内部矛盾凸显期、刑事犯罪高发期、对敌斗争复杂期”，这就是我们所讲的“三个期”的判断。这就向我们提出了一个问题，人民内部矛盾凸显的原因是什么？

一是社会价值的多元。人们对事物价值评判的标准发生变化，你觉得这个问题对，他觉得这个问题错；你觉得这种现象可以容忍，他觉得这种现象不能容忍，整个社会的价值观念发生了变化。社会是一个多种价值主体共存的共同体，有自我的，他人的，群体的，也有社会的，多种主体受物质的、精神的、环境的多重影响，又在传媒的互动中产生形成各种与主体相一致的价值判断。

二是利益分配不平衡。利益分配不平衡使得一部分人没有分享到改革的成果，进而认为改革的成果没有惠及他，必须去抗争。中国发展到今天已经是世界第二大经济体，但还有人觉得自己生活在水深火热之中，为什么会出现“要致富靠动迁”的问题呢？因为有些老百姓没有获得社会财富、没有参与社会财富分配的能力和资格，唯有将祖上留下的房子动迁看成他参与分配的资格，获得财富的手段，如果这一次不能参与分配，尽可能多地获得补偿利益，以后社会大发展的蛋糕跟他就再没有关系了，这就是相当一部分动迁户的心态。

人民内部矛盾凸显还有一个很重要的原因，就是社会控制力状况的变化。社会面掌控能力包括社会利益平衡能力、社会秩序控制能力和依法行政能力。社会利益平衡能力指政府有效协调和表达不同社会阶层利益关系，在不同社会集团间公平合理调配社会财富，维护社会公平与公正的能力。社会秩序控制能力指政府有效解决社会问题，化解社会矛盾，维护社会治安，打击违法犯罪，处理突发公共事件和维护社会和谐稳定的能力。依法行政能力是政府执法部门严格依照宪法和法律规定的范围和程序管理社会事务，运用法律手段调节利益关系，依法保障不同利益主体的合法利益的能力。政府的社会管理职能就是承担管理和规范社会组织、协调社会矛盾、保证社会公正、维护社会秩序和稳定、保障人民群众生命财产安全等方面的职能，就是科学地整合和运用各种社会资源和管理手段，履行自身职能、有效地实现公共管理目标的本领和力量。由此可见，控制治安、维护秩序是政府重要的职能，而这一职能的承担主体主要是人民警察。《人民警察法》第 2 条规定：人民警察的任务是维护国家安全，维护社会治安秩序，保护公民的人身安全、人身自由和合法财产，保护公共财产，预防、制止和惩治违法犯罪活动。这里的“两维护两保护”适用于社会稳定的警务活动，但这种控制力正在变化，这种变化是依法办事，阳光警务要求之下的调整与规范。现在对社会事务的处理越来越强调依法治理，依法治理就是要严格按照法律的规定来办。强调法治很大程度上是强调程序，没有程序的公正就没有实体的公正。在法治中国建设的进程中我们越来越认识到，仅仅依靠强制力达不到维护好社会的效果，也不应该仅凭国家强制力来掌控社会，社会应培育更好的自治能力。

三、认真分析公安维稳的矛盾特点

许多社会矛盾是在改革的过程中形成，并逐步积累沉淀下来的，在各种因素的影响下成为现今社会的突出问题。那么，这些矛盾中主要有哪几类影响更大，矛盾的尖锐性更大一些呢？到信访办上访的那么多人，都有些什么样的诉求呢？分析起来比较突出的矛盾大致有以下几类：

第一类突出矛盾是动拆迁上访矛盾。因动拆迁问题引发上访是上访人群的主体部分，在动拆迁的过程中由于各种各样的原因，部分动迁户不服动迁方案而不愿搬迁，或被强迁之后为追讨其认为损失的利益而不断上诉，成为社会矛盾中的突出群体。这其中，当然有管理上的问题，比如说一户人家的户口簿，一查下来很多人，一个门牌里有好几户，在不可能容纳的空间里，几代人都住在里面。房子动迁来了，房内的户口有的政府承认，有的政府不承认，同住人和产权人的矛盾演变成和政府的矛盾。也有漫天要价和野蛮动迁造成后果的问题，发生过野蛮动迁把老人烧死的极端案例。也有把动迁问题和腐败问题挂起钩来的情况。随着时间的推移，动拆迁矛盾化解的难度越来越大，房价不断上涨，导致经济诉求越来越高，与原动迁费用的差价越来越大。部分上诉人员因违法上访触犯法律受到治安处罚、劳动教养甚至刑事处罚，与政府的对立情绪加大，对抗性越来越强，化解矛盾的工作变成了打击控制防止再出事的工作。还有少数上访人员与境外敌对势力相勾连，凸显其政治意图，解决动迁补偿的经济诉求变成了政治诉求。再加上城市发展还在继续，旧区改造工作还在继续，一个千户人的居住区动迁只要有 5% 成为“钉子户”的转为“上访户”，这种雪球就会越滚越大。因此，可以预见，在今后相当长的一段时间内，动拆迁矛盾仍将是影响社会稳定的突出矛盾。

第二类突出矛盾是历史遗留矛盾。在历次大的国家政策调整、大的政治运动中，有一些城里人离乡离地，或支边或支农或下乡或回老家，还有被统一安置在特定地方的，这些人的利益诉求便成了历史问题。以上海为例，新中国成立后，上海从解放到“文化大革命”发生多次城市人员户口外迁的事情。20世纪50年代至70年代，上海根据中央统一部署，有组织、有计划地向其他省区输送了大量建设者，有力支援了各地社会主义建设，也促进解决了上海城市自身所面临的一些困难。据统计，不同历史时期上海市支援全国建设的各类人员共约210万人，主要包括：支援内地工矿建设的约109.2万支内职工；支援新疆生产建设兵团约9.8万新疆支青；赴其他省市“上山下乡”的约64万知识青年；以及闲散居民和精减退职回乡的约27万支农人员。

上述人群在特定的历史年代为分担城市压力、支援农村建设作出过贡献和牺牲。随着时间推移，上述群体回沪愿望强烈，造成了诸如户口、社保和回沪安置等多种问题。近年来，在上海市委、市政府的领导下，为兼顾上述群体利益需求和本市经济社会发展实际状况，按照“小步走、不停步”的原则，妥善处理解决历史遗留问题，努力化解户口信访矛盾。其间，上海市公安机关深入开展工作调研，积极参与解决历史遗留问题的政策措施研究工作，并落实好政策执行。为解决历史遗留问题，上海先后有两次大的政策调整。

第一次调整是针对支内职工、支疆知青、上山下乡知青，上海市政府于1999年下发了《关于解决本市当前户口管理工作中几个突出问题的实施意见》，明确规定：原由上海市经动员、分配去外省市工作的人员退休后（男性超过60周岁、女性超过55周岁，下同）要求回沪落户，且在沪居住满3年，并符合以下条件之一的，可准予其在本市落户：一是退休人员的子女均在本市居住的，准予在子女户口所在地落户；二是退休人员要求回沪投靠配偶的，准予在配偶户口所在地落户，其16周岁以下或在普通中学就读的子女可以随迁；三是退休人员在本市无子女，但其在沪的父母身边无子女和孙辈照顾的，准予在其父母户口所在地落户；四是退休人员在上海和外地均无子女，外地又无亲可投，本市亲属（指兄弟姐妹）愿意接受且有居住条件的，准予在本市亲属户口所在地落户；五是退休人员在上海或外地均有子女，原则上应投靠外地子女。但退休人员本人或子女在高原、边远、少数民族地区或从事流动性职业的，以及退休人员本人身患严重疾病需回沪治疗的，准予在本市子女户口所在地落户。如一方先退休，准予先回沪落户，其16周岁以下或在普通中学就读的子女可以随迁。

夫妻双方均系原由上海市经动员、分配去外省市工作的人员退休后，具有下列情况之一的，可准予回沪落户，其16周岁以下或在普通中学就读的子女可以随迁：一是申请落户地为市区以外及浦东新区沿江街道以外的地区；二是已在沪购买新建住宅（人均居住面积不低于市政府规定的住房解困标准）；三是在本市有祖传私房。

第二次调整是在2009年，公安机关结合工作实际，对支内知青大龄未婚子女入沪等突出问题进行深入调研，认为有必要进一步调整完善，提请市政府出台了《关于本市投靠类户口迁移的若干实施意见》，对有关子女投靠、老人投靠的相关规定作了进一步延续和完善，具体为：原由本市经动员、分配去外省市工作现已被批准回沪落户的人员，其生育子女从未就业、未婚未育、实际生活基础长期在本市、年龄不超过25周岁的，可准予在父（母）户口所在地落户。经动员分配去外省市工作的原本市常住户口人员，现已按国家法定年龄退休，并已享受社会保险待遇，要求回沪投靠子女的，可准予在其子女户口所在地落户。如系未生育或未领养过子女，本市亲属（父母、兄弟姐妹）愿意接受的，可准予其在本市亲属户口所在地落户。在政策调整后，又对政策执行口径适度细化、明确，包括：

2010年世博会前期，根据上海市委、市政府领导批示要求，公安机关对支内知青大龄未婚子女入沪问题进行了专题研究，认为“不超过25周岁”的限制条件造成政策覆盖群体少，不利于此类户口信访矛盾的化解。特将年龄限制条件放宽为“对未婚、未育、未就业，长期随父母倒流本市，年龄超过25周岁的支内知青子女，凡提出申报的均照顾批准其户口”，此外，将原政策中“从未就业”放宽至“未就业”，从源头上解决了一大批知青子女落户的迫切需求。

为从执行层面更好地贯彻落实相关政策，积极化解户口信访矛盾，2012年上半年，公安机关对基层的执行情况开展调研，制定形成了《上海市公安局关于执行本市投靠类户口迁移政策的若干规定》，结合本市实际情况，在不突破现行政策框架的情况下，审慎形成了20条具体操作意见，对诸如因“遗腹子”“家庭矛盾”等原因导致难以落户的情况进行了政策明确，为进一步推动上海市户口矛盾化解提供了有力的补充依据。

虽然上海市历史遗留户口问题涉及人员多、情况复杂多样，但在历年政策执行中，公安机关始终本着高度负责的工作态度，尽最大可能做好户口矛盾的及时化解，为还清历史欠账，促进社会平稳有序发展提供了重要保障。据统计，上海市公安机关批准老人回沪户口共计365850人；支内、知青子女回沪共计243765人。

第三类突出问题是市场经济发展过程中出现的矛盾。这一类矛盾集中表现在：一是跟城市建设有关的矛盾。城市建设的大项目必然涉及土地征用、企业并转等问题，会涉及建设项目周边老百姓的利益冲突等，因而容易引发矛盾。二是环境建设的矛盾。在环境治理过程中的垃圾处理问题、焚烧厂的建设、供变电站的建设极易演变成突出的社会矛盾。项目造到哪里，哪里就引发以环评、污染、噪音等为由的反对声，这就是所谓的“邻避效应”。三是金融引发的矛盾。金融矛盾往往具有涉众性的特点且大部分还是普通老百姓。老百姓手上有钱了就想投资，有的被骗了，有的属非法集资不受法律保护，还有一些因经营者的原因而亏损无法收回投资等，一旦事情被曝光公开化，就引发与投资者有关的群体性诉讼案件。四是企业转制中出现的问题。原来都讲国有企业转制过程中出现的问题，现在已经不仅仅是国有企业了，民营企业、私营企业也出现了这类问题。私营企业在经营中出现资金链断掉，老板跑了企业职工闹起来的，讨薪成为每年年终的一个突出的社会问题。

群体性事件总的来说处于可控状态，没有出现大的干扰全局的事件，但人民内部矛盾凸显这种现象将长期存在，并在逐步演变。演变的总的态势为：一是负面影响，比如境外势力的影响，民族的、维权的影响都使维稳工作日趋复杂；二是矛盾涉及面越来越广，各种各样的问题都可能成为引发群体性事件、上访的由头。前一段时间有一个名词叫“异闹”，就是指异地入学，以及流动人员子女在居住地能不能参加高考的问题，引起了一波较大的社会矛盾；三是矛盾激烈的程度不断上升，上访过程中出现的突发个人极端事件越来越突出；四是处置的风险不断增加，警察强调要“依法治理”。

公安有管理社会秩序的职责，社会矛盾一旦演变为社会治安问题就是公安的管理职责，是必须管的，社会矛盾发生的剧烈变化必然要求公安加强管理。要做好社会稳定工作，单靠公安采用强制措施是不行的，现在通信联络方式发展很快，社会矛盾在短时间内瞬间迸发，更加需要信访、公安、其他部门联合工作才能有效控制。如果公安民警不在一线、不在第一时间出现的话，现场冲突的矛盾可能会放大，社会所付出的代价会增大，如果公安民警在一线及时处置，有利于矛盾的管控，社会成本、社会代价也会降低。因此，涉及社会稳定的事警察肯定要管。

常态的信访窗口、信访渠道是有秩序的，其他信访渠道比如网上信访、电话信访、书面来信都是公民申诉的重要途径，也是非常有秩序的。从信访部门对非常态的信访情况分析认为，信访矛盾为什么这么突出？其实是很多问题交织在一起的结果。

矛盾纠纷从程序上来说应分类纳入相应的程序，比如人民调解程序、行政调解程序、司法调解程序，调解不成应有相应的仲裁程序，比如劳动仲裁程序、商事仲裁程序，如果仲裁不能解决，可能有复议的程序、复核的程序，如果再不能解决，有诉讼程序，比如刑事诉讼程序、行政诉讼程序、民商事诉讼程序，理想状态下矛盾纠纷应按这个流程走。但现实情况是大量矛盾纠纷出来后，由于信息不对称，社会大众对于顶层设计的程序和不同程序的不同层次的架构不清楚，许多人把信访看成唯一的渠道。而信访渠道又遇到复杂的难题：

其一，信访程序是根据信访条例来框定的，信访条例对信访边界有明确规定，但是大众就认为政府信访部门应该什么事都管，甚至本来应该通过复议、诉讼、仲裁来解决的纠纷，也硬要用信访渠道解决。也就是说，很多不应是信访程序受理的纠纷进到信访渠道来，如果信访部门根据信访条例回应说这个问题不属于信访部门的受理范围，大众是不予接受的。

其二，程序都有终结性，法院是两审终审，仲裁是一审仲裁，信访做到了三级终局，即经过有权处理机关的办理，经过有权处理机关上一级的复查，再到上一级的复核，绝大多数信访者是能够接受的。由于信访总量大，每年上海的信访总量在45万件批，如果有5%—10%不服的话，就会有成千上万人走完信访程序还来参诉参访。

其三，矛盾冲突点还有其他程序带来的，现在有一类问题叫涉法、涉诉信访问题，是指法院已经判决了、检察院已经作出检察决定，公安司法部门已经作出了相应的处理决定，决定相对人不满决定，也会回到信访程序，民众认为所有程序走完后，信访部门有一个所有问题的总揽功能。

其四，前三个都是个体性矛盾，如果矛盾冲突点由个体性矛盾变成群体性矛盾，这时候更需要人民警察的介入。公安如果不介入的话，场面很容易失控，因为尽管个体矛盾之间是独立的法律关系，但独立的法律关系汇合在一起会产生新的法律关系，这个问题同样值得研究。

公安和信访共同维护着社会的安宁，维护着群众的合法权益。依照信访条例，应该通过诉讼、仲裁、行政复议指引信访人依照法律途径表达诉求，但信访部门是党和人民之间的桥梁纽带，涉及群众切身利益的又不能不管。还是要做到“三到位一处理”，即诉求合理的，解决到位；诉求无理的，疏导到位；生活困难的，帮扶到位；行为违法的，依法处理。

四、提升履行公安维稳的能力水平

全面提升公安机关维护社会治安稳定的能力水平包括提升执法理念和处置能力两个方面。

要全面提升公安机关维护社会治安稳定的执法理念。做任何事情指导思想最重要，基本理念决定工作方法。那么，在维护社会稳定中应当秉承怎样的理念呢？在当今社会，面对诸多矛盾引发的群体性事件，在化解处置的过程中，能否坚持群众观念是最为重要的，因为我们面对的矛盾冲突是人民内部矛盾，是与敌我矛盾性质不同的矛盾，要按照人民内部矛盾的处理方式来处理。

马克思主义认为人民群众是社会物质财富和精神财富的创造者，是社会变革的决定力量。马克思主义群众观是马克思主义政党对待人民群众的根本立场和正确处理与人民群众关系的基本观点，群众的主体性是马克思主义群众观的核心。马克思说，“全部人类历史的第一个前提无疑是有生命的个人的存在”。马克思主义的群众主体论思想向我们揭示，马克思主义政党必须尊重人民群众的历史主体地位，相信人民群众在社会发展，社会变革中的根本作用，必须要顺应社会历史发展大趋势和人民群众心意所向来确定自己的行为，要代表人民群众的利益，集中人民群众的智慧和经验，获得人民群众的支持，实现好、维护好和发展好最广大人民的根本利益。

社会矛盾的基本面决定了必须牢固树立群众观。现在矛盾的基本面是人民内部矛盾，这些矛盾的参与者是我们的执政基础，是我们的基本群众，他们与社会主义制度、与共产党的执政、与党的领导并不矛盾，他们从来就不是反对党的执政地位，只是为了自身的利益，他们不是我们的敌人。什么是人民内部矛盾，毛泽东同志有一篇著名文章叫《关于正确处理人民内部矛盾的问题》，文章说，人民内部矛盾是在人民利益根本一致的基础上的矛盾，是非对抗性的矛盾，只能用说服教育、和风细雨的方式解决，而不能用专政的方法解决。在建设社会主义时期，一切赞成、拥护和参加社会主义建设事业的阶级、阶层和社会集团，都属于人民的范围。人民内部矛盾是分清是非的问题，要运用团结—批评—团结的方式，作为从政治上处理人民内部矛盾的原则。维护社会稳定工作是化解社会矛盾，积极稳妥处置各类群体性事件的过程。群体性事件是指由人民内部矛盾引发，群众个人为自身利益受到损害，通过非法聚集、围堵等方式，向有关机关或单位表达意愿，提出要求等事件及其酝酿、形成过程中的串联、聚集等活动。多年实践证明，群众观越牢固，群众工作就做得越好，维护社会稳定的能力就越强。千万不要一有矛盾纠纷，一有群众聚集上访，就把群众放在对立面。政府手中有权，公安机关有强制手段，但权力和强制手段千万不能对准群众。伤害了群众的感情，不仅会激化矛盾，影响社会稳定，甚至关乎党的执政地位。

在维稳工作中强调群众观还有一点很重要，只有我们牢固树立了群众观，才有助于推动政府职能转变，如果政策不是为老百姓服务，不是解决老百姓的民生问题的话，只会产生越来越多的社会矛盾，建设服务型政府、解决民生问题是政府的责任，强调群众观就是为了尽可能多地消弭社会矛盾，最大限度地从根本上化解社会矛盾，所以，群众观有助于政府职能的转变。

还有一个重要理念是法治观。在维护社会治安工作中讲法治就是要按照治理能力治理体系现代化的要求去做，在这方面我们缺的很多。治理的“治”强调主体自觉、能动的作用。要治理首先要有主体自觉，你要知道这件事是我应该做的，是我的职责所在必须做好，要有主体自觉，要能动承担。中国的社会主义法律体系已经基本建成，在有法可依的情况下怎么做到有法必依，更多强调的就是主体自觉、主体的主动作为。社会稳定问题，无论是源头治理还是现场处置，实际都和主体自觉能动作为有很大关系。

例如依法管理集会、游行、示威。集会游行示威管理是公安行政管理的一项内容，如何依法加强集会游行示威管理，对维护社会稳定有着极为重要的作用。1989年颁布实施的《集会游行示威法》对集会、游行、示威三个概念分别予以了明确。集会，是指于公共场所，发表意见、表达意愿的活动；游行，是指在公共道路、露天公共场所列队行进、表达共同意见的活动；示威，是指在露天公共场所或者公共道路上以集会、游行、静坐等方式，表达要求、抗议或者支持、声援等活动。

集会游行示威属于公民的基本权利，是表达自由的一种特殊表现形式。其核心价值在于依靠司法、行政渠道不能解决问题的情况下，通过公开的方式表达自己的意见，从而引起社会的广泛关注，促请立法机关进一步完善法律，或者监督行政机关、司法机关解决申请人的问题。

新中国成立后，先后四部宪法都明确了集会自由。现行《宪法》第35条规定：“中华人民共和国公民有言论、出版、集会、结社、游行、示威的自由。”集会游行示威体现了公民宪法意义上的不服从的权利，是公开的比较激烈的群体活动，因此不可避免地涉及社会治安和公共秩序问题，需要与社会生活的诸多方面相协调，任何国家对集会游行示威权利不可能没有限制。为了保障公民依法行使集会游行示威的权利，维护社会安定和公共秩序，国家必须对集会游行示威进行管理。也就是说，集会游行示威不是绝对地自由和自主进行，公民在实际行使集会游行示威权利时还要经过申请和许可。因此，《集会游行示威法》就不仅体现了对公民行使基本权利的保障，更是公民行使权利的规范和限制。

但不同于民事权利之处在于，集会游行示威权利的行使、保障和限制不需要借助司法机关，而应由行政机关加以管理。我国的相关法律已明确了集会游行示威的管理是公安机关的行政管理。《集会游行示威法》第 6 条规定："集会游行示威的主管机关，是集会游行示威举行地的市、县公安局、城市公安分局。"

我国法律对集会游行示威申请条件予以了明确规定。集会游行示威申请必须要有负责人，负责人不得由下列人员担任：（1）无行为能力人或者限制行为能力人；（2）被判处刑罚尚未执行完毕的；（3）正在被劳动教养的；（4）正在被依法采取刑事强制措施或者法律规定的其他限制人身自由措施的。法律规定公民不得在其居住地以外的城市发动、组织、参加当地公民的集会游行示威。

《集会游行示威法实施条例》第 9 条明确规定："举行集会游行示威，必须由其负责人向本条例第七条规定的主管公安机关亲自递交书面申请；不是由负责人亲自递交书面申请的，主管公安机关不予受理。集会游行示威的负责人在递交书面申请时，应当出示本人的居民身份证或者其他有效证件，并如实填写申请登记表。"就是说，集会游行示威的申请方式只有一种，即负责人亲自到公安机关提出书面申请。对于邮件、快递、电话和网络等其他方式提出申请的，一律不予受理。申请负责人到主管公安机关提出书面申请，民警要做好接待工作。通过接待从四个方面查验是否符合受理的要求：一是查验申请人的身份，通过申请人出示有效身份证件，核对申请人是否符合申请条件；二是核验是否符合管辖权的要求；三是听取申请人举行活动的目的，所要表达的意愿是否符合法律的规定；四是查验书面申请是否符合要求，即根据《集会游行示威法》规定，申请是否在举行日期的五日前，申请书中是否载明集会游行示威的目的、方式、标语、口号、人数、车辆数、使用音响设备的种类与数量、起止时间（起止时间必须在早六至晚十时之间）、地点（包括集合地和集散地）。地点路线必须符合《集会游行示威法》第 23 条规定："下列场所周边距离十米至三百米内，不得举行集会游行示威，经国务院或者省、自治区、直辖市的人民政府批准的除外：（一）全国人民代表大会常务委员会、国务院、中央军事委员会、最高人民法院、最高人民检察院的所在地；（二）国宾下榻处；（三）重要军事设施；（四）航空港、火车站和港口。前款所列场所的具体周边距离，由省、自治区、直辖市的人民政府规定。"

在接待查验过程中，对不符合申请规定的，接待民警告知申请人不予受理；对申请材料存在错误或不齐全的，对申请人予以指明，暂不受理，要求其更正或补正材料。当然，对于可以当场更正的，应当允许申请人当场更正。对符合受理条件的申请，应当场让申请人填写《集会游行示威申请登记表》，接待民警在收下申请人递交的书面申请和《集会游行示威申请登记表》后，当场向申请人出具《受理行政许可申请通知书》，完成整个受理工作。

公安机关受理了申请后，必须在申请举行日期的两日前完成审批工作，作出许可或不许可决定，并将决定送达申请人。对于作出许可决定的，申请负责人按照许可的内容在规定时间和地点内依法组织举行集会游行示威活动，主管公安机关负责维持交通秩序和社会秩序，保障集会、游行、示威活动的顺利进行。

对于作出不予许可决定的，申请负责人对于决定不服的，可以在决定通知之日起三日内，向同级人民政府申请复议，人民政府应当自接到申请复议书之日起三日内作出决定。人民政府作出的复议决定，主管公安机关和集会游行示威的负责人必须执行。申请人不得向法院提起诉求，该决定属终身裁决。在对集会游行示威的实际管理中，主管机关接到当事人的申请书后，可以通过出具《协商解决具体问题通知书》通知有关机关或者单位同集会游行示威的负责人协调解决问题，这很重要，因为通过协商解决具体问题，可以努力缓解申请人因具体问题无法解决而产生激烈的情绪，从而引起有关部门对矛盾纠纷的重视，促使一部分矛盾纠纷得到妥善解决，避免申请人通过集会游行示威这种比较激烈的方式来表达诉求。

要全面提升公安机关维护社会治安稳定的处置能力。维护社会稳定，处置各类群体性治安事件是公安机关的职责，那么在执法活动中该如何把握呢？“瓮安事件”和以后接连发生的几件典型的涉稳事件让公安机关在涉稳用警方面有了更深刻的认识，这些认识逐步完善为此类用警要把握的基本原则。

一是“三个慎用”原则。时任公安部部长孟建柱提出在处置群体性事件中公安机关要坚持做到慎用警力、慎用武器警械、慎用强制措施的“三个慎用”原则。“三个慎用”原则在今天也适用，慎用不是不用而是要小心地用，谨慎地用，这里所讲的其实就是依法而用。在群体性治安事件中，也就是那些公开、自发、聚众、共同实施的违反国家法律法规，扰乱公共秩序，危害公共安全，侵犯公民人身安全和公共财产的行为，公安机关有许多具体的处置手段，比如现场的治安管理权，警察可以根据现场情况设置临时性警戒线或路障，可以管制交通，在紧急情况下可以采取强制措施驱散人群，将人员带离现场，甚至可以设立戒严区。可做的事很多，采取的执法措施很多，但是，这些措施手段必须有节制，不可泛化，不可滥用，不可过度，也就是必须慎用。“三个慎用”是现场处置中必须始终把握的，因为动则动用警力使用警具、使用强制措施，会树立越来越多的对立面。虽然一时能达到控制现场的效果，但对从根本上化解矛盾是不利的。

二是强化底线思维。在维稳工作中一定要明白作为强力部门参与进去的底线。底线思维是一种思维技巧，认真计算风险，估算可能出现的最坏情况。底线思维意味着搜集尽可能多的信息，并对可能出现的最糟糕情况作出实事求是的评价。注重的是对危机、风险、底线的重视和防范，管理目标上侧重于防范负面因素，堵塞管理漏洞，防止社会动荡。

在公共管理中，底线思维起着与“最理想境界”“效益最大化”相对应的“最低防线”“危机最小化”的作用，基于底线思维所进行的底线管理是公共管理体系中一个不可或缺的重要环节。底线管理更加积极，更加具有全面性，更加具有操作性。底线思维的价值取向更加注重人为因素，更加注重避免因政策、措施、管理的疏忽等人为因素带来的破坏，更加注重人力可以做到的防范措施和系统建设，更加注重以减少负面影响来促进发展。善于运用底线思维的方法，凡事从坏处准备，努力争取最好的结果，做到有备无患，遇事不慌，牢牢把握主动权。底线是不可逾越的警戒线，是事物质变的临界点。一旦突破底线，就可能出现无法接受的坏结果。底线思维注重对危机和风险等负面因素进行管控，而不是降低标准，无所作为。管控风险，守住底线，是决定各项工作成败的前提。善于运用底线思维，就是要有原则意识，无论干什么工作，都要明确基本原则、方向、目标，不能滑到哪里是哪里；要有边界意识，做到不越边界，不踩红线。

讲底线是讲责任。底线绝对不是推脱，底线是责任，底线是自己给自己设置的一种责任。同时，底线也是为了防止司法权的滥用。如果不给警察设底线，不给现场处置定规矩，就会出现强力手段的滥用。底线就是后墙，这个后墙不能倒，这是一种责任的确立。在实际的维稳处置中会出现底线一确立其他责任部门就不管了，该承担责任的“前锋”和“中卫”都不见了，整个场上就剩警察这个“后卫”，这是实际工作中的一大矛盾。但解决的办法不是大家推卸责任，而是要更有效地督促各方承担责任。

有一个认识问题叫维稳成本。有同志说，矛盾扩大以后社会成本会加大，因此警察要干预在先，如果不及时有效地干预，会给社会造成很大的破坏，社会成本会更大，这是一个值得研究的问题。怎么看社会成本？对社会产生破坏是社会成本，但是，如果你的干预违背了法治的基本原则，人们对法治精神、法律价值有疑义的话，这种损失和破坏将会更大。我们不能简单说警察不干预会对社会造成更大的破坏，会给社会带来更大的成本，如果警察的干预本身是违背法治精神的，虽然这件事处理了，但是它给社会带来的破坏更大，有损人们对法治精神的敬畏。在涉及社会稳定成本的警力使用问题上坚持“三个慎用”，坚持底线思维是非常重要的，也是要长期坚持下去的。

党的十八届四中全会作出《中共中央关于全面推进依法治国若干重大问题的决定》(以下简称《决定》),《决定》说：法律的权威源自人民的内心拥护和真诚信仰。人民权益要靠法律保障，法律权威要靠人民维护。《决定》说：强化法律在维护群众利益、化解社会矛盾中的权威地位，引导和支持人们理性表达诉求、依法维护权益，解决好群众最关心最直接最现实的利益问题。把信访人员纳入法治化轨道，保障合理诉求依照法律规定和程序就能得到合理合法的结果。

党的十八大以来，中国的社会主义法治得到了很大的加强与发展，包括公安在内的司法改革进一步提升了司法人员依法执政的能力，在涉及社会稳定的公安职能行使方面，依法慎用警力、慎用警械武器和慎用强制措施问题越来越成为执法人员的自觉。我们有理由相信维护稳定的社会秩序是硬道理，在法治中国建设中法治治理一定会取得更大的成就。

在社会发展的进程中，各种社会矛盾的产生不可避免，形成一些造成社会不稳定因素的冲突不可避免。维护社会治安秩序稳定始终是人民公安的重要职责。《人民公安报》2017年11月6日刊登文章《全力维护社会治安大局稳定》，鲜明提出公安维稳的“三个需要”。文章说，全力维护社会治安大局稳定，需要各级公安机关牢固树立保障国家安全和社会稳定的政治责任意识。国家安危，公安系于一半，公安机关要始终把维护国家政治安全特别是政权安全、制度安全放在第一位。广大公安民警必须时刻绷紧维护社会稳定这根弦，秉持强烈的政治责任感和工作紧迫感，以更加坚定的态度、更加务实的作风，下好先手棋、打好主动仗，从严从实从细落实好保稳定、保安全、促和谐的各项措施。全力维护社会治安大局稳定，需要各级公安机关着力提升维护社会稳定的能力水平。要把现代科技应用作为公安工作现代化的大战略、大引擎，推进互联网、大数据、人工智能等现代科技应用与警务流程机制的深度融合，不断提升公安机关的核心战斗力。全力维护社会治安大局稳定，需要各级公安机关牢固树立共建共治共享的社会治理理念。要把社会治安创新摆到更加重要的位置，坚持专项治理和系统治理、综合治理、依法治理、源头治理相结合，提高社会治理社会化、法治化、智能化、专业化水平。要从广大人民群众最关心最直接最现实的利益问题入手，加快立体化、信息化的社会治安防控体系建设。要沿着习近平新时代中国特色社会主义思想指引的方向，以永不懈怠的精神状态和一往无前的奋斗姿态，全力维护社会治安大局的稳定。

派出所管着百姓事

“有困难找民警”这句话既是人民警察为人民的精神体现，也是警察工作连着百姓家的一种责任体现。

“有困难找民警”是一句脍炙人口的话，老百姓知道并感受到在最困难最需要的时候，只要拨打一个“110”什么问题都能解决。“有困难找民警”这句话既是人民警察为人民的精神体现，也是警察工作连着百姓家的一种责任体现。从警经历告诉我一个道理，虽然时代在发展，但人民警察管好百姓事这一条没有变，“有困难找民警”仍然管用。派出所与百姓的事既有公安机关的法定职责，又有社会稳定的政治定位；既有百姓的愁难急需，也有社会管理的综合治理。警察和百姓总是在一头连着国家的发展，另一头牵着千家万户的努力中不断调整到最佳状态。由此我们分析这种变化，一是新时期派出所面对的百姓事；二是派出所走过的发展之路；三是社会治理中管好百姓事。

一、新时期派出所面对的百姓事

在作具体分析前，先从“110”警务平台本身说起。1986年1月10日，第一家“110”在广州市公安局开通。当日凌晨3点，值班民警蔺梅接到第一个报警电话称：广州市景园酒店有人报警丢失行李。蔺梅迅速记录下电话的内容，随后派民警赶到现场处置。从此，民警接警出警帮助有困难老百姓的一种新型警务活动诞生了。其实，“110”作为警务电话是一直有的，建立面向全社会，由公安机关统一管理的新的报警运行平台是为了适应改革开放以后人财物大流动，社会治安出现新情况新问题，它是集报警、指挥、处警于一体的新的警务工作平台。《新民晚报》有篇报道：“110”警务平台刚开始时许多老百姓都不知道，福建漳州市的一位民警说，“110”警务平台开通最初的五年只有少数群众知道。但是到了2006年，县市级公安机关基本实现了“三台合一”，即整合了“110”警务报警平台、“119”救火消防平台和“122”交通安全综合服务平台。其实“三台合一”模式是上海率先实现的。2004 年 9 月 30 日，上海在全国率先建立了在市委、市政府统一领导下，由市公安局负责管理、集中受理、统一指挥、联动处置各类突发事件的职能机构和指挥平台——上海市应急联动中心。市应急联动中心依托市公安局指挥中心工作平台，在警务指挥的基础上叠加社会应急联动指挥的工作职能，履行应急联动处置一般和较大突发事件，组织联动单位对重大和特别重大突发事件进行先期处置的职能。市应急联动中心实现了与 23 家应急联动单位的电话、电台和网络的互联互通。群众在全市的任何一处拨打“110”报警电话，均由市应急联动中心统一集中受理，并根据具体警情向有关公安机关和相关联动单位下达处警指令。市应急联动中心成立后很快便实现了“三台合一”，将公安“110”、交警指挥台、消防“119”三个平台放在一起，合署办公，合成运作。2006 年又加入了特警指挥台。在“四台合一”的基础上，日常指挥调度实行指挥长负责制，赋予指挥长在突发事件处置过程中享有先期处置权、直接指挥权、指定管辖权和警力装备调用权，指挥长对下是绝对权威，对上是参谋助手，减少了层级，争取了时间，提高了快速反应能力。

《新民晚报》2016 年 1 月 11 日有一篇对上海市公安局“110”指挥中心，市应急联动中心的专题报道，题目为《“110”惊心动魄只是日常》。报道说，值班的指挥长颜庭皓左手是交警指挥台，右手的两块区域则分别是消防和特警指挥台，正前方嵌入了一块由 72 块分屏组成的巨大屏幕。屏幕左侧，不停滚动统计着当日的报警呼入量和处警数。近年来每天都有 3 万到 4 万个报警电话。屏幕右侧则用红、黄、绿三种颜色反映着火警的动态信息。72 块分屏很有讲究，左边的 18 块，主要关注交通，锁定的是主要路口和高架易发生拥堵的节点；右边 18 块，则是全市各分县局的画面，一旦有突发事件，可以市区两级指挥中心联动指挥；中间的 36 块，每 4 块组成一个大的画面，锁定了人民广场、徐家汇、陆家嘴、五角场等 9 个重点区域。三个“110”接警室开启 40 至 80 个接警座席，全部使用可达 120 个接警座席。每个接警员每天平均要接 450 余个电话，多的要达到 600 到 700 个，连续 12 小时，几乎一刻不停地在说话，耳朵发烫、喉咙嘶哑、眼睛干涩疼痛。上海公安“110”警务平台从 1993 年推出至今，已经走过了二十多个年头。统计显示，2015 年，“110”回访的满意率保持在 90% 以上。

“110”警务平台自诞生以来解决了老百姓遇到的许多困难，同时，不正确的报警也给正常的警务工作带来了不小的影响。从“110”受理的职责范围看，主要包括案件类、求助类和投诉类。其中求助类原指群众遇到急难险重的求助，也就是说遇到紧急、困难、危险、繁重的事情自己无法解决的，求助于警察帮助解决。然而，这里的困难往往被当事人放大，放大为只要自己认为是困难甚至不想做而必须做的事就拨打“110”求助。报纸上报道过最极端的一个例子，一个报警人同时用5部手机报警，投诉有人早起吹笛子影响她睡觉。一打就是3个多月，累计3万多个。据警方统计，至2016年共有1.6亿个报警呼入电话，但真正需要警方出警的只有6000多万个，非警务类电话占了近六成。

上海一天“110”的报警量大约是35000起，但真正属于警务活动的仅三分之一，其他都是非警务类的。但不管怎么说，“110”警务平台得到了社会的公认，大家通过“110”这个警务平台看到了人民警察与全社会的广泛联系，这其中联系最多的还是与社区的联系，“110”报警的大量事情都发生在社区，“110”警务平台加深了警察与千家万户之间的联系。久而久之，“110”报警处置也就成了派出所非常重要的一块业务。

我们讲警察连着百姓，首先想到的是优秀民警马天明，电影《今天我休息》里的马天明的原型老马警察还健在，是杨浦区的老警察。20世纪五六十年代的警察拿着警务日记小本子走街串巷，辖区里千家万户的信息全在小本子里。遇到什么事直接就记在本子里，里弄里大人小孩都认识“户籍警”。现在老百姓的居住状况发生了很大的变化，居住环境小区化了。尽管社区发生了很大的变化，但老百姓对警察的要求没有变，希望“马天明精神”仍然发扬。上海市公安局每年都要开展优秀社区民警的评选活动，树立了一批又一批新时期的“马天明”。《新民周刊》2015年第50期有一篇报道:《让警徽在社区闪光》，讲的是上海市公安局长宁分局工作在社区里的一批优秀社区民警，有周家桥派出所社区民警王沪荣、华阳路派出所社区民警朱志明、新华路派出所社区民警汪洋等，他们帮助解决的是一件件社区老百姓的普通事，在警察与居民间架起的却是警民和谐共治的新时代“马天明”的故事。长宁分局113名党员社区民警中，有103名兼职了居民区党组织副书记，占总数的

91.15%。据统计，全区接报居民区内报警类“110”警情同比下降4%。老百姓给周家桥派出所民警金军这样的评价：警威在，平安在。“有了警威，居民区治理就不会再失之于宽，失之于软；有了警威，咱们的小区建设就有了法治思维和法治保障。”我在自己从警的这十多年里感到，警察是个非常实在的职业，每天干的都是一件件实实在在的事。警察特别辛苦，付出很大，基层警察4天值一个班，第二天照常上班，这在其他部门几乎是没有的。“马天明精神”在新时期的民警身上仍然发扬光大，赋予了社区民警新的生机与活力。

社区警务工作的变化，首先表现为社区管理发生的变化。随着时代的发展，现在的社区管理和以前居委会的管理相比发生了翻天覆地的变化。以前一个居委会就能把辖区范围内所有的事情搞定，现在变了，这种变化主要体现在以下几个方面：一是居住的房子发生了很大的变化；二是人群发生了很大的变化；三是管理的主体发生了很大的变化；四是小区的功能发生了很大的变化。

一是居住的房子发生了很大的变化。过去我们讲房子是一个简单的概念，房子是一个上面有屋顶四面有围墙，能够防风避雨、御寒保暖，具有学习、生活、工作功能的场所。过去的房子比较单一，现在的房子花样多了。一位派出所所长就说，他的辖区里房子有五大类：一是售后公房，即这些房子是20世纪50年代至90年代由单位建造的老式公房，然后卖给个人使用的，这其中有相当一部分至今没有房产证，无法交易，这些房子住户的特点是困难人群、老人人群、特殊人群占比高，物业管理不到位；二是商品房，20世纪90年代以后建造的多层和高层楼房，这类房子的住房条件好坏差异较大，如高层有一梯多户的，有一梯一户的，物业管理能基本到位，小区建设的技防也基本能起作用；三是居住条件较好的涉外类房屋，即专门针对外国人建造的房子并卖给他们。当然，实际居住人也并不都是境外人士，这类房屋的主人对传统的居委会式的管理认同度较低；四是洋房，这些老式洋房从外表看很有历史文化感，但实际居住条件不如新建楼房，有一定的安全隐患；五是动迁安置房，相对比较廉价，以动迁人员和租住人群为主。

二是居住人群发生的变化。居住人群在过去简单地说就是户籍所在地的人，但是现在一个小区居住的人可以分为8大类13种情况，居住的人群非常复杂。过去居住在居住地的人一定是户籍所在地的人，而现在居住在这里的人是“社会的人”，“社会的人”使整个小区的人员结构发生了很大的变化。

三是管理主体的变化。过去街坊管理靠居委会，居委会设一名书记几名正副主任。现在小区管理主体发生了很大的变化，是“四位一体”的管理模式，即居委会、业主委员会、物业管理公司、社区民警，还有社会组织的参与。上海市长宁区周桥地区有个小区叫虹桥新城，它是在旧区改造基础上建成的，占地面积 54378 平方米，房屋面积 182226 平方米，商铺 30 间，小区有 16 幢房 38 个门洞 1193 户居民，实有人口 4647 人。小区共有 4 个出入口。小区是 2010 年建成的，初建时的技防设施都老化了，48 个监控只有 4 个能正常运行，且图像不清；楼宇对讲系统、门禁系统等安防设施都处于瘫痪和半瘫痪状态。2012 年小区借业委会换届，开始实施以“四位一体”为核心，动员社区工作者、楼组长、综治协管员、在职党员、治安信息员、平安志愿者等群众自治力量相配合的管理方式，使小区发生了很大的变化。小区的技防探头增加到 120 个；电子围栏由原先的 2 个防区增加到了 8 个防区；更换了 28 扇楼道门，新增地下室防盗门 13 扇；修复了楼宇对讲系统；更换了小区机动车道闸和人行道闸；实有人口信息采集率达 95% 以上。2015 年小区接报入室盗窃仅两起，比 2014 年下降 50%。

四是小区功能发生了变化。以前的小区功能主要是指生活功能，即一间房可以居住即可。但现在小区的功能远远超出了单一的居住功能，它有非常强大的社会组织功能，政府的很多活动都是通过小区来实现的。比如禁止烟花爆竹燃放这件事就是通过小区来组织的。现在小区的社会组织功能非常突出。从另一个层面来讲，小区建立了居民的 QQ 群、微信群，非常方便沟通和组织。小区的服务功能也很完善，娱乐活动功能非常强，各种社会服务都在向小区延伸，特别是针对老人、幼儿、儿童的居家服务功能到位。小区还有精神文明建设活动和旅游活动等吸引了许多居民参加。政府也在为小区设立社区卫生中心、市民中心、服务中心等，方便市民看病办事，深受小区居民的欢迎。

改革开放以来，社区发生了很大的变化，社区的变化对社会管理提出了很大的挑战。在这样的背景下，如何加强社会管理，如何加强社区管理，成为当下要解决的一个大问题。社区管理强调的是一种自我管理，是个体对本身行为的管理，是一种自我控制的过程。社区管理是一种有效调控的过程，也讲程序、规范和效率。所以，新时期社区管理有很多新的内涵。《社区建设——口述上海》是当年经历者写的一本书，讲上海社区建设的发展历史，在此，引用书中的一些片断。

1996年3月25日，上海市委、市政府出台了《关于加强街道、居委会建设和社区管理的政策意见》，这是上海第一个关于社区管理的政策意见，该意见是时任市政府区政处处长薛晓峰提出建议的。薛晓峰这样回忆："1992年，邓小平同志发表南方谈话，全国掀起了改革开放的热潮，为加快推进上海的改革开放，上海市委、市政府作出了一系列重大决策和工作部署，其中有一项就是以拆除'365危棚简房'为主的旧区改造。部分居民从中心城区动迁至城郊接合部地区，在城郊接合部新建了一些居住区。1996年初，我们到新建居住区调研，发现公建配套设施不健全，给居民带来看病难、上学难、出行难、购物难等诸多问题。调查结束形成工作专报《加强基层政权建设和社区管理中亟待解决的几个具体问题》，专报主要反映了八个问题：一是在社会治安综合治理方面，公安派出所安全防范职能需要进一步强化；二是在基层党组织建设方面，基层党支部力量薄弱，难以较好发挥战斗堡垒作用；三是在居委会设置方面，除新居住区存在空白点外，很多老城区居委会合署办公，对社区管理不能'全覆盖'；四是在日常工作方面，居委会承担工作任务多、负荷重；五是在居委会自身建设方面，居委会干部队伍存在严重建构性缺陷；六是在市政管理方面，征地不动迁的问题是管理工作中一大难点；七是在扶贫帮困工作方面，重复、交叉有时难以操作；八是在精神文明建设方面，硬件设施建设滞后。报告上去之后，黄菊书记开加强基层政权建设和社区管理座谈会，市委领导集体出动，分别带队作专题调研。调研结束后，市委出台了两个文件，一个是修改后的街道办事处条例，另一个是关于解决基层十分关注的几个方面问题。"

谢玲丽写道："我经历了上海社区建设三个阶段的全过程，即20世纪80年代中期到90年代中期，是上海社区建设的探索阶段；90年代中期到90年代末期，是上海社区建设的全面推广阶段；90年代末期至今是上海社区建设的深入发展阶段。""在我提出社区建设过程中让社团进社区这个概念时，当时许多人不是很理解。

于是，我就从两个方面说有关‘社团’的问题。第一，我认为，要在社区建设中培育发展社团。而所谓的社区里的社团，就是扎根在当地群众中的团队。第二，我觉得，无论是国际性、全国性的社团，还是地区性的社团，他们办公的所在地就是在社区。在我提议以后，社团真正开始进了社区——在上海所有的街道都成立了民间组织服务中心。服务中心是松散的民间组织，由民间组织为民服务，通过服务来达到管理的效果。”

刘国胜写道：“1994年4月17日《解放日报》发表的长篇报道《春风日丽感华阳——记长宁区华阳街道的‘凝聚力工程’》，这篇文章的发表，正式向社会推出了凝聚力工程这个响亮的名字，得到了中央的充分肯定。”

“凝聚力工程”华阳街道党工委的基本经验概括为三条：一是干部、党员为民解难、为党分忧的强烈的政治责任感；二是干部、党员在关心群众的工作中，领导做给群众看，一级带着一级干；三是干部、党员做关心群众的工作，做到了制度化、经常化。

柴俊勇写道：“上海社区建设有一个品牌——安全小区，上海创建‘安全小区’始于1991年，到1999年共有5316个居、村委被评为市和区县、街道‘安全小区’。在‘安全小区’建设的过程中，1996年提出‘六小防范工程’建设，即封闭式围墙、防盗铁门、楼道灯光、自行车棚、治安岗亭和家庭简易技防装置。在此基础上，1999年提出新一轮‘六小工程建设’，即小区周界监控系统、楼宇对讲电控防盗门、家庭防盗报警系统、创安基础工作电脑化管理、科技防范设施管理队伍和法制教育宣传阵地。1998年，经市委、市政府批准，将原来的工人纠察队、流动人口管理服务队、治安联防队合并，组建上海社区保安队，共有队员12500名。在此基础上，建立街道、乡镇司法所和法律服务所。当时，全市有司法所206个，法律服务所448个，每个街道乡镇都配有司法助理员。”

周鹤龄写道：“计划经济向社会主义市场经济体制转变中，街道党组织和党建工作面临着严峻的挑战：一是单位人变成了社会人；二是基层党组织和党建工作出现了空白；三是要加强作为第三级管理的街道和社区作为‘第四级网络’的服务。当时提出‘二级政府三级管理’，即市政府、区政府的二级政府，市管理、区管理和街道管理的三级管理，但是到了第三级管理后出现了社区管理，社区管理怎么往下延伸，就是延伸到社区的网络化。总的说法是二级政府、三级管理、四级网络。四是要使社区成为党的执政体系基础和我国基层政权建设的新的落脚点。1996—1997年开始酝酿如何在基层建立党建工作，1997年6月14日，市委正式下发《中共上海市委关于加强和改进社区党的建设工作的若干意见》，对社区党建工作提出了具体的要求。”

马伊里写道：“1986年民政部在武汉沙洲召开会议，决定在全国推动社区服务。1986—1996年的10年间，上海提出‘四个层次一条龙’的社区服务主体设想。即第一个是市级层次，有市级社会福利院、精神病院、残疾人工厂等；第二个是区级层次的福利院、福利工厂；第三个是街道层次，原来民政部门在街道还没有具体的设施，只有工疗站，对慢性精神病人服务；第四个是居（村）委层次，居委会里面有红十字诊疗站、有儿童日托、有烈军属抚恤、有‘五保户’和‘三无’对象的社会救济等。那时，上海的社区服务深受老百姓的欢迎，开展得轰轰烈烈。从1985年到2000年，社区服务连续15年被市政府列为实事项目。”

陈振民写道：“1991年12月，市委提出创建‘社会安定、环境优美、生活方便、文化体育生活健康丰富’的文明小区。1997年8月4日，以市文明委名义下发了《关于上海市文明社区创建管理的暂行规定》，共8大类，44条标准，其中‘文明小区’标准包括：社区环境整洁、社区秩序安定、社区组织健全、社区共建普遍、社区服务完善、社区教育全面、社区文化丰富、社区风尚良好。”

从以上这些当年的亲历者所讲的内容可以看到，上海许多年来一直在抓小区建设，抓小区的凝聚力工作、安全小区建设、社区党建、社区组织建设、社区服务和社区精神文明建设，正是这些建设和所取得的成效，使我们这座城市愈加充满活力适宜居住，也为公安的社区警务发展提供有效的载体和巨大的空间。我们在不断加强建设的过程中逐步认识到社会组织在社区的重要角色，即：一是公共服务提供的补充者；二是社区居民生活服务的提供者；三是和谐社会稳定的维护者；四是社区宣传法制教育的宣讲者；五是社区文化娱乐活动的丰富者；六是政府职能转变的承接者；七是社会治理的治理者；八是社区慈善事业发展的推动者；九是社区资源的整合者。

从社会治理的角度说，现实社会出现了三个维度的社会分化，一是外来人口与本地居民之间的分化；二是社会阶层之间的分化；三是年龄群体之间的分化。社会阶层分化中的经济困难、弱势群体是特别需要关注的。而中等收入群体和青年群体也要高度重视，这两个群体是经济社会领域最活跃、能够产生巨大影响力、有较强意愿和能力参与社会治理的群体。发挥这两个群体的作用，是提升社会治理精细化水平，构建全民共建共享的社会治理的关键。中等收入群体是社会治理水平的一大推动力，我国中等收入群体已达到 4 亿人，也就是说我国 34.7% 的人群已经是中等收入人群，北、上、广等特大型城市中等收入群体已经占成年人口比例的 60%。所以，这一部分群体是能够参与社会治理人数最多的主体。而青年群体是社会治理创新的动力源泉，青年人更具有创新性，他们有技术、有文化，他们的思想特别活跃、能力特别强、参与的热情也特别高，把这一部分人动员起来，社会治理的创新就有很大的源泉。

二、派出所走过的发展之路

社会变化特别是社区的变化带来了管理的变化，那么警务活动在这样的背景下又有怎样的变化呢？社区警务的变化离不开两个问题，一是派出所的变化；二是社区警务认识与做法的变化。

首先是派出所的变化。派出所是社区警务的主体，我国在 20 世纪 50 年代曾出台《公安派出所组织条例》，于 1954 年 12 月 31 日全国人民代表大会常务委员会第四次会议通过，同年 12 月 31 日由国家主席令公布。条例共有 7 条，其中：第 1 条、第 3 条讲设立；第 2 条讲职权；第 4 条讲组织关系；第 5 条讲群众工作；第 6 条讲工作纪律；第 7 条讲其他。条例规定：为了加强社会治安，维护公共秩序，保护公共财产，保障公民权利，市、县公安局可以在辖区内设立公安派出所。同时规定：公安派出所应当根据地区大小、人口多少、社会情况和工作需要设立。随后国家制定了《公安机关组织管理条例》，因此《公安派出所组织条例》在 2009 年 6 月 27 日的十一届全国人大常委会第九次全体会议上被废止，之后没有出台过派出所组织条例。派出所作为公安机关基层单位，《公安机关组织管理条例》第6条规定：设区的市公安局根据工作需要设置公安分局。市、县、自治县公安局根据工作需要设置公安派出所。公安分局和公安派出所的设立、撤销，按照规定的权限和程序审批。这是派出所设立的直接的法律依据。条例第7条规定：县级以上地方人民政府公安机关和公安分局内设机构分为综合管理机构和执法勤务机构。所以派出所的设立是依法有据的。

派出所的发展历程，可作这样的梳理，派出所的定位经历了六次重要会议与四次大型活动。六次会议分别为：苏州会议、吉林会议、杭州会议、第二十次全国公安会议、南京会议和江苏会议。1997年公安部在苏州召开全国公安派出所工作会议，在此次会议上确定派出所以管理防范为主要任务，以发案少、秩序好、群众满意为目标，改革和调整派出所的工作方式、运作机制，切实提高管理、控制辖区治安的能力。1998年公安部在吉林召开全国公安派出所工作改革经验交流会，在此次会议上提出了派出所深化改革的基本要求是：坚持打防结合，以防为主的工作方针。以创建人民满意派出所为动力，坚持业务队伍两手抓，争取在两年内大部分派出所实现辖区内“发案少、秩序好、群众满意”的目标。2002年公安部召开全国公安派出所工作会议（即“杭州会议”），下发了《公安部关于改革和加强公安派出所工作的决定》，在此次会议上提出派出所要集防范、管理、打击、服务等多种职能于一体，2003年10月，中共中央下发了《中共中央关于进一步加强和改进公安工作的决定》，成为整个公安工作的根基。2003年11月公安部召开的第二十次全国公安会议是公安派出所发展史上一次重要会议，在此次会议上公安部下发了《公安部关于进一步加强和改进公安派出所建设的意见》《公安派出所正规化建设规范》等文件，将派出所定位为“综合性战斗实体”“第一道防线”“窗口和纽带”，即派出所是公安机关打击犯罪、维护治安、服务群众、保一方平安的基层综合性战斗实体；维护社会政治稳定与治安稳定的第一道防线；密切联系群众的窗口和纽带。同时，公安部决定在全国范围内开展以“抓基层、打基础，苦练基本功”的“三基”工程建设，并提出“警力要下沉、保障要有力、班子要加强、责任要提高、管理要规范”的工作要求。2008年公安部在南京召开执法规范化建设会议，在此次会议上推出三项建设，特别提出加强基层基础建设、信息化建设。2012年公安部在江苏召开全国公安厅局长座谈会，主要任务是对着力提高新形势下特别是动态化、信息化条件下基层基础工作水平进行研究部署。会议下发了《贯彻落实全国公安厅局长座谈会精神加强派出所基础工作二十项任务》，对规范派出所职责任务，推动社区民警专职化建设，强化基础信息应用，平安社区共建和统筹派出所基础工作组织领导等重点工作作出全面部署。

四个大型活动分别为：第一，大讨论。2003年公安部开展了学习中央下发的《关于进一步加强和改进公安工作的决定》和胡锦涛提出的“人民公安为人民”工作要求，在全国公安开展了贯彻十六大精神，全面建设小康社会大讨论，并在大讨论的基础上出台了五条禁令、三十条便民措施。第二，大练兵。为进一步提升公安执法为民的本领，全国公安机关在2004年开展了全警“大练兵”活动。大练兵主要是为了提升“四个能力”，即提升维护国家安全能力、提升驾驭社会治安的能力、提升处置突发事件能力、提升为经济社会服务的能力。第三，大接访。2005年根据中央政法委提出的“规范执法行为、促进公正执法”的要求，全国公安机关开展了“开门大接访”活动，主要解决涉及社会稳定、社会管理的“老大难”问题。第四，大建设。2006年为加强公安系统自身建设，开展了基层基础大建设活动，并且提出要坚持不懈，一抓三年。这次活动是立足于“巩固共产党的执政地位，维护国家长治久安，保障人民安居乐业”这一历史使命的高度，从最基础性的警力下沉，做大做强基层警务入手，从深层次培育公安工作可持续发展的动力，提升警务活动的效率。

大讨论、大练兵、大接访和大建设这几大活动着力解决了公安体制、公安保障、执法监督等诸多问题，使警察的形象和素质、警务活动的环境和效率都有了明显的改善和提升，进一步打牢了公安工作的基础。

《人民警察法》第2条规定：人民警察的任务是维护国家安全，维护社会治安秩序，保护公民的人身安全，人身自由和合法财产，保护公共财产，预防、制止和惩治违法犯罪活动。从这一规定所讲的任务看都是公安机关要做的事，但其中有些任务只能体现和落实到具体警种，不是派出所能完全承担的。在1954年制定的

《公安派出所组织条例》中对派出所的职权共规定了十项，具体是：

第2条　公安派出所的职权如下：

（一）保障有关公共秩序和社会治安的法律的实施；

（二）镇压反革命分子的现行破坏活动；

（三）预防和制止盗匪和其他犯罪分子的破坏活动；

（四）依照法律管制反革命分子和其他犯罪分子；

（五）管理户口；

（六）管理剧场、电影院、旅店、刻字、无线电器材等行业和爆炸物品、易燃物品及其他危险物品；

（七）保护发生重大刑事案件的现场，协助有关部门破案；

（八）指导治安保卫委员会的工作；

（九）在居民中进行有关提高革命警惕、遵守法律、遵守公共秩序、尊重社会公德的宣传工作；

（十）积极参加和协助进行有关居民福利的工作。

对照1954年的《公安派出所组织条例》，再看1995年制定、2012年修订的《人民警察法》，在公安职能中的相关规定，《人民警察法》第6条规定，公安机关的人民警察按照职责分工，依法履行下列职责：

（一）预防、制止和侦查违法犯罪活动；

（二）维护社会治安秩序，制止危害社会治安秩序的行为；

（三）维护交通安全和交通秩序，处理交通事故；

（四）组织、实施消防工作，实行消防监督；

（五）管理枪支弹药、管制刀具和易燃易爆、剧毒、放射性等危险物品；

（六）对法律、法规规定的特种行业进行管理；

（七）警卫国家规定的特定人员，守卫重要的场所和设施；

（八）管理集会、游行、示威活动；

（九）管理户政、国籍、入境出境事务和外国人在中国境内居留、旅行的有关事务；

（十）维护国（边）境地区的治安秩序；

（十一）对被判处拘役、剥夺政治权利的罪犯执行刑罚；

（十二）监督管理计算机信息系统的安全保护工作；

（十三）指导和监督国家机关、社会团体、企业事业组织和重点建设工程的治安保卫工作，指导治安保卫委员会等群众性组织的治安防范工作；

（十四）法律、法规规定的其他职责。

2002年3月11日公安部发布《公安派出所执法执勤工作规范》（以下简称《规范》），对派出所的职责任务作了明确的规定，其中第4条规定："公安派出所执法执勤工作范围包括：（一）责任区工作；（二）户籍室工作；（三）值班、备勤；（四）案事件处理；（五）巡逻；（六）治安检查；（七）特定勤务。"

可以说，《规范》的出台讲明了派出所究竟是干什么的，它对派出所执法执勤范围有了明确的表述。当然，不论各项具体执法执勤任务的外延究竟有多大，在实际工作中还是会随着任务的变化而有所变化。《规范》所列举的七方面工作都有具体的条文适用。比如，对责任区工作，《规范》规定，责任区工作主要包括：人口管理；情报信息收集；安全防范；治安管理和服务群众。"城区、城镇公安派出所应当在辖区内以社区为单位设立社区警务室，并根据社区规模、人口数量和治安情况在每个社区配备一名以上责任区民警。农村公安派出所根据辖区的人口数量、地域面积、治安情况，实行民警驻村或者包片责任制。"

根据规定，责任区民警人口管理工作的主要任务是，对常住人口、暂住人口、境外人员进行经常性的管理，掌握基本情况，发现违法犯罪线索，预防违法犯罪活动。但社区民警要真正做到掌握基本情况这一点是很难的，现在城市新建小区一般都有上千户，一个门洞进去就上百户，居民们都讲自己的私人空间，独门独户不串门不沟通，隔壁邻居姓什么干什么都不知道，别人也不想让你知道。我在上海市公安局任副局长分管人口工作时有民警对我说，过去老百姓说到派出所办事是“门难进，脸难看，话难说”，现在倒过来了，社区民警要进居民的门问点事，经常会遇到居民的“门难进，脸难看，话难说”。上海搞人房管理系统，组织了一万多人的人口信息员挨家挨户上门采集人员房屋信息，花了很大力气。而且人是流动的，今天这家住的是张三，说不定过几天就变李四了，所以要不断地采集以保持信息的鲜活准确，这就意味着信息员要不断地跑东家跑西家。对于怎样掌握基本情况，《规范》分为下列五种情况：1. 对常住人口，应当做到底数清楚，重点掌握有违法犯罪经历和有违法犯罪嫌疑人员的身份和现实表现。2. 对暂住人口进行登记、办证，掌握全部暂住人口的身份、暂住理由、户籍所在地等情况。3. 对境外人员应当督促其在法定时间内到公安派出所申报住宿、居留登记，掌握其姓名、国籍、居留事由和居留期限。4. 对依法判处管制、剥夺政治权利、缓刑、假释、监外执行的罪犯，被取保候审、监视居住人员，要负责帮教、监督、管理和考察。5. 对列管的重点人口，要了解掌握其交往人员、活动场所、经济情况、现实表现等，记入重点人口档案。

根据《规范》的规定，责任区民警安全防范工作的主要任务是，动员、组织责任区内单位和群众开展群防群治工作，建立群防群治组织，落实各项安全防范措施，减少可防性案件和治安灾害事故的发生。具体包括：开展形式多样的法制宣传教育，提高群众的安全防范意识和自我防范能力；建立、完善以治保会为主体的群防群治组织；推进安全小区建设；落实人防、物防、技防措施。真正落实这四项任务，社区民警要做大量的工作。以小区技防建设为例，从“六小工程”到“新六小工程”，每一项的推进都要付出许多。例如楼洞防盗门，民警再三告诉大家要随手把门关上，但有的老百姓为了省去带门禁卡这件“麻烦事”，就用砖块把门抵住，不让它关闭以便自由进出，而这样做就失去了装防盗门用门禁卡的意义。

根据《规范》的规定，责任区民警服务群众工作的主要任务是，牢固树立全心全意为人民服务的宗旨意识，建立良好的警民关系，提高为群众服务的效率和质量。主要工作内容是：在社区警务室定期接待群众；设立警民联系箱、警务簿，发放警民联系卡，公布联系电话；帮助联系解决群众求助的事宜；为群众代办户口、居民身份证等事宜，对孤寡老人、残疾人等有特殊困难的群众实行上门服务；参与社会公益活动。我在社区走访的时候，社区民警就很关注地区老人的身份证办理，在二代证换证时，由于一部分老人行动不便无法自己去办理换证，希望市公安局能解决这个矛盾。经市公安局人口办出面统一协调，对这一类需换证的老人，或者可由社区民警与人口办民警带着拍照设备上门办证，或者由社区民警做好前期工作后到人口办窗口直接办证。所以上海的二代身份证换证达到了相当高的比例。

上海的社区警务发展可分为四个阶段：

第一个阶段，1996 年根据上海市委以加强社区管理为抓手，提高城市管理水平的工作要求，上海公安机关提出社区警务战略，要求派出所实行警务重心转变，将主要精力放在社区管理和风险防范上。上海市委、市政府在 1996 年 3 月 25 日出台了《关于加强街道、居委会建设和社区管理的政策意见》，在 10 个街道试点改派出所为警察署。街道扩并以后，两三个街道合并成一个街道，一个派出所三四十人变成了 100 多人。建署主要是便于划成警区、警片，即网格化，上海最初的网格化是公安系统的网格化。

第二个阶段，20 世纪末的那几年根据公安部几次会议的精神和加强派出所建设的一系列规范的要求，上海公安提出了派出所工作的三年建设纲要，上海社区警务进入实施阶段。

第三个阶段，2001—2008 年，上海将社区警务工作推进到网格化管理中。进入新世纪，上海改革开放的形势发展很快，重大活动安保的任务特别繁重，如何进一步加强社会治安防控确保城市安全，确保重大活动的顺利进行非常重要。市公安局推进了“网格化”街面巡逻新机制，将社会面划分为若干个警巡网格，明确“网格化”巡逻的力量配置、职责任务、巡查要求。2007 年上海市公安局制定《关于进一步改进和加强治安巡逻工作的意见》，治安总队据此制定了巡警勤务的相关规范。例如，规定巡警的主要职责：（一）接受和处置以发生在街面为主的 110 警情、各类案事件，对不能当场处置的及时移交派出所。（二）对可疑人员、车辆开展盘问和检查，捕捉现行违法犯罪对象。（三）查处街面扰乱社会公共秩序的各类违法行为和街面“黄、赌、毒”等案件，一时无法查处的及时报告。（四）对街面易滋生违法犯罪的服务场所、商店、摊点等开展治安巡察。（五）收集、报告巡逻工作中发现的治安信息情况。（六）带领、指导社区保安队员开展巡逻。（七）为群众提供紧急救助。（八）按照市局部署，开展其他工作。

巡警日常巡逻的重点为：（一）在重点要害部位、案件高发易发地区开展巡逻。（二）对沿街易收销赃的打金店、二手手机店、修车摊点等开展治安巡察，注意发现违法犯罪嫌疑线索。（三）在金融网点交接款时加强其周边地区的巡逻。（四）在上学、放学时段会同有关部门维护校园周边的治安秩序。（五）夜间加强对 24 小时便利店、自助银行、加油站等重点部位巡视，对居民小区、企事业单位门卫进行安全提示。（六）对发现现行违法、群众举报的沿街发廊、足浴店、网吧等治安管控重点场所进行检查、处置。（七）凌晨 2 时后，协助治安民警对沐浴场所通宵留宿的登记情况进行检查。

街面巡逻是社区警务一项重要的职责，落实社区警务中的街面巡逻对确保社会治安秩序良好有着很大的作用。街面巡逻有徒步巡逻、自行车巡逻、摩托车巡逻和汽车巡逻等多种方式。

徒步巡逻一般以两人为一组，并列成一前一后进行，巡逻一般在人行道上逆向行走；在无人行道或无法在人行道上巡逻时，则靠路边的非机动车道与车辆通行方向逆向进行巡逻。

自行车巡逻一般以两人为一组，以一前一后形式，相隔距离在 3 至 5 米之间；遇自行车禁行道路时，则在人行道上推行。

摩托车巡逻一般以两人为一组，以一前一后形式，相隔距离在 5 至 8 米之间。一般情况下速度控制在每小时 30 公里以下。

汽车巡逻一般以两人为一组，郊区全天，市区夜间可由巡警带领社保队员巡逻，巡逻速度一般控制在每小时 40 公里以下。

一般来讲，重点景观区域、商业繁华路段以徒步巡逻为主。居民住宅区、治安状况良好地区一般以自行车巡逻为主，徒步巡逻为辅。面较大、案件（特别是抢劫、抢夺案件）高发、易发的地区以摩托车巡逻为主，自行车巡逻为辅。面积较大、非重点区域以汽车巡逻为主。

第四个阶段，2008 年至今，围绕着现代警务机制建设，社区警务工作提出新的工作要求。2008 年 11 月，上海市公安局召开“推进上海现代警务机制建设，进一步加强社区和农村警务工作大会”，明确了当前和今后一个时期，上海社区警务管理的主要任务是建立“四个机制”，即全面建立责任区警种联动机制、警民沟通机制、警社合作机制和科学考评机制。同年 12 月，制定下发了《关于进一步加强社区和农村警务工作的指导意见》，明确了 18 条具体措施。紧接着，2009 年 4 月，召开“上海公安机关深入推进社区和农村警务工作经验交流会”，2009 年年底出台了《关于开展社区警务专业指导的工作意见》，强化市公安局各条线职能部门对社区警务工作的指导作用。2010 年 4 月，开始责任区警种联动机制试点工作，7 月下发了《关于进一步深化社区警务责任区警种联动机制建设及试点工作的指导意见》。2008 年之后的几年，上海社区警务工作之所以能有一个较大的务实的发展，主要得益于三方面的条件：

一是公安部的战略部署。公安部党委始终抓住基层基础这个关键，连续召开以推进社区警务建设为主要内容的会议，而且通过开展一系列专题活动将公安部的要求生动鲜活地告诉了每位民警、每一级公安机关，形成了上下一致的认识基础和工作基础，很好地解决了大发展大转变大流动过程中的社会治安问题，赢得了全社会的认同和支持。

二是上海一系列重大活动的推动，特别是世博安保活动的推动。进入 21 世纪，上海几乎每年都有重大活动，APEC 会议、世博会等，这些重大活动中一项重要的安保工作就是社会面控制，而社会面安保的关键在社区，社区稳定了，社区治安好了，社区的安保力量被组织动员起来了，整个社会的安保工作才能有依托，才能落实和实现。各项社区警务工作的推动借助重大活动安保的“东风”，因为重大活动安保虽然公安是主力军，但工作是全社会的，是一段时期党委政府的重点工作，在这一背景下提出的社会治安建设任务便于发动、组织、落实、检查和总结推广。例如社区技防的新三大建设之一的周界报警系统建设，是一项投资很大的工程，光靠小区自身的物业费很难解决，各区县公安局紧紧抓住重大活动安保的契机，向区县政府要政策要资金，帮助解决了这一难题。当时在老旧小区建封闭式小区的阻力非常大，公安机关以把控发案、加强联防联治的工作要求作为抓手提出公安的要求，宣传封闭式小区建设的重要性和必要性，加上属地政府在财力、工作要求上的支持，最终使问题得以解决。

三是上海实施人房管理系统的建设，为社区警务工作的发展提供了基础性技术性支持，使得“底数清、情况明”成为可能。从2007年9月到2009年11月，上海实施人口信息系统的一期建设，2009年9月至2010年7月又进行了系统的二期建设，这是一个非常强大的管理系统，实现了“查人知房，查房知人”的动态管理。

上海自2012年启动新一轮现代警务机制建设，围绕规范化、信息化、集约化目标，建设由决策、实战、保障三大板块组成的运行体系，提升公安机关打击犯罪、治安防控、应急反应的能力。面对公安工作的新挑战、新机遇，着力打造“升级版”的现代警务机制。那么“升级版”的社区警务应该是怎样的呢？上海市公安局党委领导说：最后发挥支撑作用的一定是基层基础工作。基层基础牢固了，我们在实战中才能有底气，提升警务效率才不会成为一句空话。打造“升级版”的重点是进一步增强基层的实力和活力，完善基层基础工作的促进和保障机制。新一轮建设的目标定位十分明确，上海市公安局各项工作布置正借着这一东风扎实地展开。

当我们看到新的发展前景的时候，不得不冷静地分析社区警务面临的挑战，这种挑战来自内外两个方面，具体有：

第一，内部的多元性挑战。表现为两个方面：一是公安参与社区警务的主体多元。警务工作已不单是社区民警一家的事，而是多警种参与并发挥作用的一项综合性警务工作。过去很多专业警种的事务，现在都延伸成了派出所的管辖事务，这种主体的多元化成为工作的一个挑战。二是社区管理主体多元。社区管理主体发生了变化，警察如何找到工作的同盟军、合作者，成为很大问题。

第二，外部的社会化挑战。现在面临的一个重要问题是公安工作社会化，一方面老百姓要求警务工作更加透明、公开；另一方面，公安工作需要得到更多的社会支持，警务合作需要问计于民、求计于民。社区自治也离不开警务支持，这些都是工作中的新挑战。

除了内外部挑战，社区民警还面临压力与能力的问题：一是忙的问题。社区民警太忙是一致的判断，原因是多方面的，如警力配置不到位，大量的警务活动叠加，社区民警的工作量大大增加。在强调警察执法规范化的同时，民众的法治意识还有待提升。社区民警反映比较大的一个警务活动难点是处理一件事所花的时间太长，警务活动相对人的配合、服从执行都有待提高。非警务活动多也是社区民警越来越忙的一个原因。二是合的问题。社区警民要合作，关键在于组织能力。社区民警作为社区管理者，其合作、凝聚、协同能力还有待提升。当然，许多合作问题的解决离不开财政的支持。三是挑的问题。在巨大的工作压力下，社区民警能不能挑起社区管理的担子，这是对其极大的考验。

"综合性战斗实体"是概括派出所在公安机关中的地位作用最常用的一句话，体现了它的重要性，那么派出所是怎样一个组织单位呢？

《人民警察法》第24条规定："国家根据人民警察的工作性质、任务和特点，规定组织机构设置和职务序列。"这是上位法关于公安机关组织设置的原则规定。自2007年1月1日施行的《公安机关组织管理条例》第6条规定：设区的市公安局根据工作需要设置公安分局。市、县、自治县公安局根据工作需要设置公安派出所。公安分局和公安派出所的设立、撤销，按照规定的职权和程序审批。从这一规定看出，派出所作为上级公安机关的派出机构纳入公安组织序列，成为公安机关的一级组织单位。资料记载，旧中国警察局下面也设有职能相似的机构，例如1946年成立的警察公所。另查资料，派出所属于一个外来词，来源于日语，本意是派出的分支机构，在日语中并不是特指警察的派出机构，任何机构都可以有派出所。在我国这个词演变到今天，变成了专指公安机关的派出机构，就是我们讲的派出所。而其他政法部门的派出机构叫法不一，如法院叫派出法庭，检察院叫社区检察室，司法行政机关叫司法所等。

派出所包括户籍派出所、治安派出所以及专门派出所。户籍派出所也称地区派出所，是指有户籍管理职能，管控某地区公安基层基础工作的派出所，在农村地区也叫农村派出所，是派出所的主体部分。户籍派出所主要设有社区、治安、执法办案和巡逻四大警种，以及人口、国保、反恐、保安、科技、法制、精防等多个条线的专管员，专管员的设置按各地公安业务的需要而设立，并且是变化的。比如，上海“11.15”火灾事件最后处理的时候，属地派出所的消防专管民警也受到了处分，消防工作属地化是上海公安机关的一种业务延伸。比如，社区精神病人的管理除了社区精卫医生、里弄精卫干部和家属三位一体的关护小组外，属地派出所也有专管民警负责此项工作，以尽力减少地区肇事肇祸精神病案的发生率。户籍派出所的设置一般都与地区行政单位相一致，也就是说与地区的街道乡镇设置相一致。但也出现过街镇合并过程中一个街镇的范围内保留一个以上派出所的情况。也还有随着特大居住区的出现，考虑到大型居住区的人口集中量特别大，而在大型居住区专门设置派出所的情况。

治安派出所是根据特定区域、特定行业的安全管理保卫工作需要而设立的无户籍管理的派出所，这类派出所不设户籍警种。如上海的市中心人民广场就设有治安派出所，它的任务就是管理人民广场地区的治安。治安派出所虽然没有户籍管理因而没有类似户籍派出所的社区管理职能，但本身承担的公安职责却是很重的，因为这个地方要专设一个治安派出所，那么治安的压力一定就很大。如上海的外滩治安派出所，承担着外滩风景区的治安管理，每天有那么大的客流量，每年有那么多的节点和安保任务，而且这些治安点又为社会高度关注，有一点小的纠纷都可能引发媒体和社会舆论的话题。从公安自身的角度看，能在治安派出所担任所长的一般都是业务能力比较强比较有经验的民警。

专门派出所是与专门公安机关相对应而承担专门公安业务的派出所，有铁路、水上、森林等法定的专门公安机关，也有地区特点的专门派出所，如化工、文保、边防等。这些派出所的公安业务范围跟着其设定的任务走。如边防派出所原意是守卫边防的需要而设立的派出所，其业务与边防管理业务有关。但边防派出所也渐渐出现了类似地区派出所的许多职能。因为边防与渔业有关，有渔业必然有渔民，渔民就有了一个相对固定的人员管理的问题，是一种特殊的户籍管理。

1954 年出台的《公安派出所组织条例》中有一条关于派出所领导的规定。现在派出所的架构基本是：所长、教导员和若干副所长。所长的职责是领导和组织派出所的业务；行政和政治工作；带领和组织所内民警做好各项公安工作；管理好派出所的各项资产等。教导员的职责是：组织民警开展政治学习；做好党团组织工作；

建立健全考核制度；检查民警执行政策和遵纪守法的情况；协助所长做好有关业务工作。副所长的职责是：协助所长做好分管的工作，带好分管队伍；加强业务建设做好值班带班工作，带班期间负责做好本所内部管理工作。

随着执法规范化建设的深入推进，公安派出所内部的各项规章制度建设也得到了加强，现在已基本形成了：各项业务职责制度、值班备勤制度、行为规范制度、会议学习制度、枪支弹药保管制度、装备使用管理制度、内务卫生制度、档案管理制度、图书资料管理制度、食堂管理制度等。这些制度的制定和执行很好地引领和检查落实了派出所的正规化建设。

三、社会治理中管好百姓事

派出所有多大？有的派出所是处级单位，有的是科级单位，有的有上百人甚至更多，有的只有几十个人。我曾去过国境线上的一个警务站，那里只有一个人，是全国先进警务站。我看到一份介绍北京市公安局东城分局东直门派出所的资料。自2016年11月以来，北京市公安局东城分局东直门派出所在全所上下掀起了一场“打孔入户走访”活动，用不到一年时间实现了辖区半数以上社区的“100%敲门走访、100%建立联系、100%掌握情况”。东直门派出所辖区面积2.43平方公里，有10个社区，常住居民17705户，51760人；人户分离9728户，流动人口18440人；出租房屋4644处；散居社会境外人员2580名，是北京市境外人员集聚地区之一。东直门派出所有在编民警81人，平均年龄36岁，50岁以上的民警17人，改革之前，专职社区民警只有10人，派出所按照“包片管理、属地主责”的原则，将原来的10个社区细化为36个警务责任区，一区一警，三警一组，三组一队，组成了4个社区警务队。目前，东直门派出所的社区警务队已有民警50人，占到了派出所总警力的61%，社区警务队承担的主要职能，包括社区基础信息调查，通过入户走访、重点排摸等方式全面收集和掌握辖区内人、地、事、物、组织等基础信息；负责包片警区内的治安巡逻、企事业单位内部的安全保卫、重点行业和场所的管理、法制教育、安全防范宣传、群防群治等工作；处置值班期间所内接报的治安刑事警情和群众的求助。通过社区民警的努力，2017年第一季度东直门派出所辖区群众安全感满意度达到了93.75%，环比上升了7.5%，初步实现了“发案少、秩序好、群众满意”的工作目标。派出所在公安系统也可以说是最大的单位，因为它直面社会，有很大的管辖责任范围。一个社区民警管几千户，一个派出所管几万人甚至更多。

党的十八大提出，要“加快形成党委领导、政府负责、社会协同、公众参与、法治保障”为基础的“五位一体”的社会管理体制。党的十八届三中全会决定提出：“改进社会治理方式。坚持系统治理，加强党委领导，发挥政府主导作用，鼓励和支持社会各方面参与，实现政府治理和社会自我调节、居民自治良性互动。坚持依法治理，加强法治保障，运用法治思维和法治方式化解社会矛盾。坚持综合治理，强化道德约束，规范社会行为，调节利益关系，协调社会关系，解决社会问题。坚持源头治理，标本兼治、重在治本，以网格化管理、社会化服务为方向，健全基层综合服务管理平台，及时反映和协调人民群众各方面各层次利益诉求。”党的十八届四中全会决定明确地提出：“推进基层治理法治化。全面推进依法治国，基础在基层，工作重点在基层。发挥基层党组织在全面推进依法治国中的战斗堡垒作用，增强基层干部法治观念、法治为民的意识，提高依法办事能力。加强基层法治机构建设，强化基层法治队伍，建立重心下移、力量下沉的法治工作机制，改善基层基础设施和装备条件，推进法治干部下基层活动。”

党的十八大以来，中央关于加强社会治理特别是基层治理的要求非常明确，基层社会治理是为了更好地服务人民，让广大群众在自我管理、自我服务、自我教育、自我监督的基层社会自治活动中，充分发挥积极性、主动性与创造性，让广大民众在自己的家园实现当家做主。史云贵的一篇文章《公民治理和群众自治——中美两国基层治理与实践比较研究》写道：我国正处于经济社会发展转型期，同时也是社会矛盾与冲突的凸显期。不断完善基层社会治理，形成具有中国特色的公民治理，对于实现现代国家与现代社会有机衔接和良性互动，深入推进国家治理体系与治理能力现代化都具有重要的理论价值与现实意义。

公民治理是美国社区的基本治理形态。“公民治理理论”是20世纪90年代由美国学者博克斯提出的，以“公民中心”为治理导向的社区治理模式，重构了公民、代议者、公共服务职业者的角色定位，打破了以基层官员主导基层公共决策的制定与操作的局面，强调"公民本位"的治理价值观。治理是各种公共的或私人的个人和机构管理其共同事务的诸多方式的总和，它是使相互冲突的或不同的利益得以调和并采取联合行动的持续的过程。

其一，治理不是一整套规则，也不是一种活动，而是一个持续互动的过程。治理在权力运行时上下互动，主要通过合作、协商、伙伴关系，确立认同和共同的目标等方式实施对公共事务的管理。

其二，治理过程的基础不是控制，而是协调与合作；不仅涉及公共部门，也包括非政府组织、非营利组织、社区组织、公民自助组织等。

博克斯进一步探索，公民成为社区的治理者而不是消费者；选任官员的作用在于协调公民参与治理的种种努力，而不是替他们作出决策；实践者关注的焦点是帮助公民实现其社区治理目标，而不是着力于控制公共权威机构。

当前我国正处于社会转型期，同时也是全面建成小康社会最重要的阶段，如何最大限度地增加社会和谐因素、最大限度减少社会不稳定因素就突出地摆在了党和政府面前。可以说社会稳定与否和社会治理状况具有直接关系，社会治理水平已成为政府政策合法性、公民满意度、社会治理格局、社会稳定度的衡量标准，而治理现代化的重点、难点在基层，活力源泉也在基层，要以维护好发展好人民群众根本利益为出发点和落脚点，以城乡社区为重点，以加强党的建设为根本，进一步夯实基层社会治理的基础。实践证明，我国基层社会的自治发展需要一个主导性的、有效的政治力量的支撑，这种力量只能是中国共产党。

我国的村（居）民自治是社会主义基层民主政治的基本形态。它彰显了直接民主的治理精神，提倡人民当家做主，鼓励人民群众在基层治理中充分发挥自己的主观能动性和创造性，自主性管理社区公共事务。公民自主性管理社区公共事务是我国人民群众在基层社会真正实现人民当家做主的基本形式。

现代社会是一个依法治理的社会，法治保障是创新社会管理的基础与重要前提，任何社会主体都必须在法治的框架下参与社会治理活动。从参与的有效性、可行性和现实性来看，公民通过自治性结社方式的集体参与更为有利。因为社会利益分化和利益聚合速度的加快必将促使公共问题建构和议程的确立由政府统治转为与公民自治组织之间的利益博弈。建立有共同目标和价值诉求的自治组织有利于增加公民参与博弈的力量、降低博弈成本和促进利益整合。社会资本越丰富的地方，公民社会就越发达，从而更有利于实现公民治理。公民意识即公民对自己在国家中的地位的自我认同，公民意识的提升有利于公民对主人翁地位、权利和义务以及责任务有着清晰的认识，从而在实践中能够充分发挥自己的主观能动性和创造力。

国家治理体系和治理能力不仅仅局限于政府，还包括多元角色的互动，即动员社会各方面的力量参与到社会治理之中。社会动员的基础是老百姓的根本利益，其目的是要把老百姓生活的环境变成服务完善、管理民主、充满活力、和谐幸福的社会生活共同体。打造利益共同体离不开共同责任认同。过去是政府一家说了算，现代治理条件下要把利益实现方案拿出来由相关各方共同确认，形成更大程度上的利益最大化。党的十八届五中全会通过的“十三五”规划建议提出，要加强和创新社会治理，推进社会治理精细化，构建全民共建、共享的社会治理格局。2016 年 10 月 26 日，上海市政协举行十二届三十次常委会议，围绕“坚持共享发展，促进社会和谐”协商议政，我在会上做关于共享小区安全的发言：共享发展成果包括公共安全发展成果的共享，其中最普惠的是居民小区的公共安全。居民小区安全是在社会发展中被不断加强的一个概念，上海的“安全小区”建设始于 1991 年，1996 年开始实施创安“六小防范工程”，1999 年全市又推出“六小科技防范工程”。市公安局提过一个响亮的口号“把上海建成世界上最安全的城市”，这不仅是一种愿景，更是一个过程、一种体验。经过多年努力，来过上海的人都说上海是座安全的城市。但是，居民小区安全发展也存在一些问题。

一是不均等。不同居住条件下的小区安全建设是不均等的。高标准住宅、新建商品房小区、自建封闭式小区、开放式小区、“城中村”居住区以及广大农村地区的住宅，它们所具有的安全条件是不一样的，还存在安全盲区，难以实现全覆盖的安全防范。

二是滞后性。技防技术发展很快，在小区已建技防设施中相当一部分缺少维护和更新，其功能落后于安防的需要。要能清晰真实地记录实时状况，有效检索发生的安全事件，要能与公共安全管理部门互通互联，要实现智能化人、车通行管理等，已安装设施在技术和运用层面都有滞后性。

三是动力差。新时期社区一个显著的特点是居住主体多元化，带来安全价值评价的多元性。小区防范建设的过程有时非常困难，这不完全是经济问题，跟老百姓安全意识的高低、小区管理能力是否健全以及公共管理职能部门的支持力度等综合因素有关。

四是市场小。小区技防的整体市场化程度太低，一般住宅小区的技防还是靠政府建设，市场介入的程度有限。并不是市场无法提供公共安全产品，也不是市场缺乏介入小区技防的积极性，而是缺少引入市场运作的机制。

推动居民小区安全建设是一件必须做的难事，从人口管理角度看，截至2015年上海人口总量已达2500万人，其中实际居住户籍人口为1438万人，其他为登记的流动人员和境外人员。每平方公里的人口居住密度平均为3974人，其中密度最高的闵行区为6820人。小区的电梯安全、通道安全、群租安全，小区物业保安的值守能力建设等，依然值得高度重视。上海一天约有3.5万个报警电话，每年有十多万件的刑事立案数，有几十万件的治安查处数，有一千多万件的交通处罚数。安全现状告诉我们，抓居住安全不是可有可无，而是非抓不可，不然则谈不上公共安全成果全社会共享。

共享先要共建，共建就要确定着力点。为此，我提出几点建议：

一要加强小区安全建设宣传。要改变只关心小家安全淡漠公共安全的状况，要纠正高档、低档小区区别化享受安全很正常的认识。要大力宣传“小区平安我平安，我为小区献平安”的思想，让所有的小区都有安全认同感。

二要执行小区技防建设硬规。上海早在2003年就制定了《住宅小区安全技术防范系统要求》，2010年又修订施行。这些标准要转化为刚性指标，政府要承担推动实施的责任。实施中要抓住动态管理这个牛鼻子，真正提升人、地、事、物动态管理的有效性。

三要建立有效的聚力机制。小区安全建设物业、业主两张皮现象要解决好，小区安全建设的各方作用发挥要调动好，只有形成合力并调动各方积极性，小区的安全建设才能落地。要将盆景变为苗圃、变为森林，关键还在机制。行政的、经济的、法律的各种手段与方法，都应转化为小区安全建设的机制，这才是真正长远的办法。

四要发挥市场作用。小区安全建设离不开政府主导，但真正的生命力在于按市场规律办，在市场中找到对症下药的配方，只有在市场竞争中明确权、责、利，才能赢得小区居民的支持，才能把小区的资源盘活，让小区安全始终处于最佳状态。

五要加大体制内作用的考核。社会管理各职能部门都能找到在居民小区的位置，但存在管了就管、不管就不管的现象，用公安的话说叫“见警率”“管事率”怎么样。要有责任清单，让小区老百姓知道小区安全各个方面“娘家人”是谁，要找得到，能办事，可批评，能问责。通过对政府职能部门实实在在的考核，提高政府的公信力，满足居民的安全感。

居民小区是城市的细胞，社区安全是社会安全的条件，希望居民小区安全的话题成为共享发展的题中之意，通过共建共治共享，真正提升上海居民小区的安全等级。

公安机关特别是基层公安派出所一项重要的任务就是在社会治理中给老百姓一个安全的环境，群众的安全感始终是评价公安工作的一把尺。2017 年 5 月 4 日，《解放日报》刊登文章《上海何以成全国“最有安全感城市”》。文章说：在刚刚出炉的 2017“中国游客心目中最安全的目的地”评选中，国内最有安全感的十大城市，上海名列榜首。第三方调查机构零点公司的调查数据显示，上海公众安全感、满意度指数连续维持在 80 分以上的历史高位。另外一个来自我国在线旅行社携程旅游对数千名客户的抽样调查显示，在 8 个选项的评分中，上海在“交通安全、社会治安安全、旅游服务安全”等 6 项上均获得满分。有专家说，这是十分了不起的优秀成绩，剩余的项目也达到 9 分的极高评分。可以说上海从全方面衡量，都是一个非常安全的城市。

群众看公安管理主要看治安。防范打击犯罪，维护公共安全，是公安机关的主业，是公安工作能力水平最直接的体现。2015 年 4 月，中办、国办印发《关于加强社会治安防控体系建设的意见》，从加强社会治安防控网建设、提高社会治安防控体系科技水平等五个方面提出了具体要求。今天，城市公共安全防控有着怎样的要求呢？总体以反恐为标准，实现从静态防控向动态防控、从碎片式防控向全景式防控、从被动防控向主动防控、从运动式防控向常态化防控转变。云南省在全面推进社会面、城乡社区、单位行业场所、重点人员、公共安全视频和信息网络防控“六张网”建设中，以公安机关为主力军，群防群治组织为骨干，视频监控系统为载体，乡镇（街道）、社区（村）干部和群众广泛参与构建基层治安防范网络。上海在做好“亚信峰会”安保时，提出构建“三张网”加强社会面防控。实践证明，“三张网”显著增强了社会的整体防控和应急处突能力。具体做法是：

（一）做强治安巡逻防控网。通过动态布警和显性用警，最大限度提高街面见警率和管事率。一是优化街面巡逻勤务机制。坚持“警力跟着警情走”的原则，大力推行动态布警和弹性工作制，灵活机动、因地制宜地将巡逻警力投向重点地区、重点部位、重点时段，尤其是夜间警情多发区域，切实增强勤务部署的针对性、有效性。二是加强派出所专职巡逻队建设。这支力量是街面治安防控的重要基础，必须确保编制不缩减、人员不挪用。根据治安实际，在部分郊区重点城镇派出所组建专职巡逻队。三是有序推进派出所综合指挥室建设。明确综合指挥室在派出所勤务运作中的“龙头”地位，深化指挥调度、图像监控、情报分析“三位一体”功能，完善实兵巡逻与“视频巡逻”相结合的工作机制。

（二）做专武装应急处突网。强化重点地区的部队武装执勤，确保以快制快、一招制胜。一是抓好特种机动队规范化建设。将特种机动队作为独立建制的一支力量，作为巡警和特警体制的有益补充。二是完善公安武警联合巡逻勤务机制，切实提高公安、武警的联勤指挥、协同防控和应急处突能力。三是完善应急处突联动机制。细化本市“一分钟处置”的重点区域，按照“一点一方案”，明确执勤点位、警力部署、装备配备和勤务安排，形成战斗力。加强与卫生急救、市容绿化、道路清障等专业力量的联动联勤，进一步形成工作合力。

（三）做实群防群治守护网。专群结合是公安工作的基本方针，无论是过去、现在还是将来，都是公安工作的最大优势。一是健全群防群治力量组织体系。积极会同综治部门，充分发挥居委会、业主委员会和辖区单位、组织的积极作用，充实壮大社区群众、物业保安、综合协管员、社工、内保干部、机关党员干部等不同层面群防群治队伍，开展治安巡逻、守望相助、看护值守、矛盾纠纷排查化解等工作，确保看得到、用得好。二是健全治安信息员工作机制。制定治安信息员物建工作标准，积极构建分层、分类的治安信息员网络。针对农村地区群防群治工作相对薄弱的情况，积极推进村宅社区化管理，有效调动社区群众自我管理的积极性，引导社区组织、群众积极参与群防群治工作。

“上面千条线，下面一根针”“看似一个片，落脚一个点”，这就是今日派出所的境况。派出所“上管天下管地”，好似一个筐什么都往里面装，这就是今日派出所遇到的难处。派出所到底管多少事，我试图让派出所所长给我画出一张图来，结果怎么画也画不全。我在《公安行政管理概论》一书中有关基层派出所职责范围部分曾想把它写清楚，最后也没能作出十分完整的表述，只是有这样的内容：“派出所包括户籍派出所、治安派出所以及专门派出所。户籍派出所是包括户籍管理在内的基层派出所，内设社区、治安、执法办案、巡逻四大警种，以及110、国保、反恐、保安、科技、法制、精防等多个条线专管员。”要使派出所从繁忙的警务和非警务活动中走出来，让民警有更多时间去管百姓事，那就必须下大力气为民警减压。

基层民警难在哪？2015年12月1日，《解放日报》刊登一篇文章《“奇葩证明”坚决砍掉》。文章谈道：为群众提供优质高效便捷的公共服务，是加快转变政府职能，推进简政放权、放管结合、优化服务改革的重要内容。李克强总理对此高度重视，强调指出，要把解决困扰群众的“办证多、办事难”作为推进“放、管、服”改革的重要抓手，全面梳理并简化为群众提供公共服务的流程，坚决砍掉各类无谓的证明和繁琐的程序。证明开具是派出所的一项常见的工作，包括身份类证明、记录类证明以及其他证明。其中有一项证明叫“无违法犯罪记录证明”，现在许多单位在用人时都要求本人到派出所开具这样的证明。个人因移民、出国留学、经商、旅游等也会遇到需要一份无违法犯罪记录的证明，也就是说这份证明对公民来讲是非常重要的。但这样的证明该怎样出，争议点就很多。比如证明时间，是证明过去的一段时间内还是过去全部时间？如果是过去的一段时间，那么是几年？五年还是十年？如果是过去全部时间，那么是不是有了一个违法污点就将作为这个人一辈子的污点？“浪子回头金不换”还有没有教育意义？比如证明内容，是违法行为还是犯罪行为，这里有无故意和过失的区别？公安交警开发的 APP 系统告诉驾驶员坐在家里不用到受理点就可处理交通违法行为，这个违法算不算证明范围？如醉驾入刑，那么由此产生的后果是否将决定此人一辈子的处境？比如开此证明的范围，是否什么单位都可要求本人去派出所出这样的证明。法无明文规定能不能据此作为录用人的条件之一？《教师法》第 18 条规定：“受到剥夺政治权利或者故意犯罪受到有期徒刑以上刑事处罚的，不得取得教师资格；已经取得教师资格的，丧失教师资格。”在法官、检察官、警察的录用时也有相应的规定，但适用范围能否无限放宽？再比如，谁去开证明，大多数做法都是本人去开，那么这种义务是否应当由本人承担呢？一个证明怎么开就有这么多的争议，派出所民警有时也十分为难。有专家提出，目前“无违法犯罪记录证明”出具客观上存在被滥用的现象，各种各样的用人单位都要求被聘用人员没有违法犯罪记录，事实上是对合法就业的歧视，应当严格限制，必须要有上位法依据。有专家建议，对违法犯罪记录区分设定查询期限，对一些非暴力、轻罪、初犯且经过一定的守法期限未再犯的犯罪人员，可设置查询期限，同时给当事人出具无违法犯罪记录证明，使其正常回归社会。对判处三年以下有期徒刑、拘役、管制的轻微性犯罪，查询期限可设为五年。专家分析讲的是证明本身，而派出所则面对实际的开具工作。

据新华社北京 2016 年 8 月 11 日电，为切实解决群众反映强烈的“办证多、办事难”问题，公安部、发展改革委、教育部、工业和信息化部、国家民委、民政部、司法部、人力资源和社会保障部、国土资源部、住房城乡建设部、卫生计生委、人民银行 12 个部门联合出台《关于改进和规范公安派出所出具证明工作的意见》(以下简称《意见》),《意见》自 2016 年 9 月 1 日起施行。《意见》指出，有关单位要求群众开具证明或者提供证明材料，要遵循于法有据和“谁主管、谁负责”的原则，凡是公民凭法定身份证件能够证明的事项，公安派出所不再出具证明；依法不属于公安派出所法定职责的证明事项，由主管部门负责核实。

基层民警难在哪？从公安执法的整体情况分析：一是警队整体素质参差不齐，执法能力、知识储备不足，需要相当长时间才能适应变化的工作节奏；二是警力不足，警力计算按社区实有人数核算，事实上出现一个较大的执法现场就是全所人员一起出动，派出所能上的全部力量往往是搁下手中的活先出动；三是市民投诉信访的压力，当事人如有不满就扬言上诉、投诉，使民警产生宁可不做、也不做错的想法。“110”报警服务台自成立以来，在打击犯罪、维护治安、为群众提供快捷有效的“急、难、险”综合服务中发挥了重要作用，已经成为老百姓身边的一道屏障。但如何处警的规范却没有随着形势的变化和“110”处警实际作出相应的调整。现行“110”接处警规范还是2003年公安部制定的《110接处警工作规则》这一内部规章。由于有报必接、有报必处，在“110”的接处警范围被泛化之后，公安机关承担了大量繁杂的非警务活动，使“110”接处警工作不堪重负。有民警说，他们实际上成了“110”的本职处警员，根本没时间做好做深自己的本职工作。从公安内部来讲，“110”被泛化的结果导致了“110”的权威性被弱化。最初的“110”是为公众所知的匪警报警电话，拨打这个号码是十分严肃的事，即使后来变成公众报警、求助、投诉电话，仍然是一个极其严肃、具有权威性的电话。泛化之后变成“有困难找警察”的代名词，忘记了它的法律性，使它等同于一般的社会服务号码。因此，有专家提出，要完善“110”接处警的法制建设，制定“110”接处警范围规范，在立法上对“110”接警服务台的性质、职能、任务、受理范围加以界定。有专家提出，要发挥接处警后台的作用，对报警事项属协调其他部门处理的非警务活动，应向群众解释清楚，对骚扰电话应有明确的法律责任规定。有专家提出，要进一步提升智能化水平，实现“110”与政府其他服务平台的自动对接，及时将不属公安机关职责范围的服务要求转接到有关部门。相信经过一段时间的努力一定能将“110”电话回归本位，真正实现公安机关的社会效能。

基层民警难在哪？基层民警与警力总数的比例已经很高了。公安部对此也有明确的规定，既提出了警力向基层倾斜的要求，也制定了基层派出所警力配置的刚性要求，但基层警力不足，警力紧张的矛盾始终十分突出。近年来，派出所在原有职能的基础上又新增了消防、交通、环保、食药安全等专业性较强的任务。任务带下来的不仅是业务本身的业务量，更让派出所所长们为难的是“事来人不来”的烦恼。新增业务都有较强的专业性，基层派出所民警不懂不会需要从头学，但专业警队或上级指导部门缺少应有的培训指导，下面的同志不知怎么做，只会应付着做。“专业婆婆多”，随着业务下来的是一系列新的考核，往往考核还绑在专项行动上，布置一项专项行动，接着就是专项行动结果的考核，民警是“计件工人”，所长是“一本车间账”。警力可作广义和狭义之分，狭义的警力指公安机关警察的编制数，即警察数量。而广义的警力是指公安队伍战斗力和完成任务的能力，包括编制、经费、科技、装备、训练、战术、策略等诸多因素。现在缺少的正是广义条件下警力问题的研究。有专家指出，广义警力研究包括公安机关的机构设置、勤务规划、警力投入、职业环境、考核机制、能力培训、职业提升、执法安全、生活质量等方面，是一道大课题。

基层民警难在哪？基层派出所讲得最多的是社区民警不好当，社区民警在派出所是公认的工作量最大的警种，除了本职工作外还要值班，办理“110”接处警。仅社区一项，既要全面了解社区的基本情况掌握动态变化，还要负责社区治安的组织与实施，负责与小区有关的各项检查，参与政府治理的联合专项行动等。我在市公安局副局长岗位上的时候，每 8 天值一个班，第二天照常工作。而派出所民警一般三四天就轮到值一个班，第二天照常工作，这样一个月就会多 6、7 个工作日，连轴转、超负荷，让派出所民警不堪重负，享受正常的双休日和年休假都成了奢侈。有时民警自己也在问：“时间都去哪儿了？”都在想：从警这些年哪一次休假是真正意义上的休假？我们有的地方规定民警就是休假在家也不得喝酒，因为要随时准备接到通知马上上岗，这就是警察紧张的生活。

虽然时代变了，但社区民警的光辉典范“马天明精神”却依然熠熠生辉，民警队伍中涌现出一大批新时期优秀社区民警，深得社会的广泛赞誉。老百姓说：警威在、平安在，有了警威，居民区治理就不会再失之于宽、失之于软；有了警威，小区建设就有了法治思维和法治保障。2015 年 7 月 24 日，《人民公安报》报道了《上海：积极推动社区民警参与基层治理》，报道说：上海市公安局积极为民警深度融入社区公共服务、充当公共安全主力军创造条件。到 2018 年年底，上海市共有 3425 名党员社区民警兼任居村委副书记，1369 名非党社区民警兼任 122 个平安工作站或综治工作站副站长。有效推动了社区警务与社区治理工作融合衔接，完善了基层党组织牵头的社区多元共治机制。在深入调研的基础上，上海市公安局报请市委、市政府批准，在人口导入量大、治安状况复杂的大型居住社区增设 10 个派出所，实现了对大型居住社区治安管理工作的全覆盖。近三年来，城乡接合部所在的区县公安机关的警力增长 14.11%。近年来，上海公安机关以居（村）委为单位划分警务区，每个警务区均设置社区警务室（社区民警工作站）。数个地域相邻的警务区联合为一个责任区，责任区内的民警信息共享。同时，对同一片区内的社区、治安、巡逻民警实行捆绑式考核。到 2018 年年底，全市公安机关共设置派出所警务责任区 947 个，警务区 4431 个。

经过多年的实践，公安机关创新的综合治理、群防群治工作，取得了很大发展，根据公安机关与群防群治队伍的工作关系，群防群治力量大致分为三大类：

一是公安机关管理使用的力量：由社区保安队、社区综合协管队、交通协管队 3 支队伍组成。这 3 支队伍是辅助公安机关工作的公益性群防群治组织，主要负责协助开展维护治安秩序、采集人口信息、维持交通秩序等工作。这类力量具有规范化、专业化的特点，是群防群治的中坚力量。

二是公安机关业务指导的力量：专业保安公司、各机关企事业单位保卫队伍。这类力量与服务单位之间确立聘用或劳动关系，负责一定区域范围的安全防范工作，保障人身和财产安全。公安机关依据相关法律法规，对其内部管理、教育培训等开展业务指导。它具有法定性、职业化的特点，是群防群治的重要力量。

三是公安机关协调发动的力量：平安志愿者、社工等。平安志愿者队伍由综治办牵头组建，包括社区巡防、人民调解、护校安园、平安医院、平安公园、平安市场、驻点守护、治安巡防、治安信息 9 类志愿者组成。它具有自愿性、多元化的特点，是群防群治的依靠力量。

根据中央关于全面深化公安改革的意见，上海制定下发了《上海市全面深化公安改革综合试点方案》，全面推开了在全国率先试点的公安改革。改革方案中提出：深化社区警务改革。贯彻落实《中共上海市委、上海市人民政府关于进一步创新社会治理加强基层建设的意见》及配套文件，在上海市地方党委和政府领导下，加强保障支撑，健全群防群治工作机制，推动社区警务与社会治理融合发展。创新社区警务方式方法，将社区警务室建设纳入城市整体规划，完善社区安全管理。改革方案对社区警务提出的具体实施意见极大地推动了基层公安事业的发展。与此同时，在2015年和2016年的两年中，上海市公安局先后出台了《上海公安机关社区民警工作规范（试行）》和《关于全面深化社区警务改革的实施意见》，进一步明确了基层民警干什么，改什么。这是两份非常好的文件，具有很强的操作性。

《上海公安机关社区民警工作规范（试行）》第1条就指出："为进一步加强和改进上海公安机关社区警务工作，有效提升社区民警工作能力水平，充分发挥基础工作服务公安实践效能，特制定本规范。"规范非常明确地规定：以"发案少、秩序好、社会稳定、群众满意"为总目标，以反恐为标准、以民意为导向、以信息化建设为引领、以实有人口管理、掌握社情民意、开展安全防范、维护治安秩序、开展群众工作为基本工作内容，以培养有深厚群众情结的社区民警队伍为保障，充分依托警务信息综合应用平台社区民警工作系统，进一步推动警力下沉、警务前移，确保社区民警"配得好、留得住、沉得下、扎得深"，努力使社区民警真正成为社区群众的贴心人，平安建设的主力军，社区稳定的捍卫者。规范规定："鼓励、引导社区民警深入社区，把与社区充分融合作为实施社区警务战略建设基本工作要求，把入户调查、社区巡查作为基本服务方式，把依托社区警务工作系统开展基础信息采集录入作为基本工作方法，把推动社区民警立足辖区、提供破案线索作为提高基础工作服务实战能力重要抓手，进一步提高社区民警群众工作能力、信息化应用能力和规范执法能力，切实构筑维护社区平安的防范屏障，搭建服务群众、促进警民关系和谐的桥梁，有力巩固党执政的群众基础。"

党的十八届三中、四中全会作出了司法改革的总体部署，公安改革也拉开了大幕，上海市公安局是全国公安改革的试点单位之一，把公安改革作为提升能力，引领发展的重要动力源，打造现代警务机制升级版的重要机遇和强力抓手，举全局之力，集全局之智全力推进。其中包括了派出所各项工作的改革，对窗口服务建立了外观标识、背景墙、制度栏、服务台卡、告知单栏"五统一"和管理监督、办事流程、服务要求、硬件设施"四规范"标准，改建了全市408个窗口单位的硬件设施，市公安局明确要求建立窗口服务收件凭证制度，收取当事人提交的申请材料时，应出具材料收件凭证，并在凭证上印制二维码，方便申请人查询审批进展情况。建立一次告知制度，要求窗口工作人员一次告知申请人申请材料是否齐全。是否符合法律规定，对材料齐全的当场受理，对不能当场补正的一次告知，避免群众来回奔波。在公安事业新一轮发展中，上海市公安局提出了建设智慧公安的战略设想，其中许多建设项目与派出所有关，一旦建成将极大推动公安派出所为民服务的能力和水平。

派出所穿着千条线，社区民警连着千万家，百姓的事就是公安的事。我们从中央和地方的公安改革意见中，在地方公安机关对基层公安建设提出的要求中，看到了对公安基层基础工作的高度重视，看到了新时期“马天明”的亲切希望。2017 年 9 月 19 日，全国社会治安综合治理表彰大会在北京召开，习近平总书记会见与会代表并发表重要讲话。他强调，发展是硬道理，稳定也是硬道理，抓发展、抓稳定两手都要硬。要坚定不移走中国特色社会主义社会治理之路，善于把党的领导和我国社会主义制度优势转化为社会治理优势，着力推进社会治理系统化、科学化、智能化、法治化，不断完善中国特色社会主义社会治理体系，确保人民安居乐业、社会安定有序、国家长治久安。

让人口有序流动

公安部门作为主要的人口管理部门积极有为地推动并实践着多项人口管理体制机制，保证了城市的健康稳定发展。

能否让人口有序流动是中国一道历史性问题，把流动人口有序管好是公安机关最为复杂、实施规范调整最多的业务，也是社会最为关注，反响最大的业务。在我从警经历中了解和看到的人口问题所反映出的经济的、社会的、法律的问题，让我思考如何才能让人口有序流动。思考超越了管理本身，包括：其一，人口政策的历史回顾；其二，国家人口宏观政策的调整；其三，上海让人口有序流动的探索；其四，让人口有序流动的发展。

一、人口政策的历史回顾

如果把让人口有序流动这道题放到国家发展的试卷上回答，我们会发现这道题和国家政策相关，它所折射出来的国家政策、国家选择、国家利益才是这道题的答题关键，其背后讲的是人口政策。中国是一个有几千年农耕历史的文明古国，以渔樵耕读为代表的农耕文化在培养和孕育出爱国主义、自强不息、勤俭节约等文化传统和优秀品质的同时，它所带来的根深蒂固的乐天知命文化传统、世俗观念、乡土亲情，所带来的对外部世界的迷茫、恐惧、排斥，甚至对自身命运的屈服，不是一夜之间可以改变的。

“人口问题”其实是国家与人的关系问题。人口管理制度历来就是国家的一项基本制度，人口管理政策历来就是国家的一项基本政策。在中国这样一个人口大国，“人往哪里去、人从哪里来、人在哪里住”一直就是制定政策的头等问题，关系国家稳定、国家发展。讲对人的管理，包括了城乡所有的人。

过去，讲人口管理主要是对城市人口的管理。新中国成立后，公安机关就着手人口管理制度建设，1950 年 8 月 12 日，公安部颁布了《特种人口管理暂行办法（草案）》，开始对重点人口的管理，也可以说是中国户籍制度的起点。新中国最早的户籍法规可以追溯到1951年7月16日公安部制定的《城市人口管理暂行条例》，条例内容很简单，共13条，却讲明白了几点：一是制定条例的宗旨，是为了“维护社会治安，保障人民的安全及居住、迁徙自由”；二是条例适用在“城市之中外居民”；三是“户口管理一律由公安机关执行”，由公安部公布施行。中国城乡有多少人的第一次数据公布是在第一次全国人口普查之后，以1953年6月30日24时为准，全国开展第一次人口普查，全国总人口为601938035人，其中：城镇人口为77257282人，占13.26%；乡村人口为505346135人，占86.74%。当时上海人口为6204417人。通过这次普查，全国建立了户口登记制度。1955年6月22日，国务院发布《关于建立经常户口登记制度的指示》，其中有几个重要的内容：一是明确了办理户口登记的机关，在城市、集镇是公安派出所，在乡和未设公安派出所的集镇是乡镇人民委员会；二是明确了登记事项包括出生、死亡、迁入、迁出；明确了由于离婚、分居、合居、失踪、寻回、收养、认领、雇工、解雇等原因引起的户口变动，户主及本人都应报告；三是明确每两年一次上报登记统计数据。新中国第一部宪法规定公民有“迁徙和居住的自由”，但1958年1月9日全国人大常委会第91次会议通过并施行的《户口登记条例》，将户口分为了农业户口与非农业户口，特别是对公民从农村迁移城市严格规定为，“必须持有城市劳动部门的录用证明，学校的录取证明，或者城市户口登记机关的准予迁入地证明”，这在实际上就严格限制了公民的迁徙。之后的很长一段时间，人口也就不流动了。

从人口的流动意义上来讲，改革开放之后发生了很大的变化，虽然存在城市里的人往农村流动的现象，但更多情况下是农村人口往城市流动，这有一个发展的过程，走过了一个逐步放开直到完全放开的历史过程。中国千百年来要解决的人口问题，实际上就是原本束缚在土地上的人要离开土地流动了，那是因为土地已经不能满足人们的需要，所以他们要流动。在农村，劳动力不足的时候，人会走；劳动力剩余的时候，人也会走。所以人口流动是一个经济问题，是一个社会问题，是一个法律问题，更重要的是它关系到政权稳定和党的方针政策执行的重大问题。

今天，讲“人口问题”，从限制、开放到有序流动这样一个历史进程，我们所看到的不是一个简单的“人的流动”，而是国家发展的一步一个脚印，是站在历史高度来思考看待这个问题。

人口管理中的“户口管理”与“户政管理”是不同的。户口管理讲的是“人”与“户”的关系，而户政管理主要讲政府对“人与户”的行政管理行为、管理依据。户口管理与户政管理有以下几个方面的作用：

（一）法律意义。我们管户口主要是公民身份确认，身份确认是指对公民的姓名、性别、出生日期、文化程度、住所等内容在法律上的确认，以证明公民身份的合法有效性，进而确立了公民的民事权利和行为能力，对身份确认的公民为其提供法律帮助，公民就能在政治、经济、文化和社会生活等领域正确合法地行使各项权利和履行各项义务。所以，公安机关对公民身份的登记管理，所反映的各种要素能够证明公民身份的合法性，确定其民事权利和行为能力，确定其法律地位，保证其合法权益不受侵害。

（二）为党和政府制定政策提供可行的数据和资料。通过真实的、客观的、原始的人口资料，可以为党和国家制定国民经济建设、社会发展规划、劳动力合理配置等政策提供基础资料和准确信息，为国家制定各种发展规划提供科学依据。例如，上海正进入老龄化，要加强老龄人群服务，那么，这座城市究竟有多少老人？未来的增幅如何？这样的人口基础数据就是政策制定的依据。

（三）维护社会秩序，保障社会和谐稳定。户政管理是公安机关的基础工作和重点工作。“管住人”实际上是为了控制治安，做好户政管理工作是为了更好地维护社会秩序，保证社会和谐稳定。户政管理的内容不是简单地说“张三叫张三，李四叫李四”的问题，实际上，公安机关户政管理的内容十分广泛，涉及的内容非常多，需要对公民的姓名、性别、出生、死亡、民族、宗教、婚姻、职业、迁移、流动等各方面情况进行登记。所以这是一个非常完整而庞大的人口综合管理。

新中国成立之后，我国的人口政策调整主要经历了三个时期。第一个阶段是1958年以前的“自由迁徙”时期；第二阶段是从1958年后到改革开放前的“严格控制”时期；第三阶段是改革开放后的逐渐放开到有序流动时期。

第一个时期：自由迁徙时期。1951年7月，公安部颁发《城市户口管理暂行条例》，这是新中国成立以来最早的一部户籍管理法规，标志着城市户籍管理制度基本建立起来。新中国第一部宪法“五四宪法”，明确规定了公民有迁徙和居住的自由，公民有自由流动的权利。1955 年 6 月，国务院发布了《关于建立经常户口登记制度的指示》，规定全国的城市、集镇、乡村都要建立户籍制度，开始统一我国的城乡户口登记制度。1956 年和 1957 年两年中，国家连续发布四个“限制农民盲目流入城市”的文件。1958 年 1 月，《户口登记条例》正式颁布，以此为标志，中国政府开始对人口流动进行限制。第一次明确了“农业户口”和“非农业户口”两种户口。

1958 年《户口登记条例》明确规定，农村以合作社为单位，发给户口簿；合作社以外的户口，不发给户口簿。如何理解这个规定？就是农民实际上是没有户口簿的，由合作社来统一建立户口。不像城市居民，以户为单位，一家一户。一个门牌号下一本户口簿。《户口登记条例》第 10 条规定，公民由农村迁往城市的，必须持有城市劳动部门的录用证明、学校的录取证明，或者城市户口登记机关准予迁入的证明，即现在所说的准迁证。准迁证由省市公安机关审核批准，公安派出所签发。拿着准迁证公民可以到当地办理迁出手续，迁出公安机关在上面盖章确认手续已办好。同时，把公民所在的原户口资料附在准迁证后面。准迁证是三联单，一联留在户口所在地，即迁出地，一联留在准入地，最后一联由公民自己保管。

《户口登记条例》同时规定，农业、渔业、盐业、林业、畜牧业、手工业等生产合作社的户口，由合作社指定专人，协助户口登记机关办理户口登记。也就是说，农民自己不能办理户口。所以农民的户口与城市居民的户口不是一个概念。

《中共党史研究》在 2010 年第 9 期上刊登王海光写的一篇文章，该文章作了 1958 年户口登记条例出台的背景分析。这篇文章提出这样一个问题，即为什么国家要在 1954 年到 1958 年，短短几年内连续颁发规定限制农村人口流动。文章说，1956 年社会主义改造完成后，城乡冲突呈现激化态势，经济出现冒进势头，大量农村人口涌入城市，中央不得不采取反冒进措施的紧急刹车。1957 年，政府推出了“严格限制农民进城”的措施，通过户口管理、粮油供应、劳动用工等行政手段，建立起了城乡隔离带。1958 年，中国政府颁布了《户口登记条例》，把已经形成的城乡两元格局，用法律的形式固定下来。这个结构延续至今，直到 2009 年国务院作出《关于户籍制度改革的决定》，决定打破户口两元结构。1956 年以后为什么会出现农村人口大量涌入城市？国务院在下发通知时有这样一段文字：目前，全国市镇有相当数量的无户口闲散人员，急需抓紧处理。凡是应该回到农村的人，各地要在党委的“一元化”领导下作出规划，采取有力措施，做过细的思想工作，有计划地、逐步地在几年内把这些人基本上动员回去。农村社队应欢迎他们回乡参加农业生产。显然，公民的自由迁徙和居住权在很短时间内被调整掉，根本原因在于经济。

1954—1958 年，我国在经济上经历了社会主义改造。社会主义改造中出现了冒进，导致整个农村出现农业生产力不涨反降的局面，农民缺食少衣，就开始大量涌入城市。1953—1983 年这 30 年之间，农民一直在为“剩余劳动力”寻找出路，而城市成了他们最后的出路。1956 年秋收以后，由于粮食少等原因，社会“农流”达到新高度，大量涌入城市。农村一头已经出现了问题，必须防止城市这一头再出问题，所以政府不得不加大限制农村人口流入城市的数量。产生这种人口大量外流的原因，主要有以下几点：

1. 农村存在大量剩余劳动力。中华人民共和国成立后前几年没有控制人口，结果人口大量剩余，在短短几年里，从解放时的四亿五千万人增长到第一次人口普查时的六亿多人。农村存在大量的剩余劳动力。

2. 工农业产品之间的“剪刀差”。农产品到工业产品之间的价格相差很大，农产品较为低级，而工业产品较为高级，农民得不到相应的收入。

3. 农村政策不稳定。解放战争的目的，是要将农民从土地上解放出来，使老百姓成为土地的主人。但随着政策调整，农村集体土地所有制占主体，农民自有土地越来越少。

4. 农业抗风险能力差。总的来说，农业还是处于一种“靠天吃饭”的状态，一旦出现自然灾害，农民的自身抗风险能力很差，这样的话就容易受灾，农业就歉收。

这段时期很短，没多久就被取代。

第二个时期：严格限制时期。该阶段对人口流动的严格限制主要体现在《户口登记条例》出台之后，人口流动被进一步收紧。1964 年 8 月 14 日，国务院批转公安部《关于处理户口迁移规定（草案）》，在这个规定中，明确作出了两个严格限制，对从农村迁往城市、集镇的要严格限制，对从集镇迁往城市的要严加限制。1977 年，国务院又批转公安部《关于处理户口迁移规定》，再一次提出严格控制城市人口是党在社会主义初级阶段一项重要的政策。该规定进一步强调要严格控制农村人口进入城市。第一次正式提出了禁止"农转非"，即禁止农业户口转为非农业户口。规定每年农转非的人口不得超过现有非农业户口人口的千分之一。后来改为千分之二。

第三个时期：放开到有序流动的时期。人员流动逐步放开时期开始的标志是，1984 年 10 月国务院发布了《关于农民进入集镇落户问题》的通知，通知规定，凡是在集镇务工、经商、办服务业的农民和家属，在集镇有固定住所，有经营能力，或在乡镇企业长期务工的，可以转入常住户口，但口粮必须自理。这一规定表明户口政策开始松动，也就是说户口可以让你进，但是你要解决口粮问题。1985 年 7 月 13 日，公安部颁布《关于城镇暂住人口管理的暂行规定》，该规定共有 7 条，明确"对暂住时间拟超过三个月的十六周岁以上的人，须申领暂住证"，也就是对流动人口实行暂住准入制度，允许暂住人员在城镇居住，居住超过三个月的办理《暂住证》。这又进一步放宽了对人口流动的限制。那么 1984 年到 1985 年，国家为什么会松动人口流动制度？ 1984 年到 1985 年在中国历史上是非常重要的一年，中国的改革开始从农村走向城市。党的十一届三中全会以后，农村开始搞土地经营家庭联产承包责任制，开始推行一系列改革。改革走到 1984 年，城市改革问题被提出了，到了不得不推进城市改革的地步。

《改革开放口述史》一书收录了著名经济学家谢名干的文章《〈中共中央关于经济体制改革的决定〉诞生前后》。文章叙述了决定出台的过程，阐述了它的历史意义。文章说：1984 年 10 月 12 日，党的十二届三中全会在北京举行。会议的主要议题是通过《中共中央关于经济体制改革的决定》。此次会议是继十一届三中全会之后的又一个里程碑。文章说：决定的制定和出台，有着深刻的时代背景和迫切的现实需求。从党的十一届三中全会到 1984 年这五年多里，我国在调整国民经济的过程中，对农村经济体制进行了卓有成效的初步改革，在城市经济体制改革方面也进行了探索性的试验，积累了重要经验。在这五年里，全国农业总产值平均每年增长9.4%，粮食产量平均每年增长1709万吨，棉花总产量增加1.9倍，农民收入大幅增长。1984年农村家庭人均纯收入比1978年增长1.6倍。农村改革的发展，农村经济逐渐向专业化、商品化、现代化方向转变，对城市经济发展和改革是一个巨大的促进，迫切要求疏通城乡流通渠道，为日益增多的农副产品开拓市场；同时，要求城市更好地满足农村对农业生产资料、工业日用品和科技、文教、资金等方面的需求。一方面农村发展需要工业支持，另一方面农村生产的大量的农副产品要进入城市，这就是农村改革促进城市改革。中国的改革走到了城市经济必须改革这一步。谢名干提出，过去的计划经济体制，是一种僵化的经济体制，僵化在哪里呢？主要在“八统一”：生产计划统一下达，原材料统一调拨，生产产品统一销售，产品价格统一规定，职工统一调配，工资统一标准，财务统收、统支。在这“八统一”的领导下，经济根本不可能有良性发展。作者认为：可以说，迅速而有序地推进以城市为重点的整个经济体制改革，已成为当时形势发展的迫切需求，而且具有了良好的主、客观条件。

1984年10月20日，党的十二届三中全会，通过了1.7万字的《中共中央关于经济体制改革的决定》：决定开创了我国以城市改革为重点的经济体制改革时期，国企改革、计划体制改革多种经济形式共同发展、政府职能转变、对外开放等都大大加快了步伐。

在《改革开放口述史》中还收录了曾任全国人大常委会委员长万里的文章《农村改革是怎么搞起来的》。1977年，万里同志到安徽任第一书记，目睹安徽贫困的程度。万里说：我刚到安徽那一年，全省28万多个生产队，只有10%的生产队能维持温饱；67%的队人均年收入低于60元，40元以下的约占20%。万里说：到1984年年底，全国569万个生产队，99%以上实行了包产到户和包干到户。1984年粮食产量达8000亿斤，人均800斤，接近世界人均水平。国务院向世界粮农组织宣布，我国已基本解决了温饱问题。7年时间，我国推进了农村的改革发展，解决了人民的温饱问题。

与户口松动有关的第二件事是居民身份证制度的实行。1985 年 9 月，全国人大常委会颁布实施《公民居民身份证条例》，年满 16 周岁的中华人民共和国公民都应当申领居民身份证，这就为流动人口管理打下了扎实的数据基础。人员流动凭什么，就凭居民身份证。法律规定，居民身份证是居住在中国境内，具有有效中国国籍的公民身份的一种证件。

我国居民身份证上的数据项总共是十项，第一代身份证是九项，第二代身份证增加了一项指纹信息，但里面没有 DNA 的信息，中国的身份证还需要提高发展水平。在实施第一代身份证时就提出过要录入指纹信息，指纹信息一旦录入将有利于确定人与证的一致性，更加有利于社会管理。由于当时资金条件不允许，我国的科技水平也没达到管理全国所有人指纹信息的程度，使得这项提议遭到否决。现在的 18 位数身份证号已经成为公民的唯一身份代码。

1998 年 7 月 22 日，国务院批转公安部《关于解决当前户口管理工作中几个突出问题的意见》，突出了四项重要规定，这四项规定是：婴儿落户随父随母自愿原则（过去规定孩子随母亲报户口）；放宽解决夫妻分居的户口政策（原来需要 15 年，后来放宽到 7 年，现在只要 5 年就可以）；投靠子女的老人可以在城市落户；在城市投资、新办实业、购买商品房的公民以及共同居住的直系亲属，符合条件的可以落户。1994 年 2 月，上海市施行《上海市蓝印户口管理暂行规定》，文件规定：在上海投资人民币 100 万元（或美元 20 万元）及以上，或购买一定面积的商品房，或在上海有固定住处及合法稳定工作者均可申请上海蓝印户口，持蓝印户口一定期限后可转为常住户口。在城市购买商品房即可落户，“蓝印户口”由此产生。这就相当于把原本限制户籍的政策条件撤销了。过去其实只有一种条件——出生条件，生在农村家庭就是农村户口，生在工人家庭就是非农业户口。

有关户口管理的所有改变都是放宽，是在限制条件下的放宽。真正放开人员流动限制的爆发点是 2003 年的“孙志刚事件”。“孙志刚事件”使社会不得不重新对待收容遣送制度，更重要的是对人员流动的反思。收容遣送制度是一个已经被废除的制度，它曾是中国户籍管理制度的重要组成部分之一。新中国成立初期，国家对游民就开始注意收容遣送，对盲流、流民加以严格限制。为逃荒、避难或谋生，从农村常驻地流入城市，无稳定职业和常驻居所的人，称为盲目流入人口，简称“盲流”。1961 年 11 月 11 日，中共中央批转了公安部《关于制止人口自由流动的报告》，决定在大中城市设立收容遣送站，将盲目流入城市的人员收容起来，遣送回原籍。1978 年以后，大量农民工又开始进城务工，直至后来形成所谓的“民工潮”，带来了治安、城市就业压力增大等诸多社会问题。1982 年国务院制定《城市流浪乞讨人员收容遣送办法》。1991 年国务院制定《关于收容遣送工作改革问题的意见》，将收容遣送的对象扩大到“三证”（身份证、暂住证、务工证）不全的流动人员。因为当时已经有了居民身份证，且在当时已经规定每到一个地方都要办理暂住证。所以身份证、暂住证、务工证是流入城市人员必须随身携带的证件，若被执法人员发现无“三证”将被遣送回原户籍所在地。在之后的一段时间里，这项制度越来越严格，成为某些地方驱赶外来人员的“尚方宝剑”，变成了对外来流动人员具有惩罚性的强制措施，甚至出现了体罚等情况。

孙志刚毕业于武汉科技学院，后应聘成为广州某公司的一名平面设计师。2003 年 3 月 17 日晚 10 点，孙志刚离开与朋友合租的住房，准备去附近一家网吧。因为刚来广州，还没办理暂住证，出门时也没携带身份证，当走到天河区黄村大街时，孙志刚被广州市公安局天河公安分局黄村街派出所警察拦住带到了黄村街派出所。晚 11 点左右，与孙志刚同住的成先生（化名）接到了孙志刚打来的电话说，因为没有暂住证他被带到了黄村街派出所，让成先生“带着身份证和钱”去保释他。成先生和另一个同事赶往黄村街派出所时已接近晚 12 点。成先生被告知“孙志刚有身份证也不能保释”。3 月 18 日凌晨 2 时左右，孙志刚被送到天河公安分局收容待遣所。收容中转站工作人员判定孙志刚的情况符合《广东省收容遣送管理规定》，审批手续齐备，便将孙志刚收入站内。

9 个小时后（即 18 日上午），孙志刚向中转站护士报告自己有心脏病，因为紧张而心慌、失眠，要求放他出去或住院治疗。中转站遂以“心动过速待查”为由，将孙志刚送往广州市收容人员救治站。3 月 19 日，孙志刚的朋友打电话询问收容站，才知道孙志刚已经被送到医院（广州收容人员救治站）去了。20 日上午 9 时 50 分，护士查房，发现孙志刚趴在水泥床上一动不动，且呼吸微弱，脸色发紫，赶忙把他送到救治室。值班医生做了常规抢救。十分钟后宣布孙志刚死亡。广州市公安局刑事科学技术法医解剖查明，孙志刚双肺表面瘀黑，胃内有褐色水样物 160 毫升。法医解释说："被害人孙志刚因背部遭受钝性暴力反复打击，造成背部大面积软组织损伤致创伤性休克死亡。"

对于"孙志刚事件"广东省、广州市迅速成立联合调查组，开展案件侦破工作，先后抓获李文星等 8 名涉嫌殴打孙志刚的人；以及涉嫌指使殴打孙志刚的广州收容人员救治站护工乔燕琴等 5 人。2003 年 6 月 27 日，广东省高院对该案作出终审判决：以故意伤害罪，判处被告人乔燕琴（救治站护工）死刑；李海婴（被收容人员）死刑，缓期二年执行；钟辽国（被收容人员）无期徒刑。其他几名被告人分别被判刑。一个公民，就因为没有暂住证，被收容遣送，被毒打，被剥夺生命，而后真相被曝光，凶手被审判。这就是孙志刚收容案。

"孙志刚事件"发生以后，同年 6 月，温家宝总理签发《城市生活无着流浪乞讨人员救助管理办法》，将遣送办法改为了救助办法，取消遣送站，另设救助站，而且救助必须自愿，救助人员一次救助时间不得超过 10 天。

"孙志刚事件"是中国人口管理历史上一件大事件，在这以后，再也没有严厉限制性的流动人口政策。所有的一切都是围绕下面一个问题来展开，即如何保证人口的有序流动。从限制到放开，一直到"孙志刚事件"以后，让人口有序流动的问题真正被提出来。

二、国家人口宏观政策的调整

国家人口政策从限制、放开到有序是一段漫长的历程。这里需要了解中国人口政策调整的大过程。2015 年 11 月 9 日《新民晚报》连载曾任国家计划生育委员会主任彭佩云的文章《中国特色的人口控制之路》，文章说：1953 年我国人口接近 6 亿人，比 1949 年净增 6000 万人。这时候国家在人口出生问题上已经面临了非常严峻的形势——人口迅速增长。1953 年的《农业发展纲要》首次写入计划生育内容，计划生育工作开始在一些地区试点。以马寅初为代表积极主张实行计划生育。由于"左倾"思想的干扰，计划生育工作受到冲击，人口继续以较高的速度增长。到 20

世纪60年代末，我国人口已达8亿人，比中华人民共和国刚成立时净增长2.6亿人。从1973年开始，人口发展列为国民经济计划。在制定第四个五年计划时，正式提出："一个不少，两个正好，三个多了。"1981年五届全国人大第四次会议提出控制人口数量，提高人口素质的人口政策。国家计划生育委员会就是在这样的背景下成立的。

《改革开放口述史》一书中收录了田雪原的文章《一对夫妻生育一个孩子政策的由来》，文章说：1980年中央书记处委托中共中央办公厅连续召开五次人口座谈会，这五次座谈会定下了20世纪80年代以来中国人口发展的战略、方针和政策。1980年我国已号称世界第一人口大国，每年增加的绝对人口数量相当可观，增加了人口问题的严重性和控制人口增长任务的紧迫性、艰巨性。1980年，中国人口政策走到了历史的关键时刻。人口的迅速增长，使得领导人不得不重新探讨研究独生子女政策。当时提倡"一对夫妇生育一个孩子"主要有三方面原因：

1. 人口现状和未来变动发展趋势。预测表明，如果一对夫妇平均生育两个孩子，21世纪中叶中国人口也要突破15亿人。中国人口太多，住房困难，粮食、棉花等生活必需品供应紧张；劳动就业困难，严重阻碍劳动生产率的提高；人口多、消费大，每年国民收入中很大一部分被新增长人口消费掉了；人口增长快，学校、医院等公共事业的发展跟不上，造成人口数量过剩而素质不高的被动局面。

2. 政策和要求逐步明朗。关于一对夫妇生一个孩子的问题，中央已经开始不断地在讨论、酝酿。1979年6月，五届人大第二次会议通过的政府工作报告中，明确提出"要订出切实可行的办法，奖励只生一个孩子的夫妇"。

3. 一定的群众基础。1979年3月，山东烟台地区容成县农民鞠洪泽、鞠荣芬（女）等136位夫妇，向全公社、全县高龄夫妇发出《为革命只生一个孩子》的倡议书。天津医学院44位教职员工，也发出《一对夫妇生育一个孩子》的倡议书。这说明制定这条政策有了一定的群众基础，老百姓开始拥护这项政策。

文章说，当时在讨论的时候遇到了两个问题，即人口老龄化问题和劳动力问题，座谈会都作了认真分析。1981年9月25日中共中央发表致全体共产党员、共青团员的公开信，正式提出"一对夫妇生育一个孩子"。1982年3月13日，新华社报道，中共中央、国务院最近发出《关于进一步做好计划生育工作的指示》，要求国家干部和职工、城镇居民，除特殊情况经批准外，一对夫妇生育一个孩子；农村普遍提倡一对夫妇生育一个孩子，某些群众确有实际困难要求生育两胎的，必须经过审批有计划地安排。同年 9 月，党的十二大把实行计划生育确定为基本国策，随后写入新修改的宪法。

文章说，包括人口政策在内的任何政策，总是要不断发展和完善的。特别是 20 世纪 90 年代中期中国进入低生育水平阶段后，人口的变动又走到十字路口，人口政策面临新的抉择。1980 年中央人口座谈会的送审稿中，有个附件《提倡一对夫妇生育一个孩子多长时间为宜》，基本观点是：提倡“一对夫妇生育一个孩子”主要是为了控制一代人的生育率，因为控制住一代人的生育率，也就自然控制住了下一代做父母的人口数量，因而可以起到有效控制人口增长的作用。为什么不能搞两代人或者三代人的计划生育呢？他说，如果实行两代人生育一个孩子的政策，人口年龄结构就会向“倒金字塔”的方向转化，必然导致社会劳动力供给不足，社会负担过重等问题，因此不能开此先例。按照该文作者的理论，1980 年制定的一对夫妻生一个孩子政策只能用 20 年的时间，到新世纪应当放开。

根据上海市人口办 2018 年的统计数据，上海人口结构图表明，在 1463 万户籍人口中，20 岁以下的人口数太少，仅占总人口的 13%。金字塔底部太小，意味着劳动力储备不足。而全部人口中一半对一半的年龄线即中龄线划在了 50 岁左右，这在世界上都是人口老龄化趋势的最高年限，意味着今后每五年就会有百万人口进入老龄化，这是一个庞大的人群。我国现有女性劳动力年龄为 55 岁，男性为 60 岁，当几百万人进入老龄化以后，会有多少劳动力被补充，而上海自身却没有几百万的劳动力储备。这就从人口政策上提出两个问题：一个是老龄化，另一个是少子化。《新民周刊》2015 年第 49 期刊登文章《面对少子危机人们缘何“欲生还拒”》，文章说：2014 年，全国 65 岁以上的老人达到 1.37 亿人，占总人口比例的 10.1%。按照人口统计学的标准，65 岁以上人口占比达到 7% 即为进入老龄化社会。中国已经处于深度老龄化社会阶段。文章说，与老龄化相比，少子化是中国人口结构的另一个问题。数据显示，中国 0—14 岁人口比重从 20 世纪六七十年代到现在一路下滑，1964 年为 40.7%，1982 年为 33.6%，1990 年为 27.7%，2000 年为 22.9%，到 2010 年已经降为 16.6%。根据人口学统计标准，一个社会 0—14 岁人口占比 15%—16% 为严重少子化，15% 以内为超少子化。

在 1980 年的背景下提出计划生育，是社会经济形势下作出的选择，但是 35 年过去以后，我们重新看待这个问题时发现，计划生育的问题到了该讨论的时候了。2015 年 10 月 29 日，党的十八届五中全会决议“允许全面放开二孩政策”。执行了 30 多年的“一对夫妇只生育一个孩子”的政策正式结束。

2014 年 7 月 24 日，国务院印发《关于进一步推进户籍制度改革的意见》，这是一份对中国人口管理具有重大影响的文件，是全面建成小康社会，推进中国城镇化建设，统一规范户政管理制度的重要文件。其指导思想是：为“适应推进新型城镇化需要，进一步推进户籍制度改革，落实放宽户口迁移政策”。“统筹户籍制度改革和优化经济社会领域改革，合理引导农业人口有序向城镇转移，有序推进农业转移人口市民化。”意见明确的人口政策就是用“两个有序”的政策引导实现农业人口的有序流动。全面放开建制镇和小城市落户限制，有序放开中等城市落户限制，合理确定大城市落户条件，严格控制特大城市人口规模。为此，要建立城乡统一的户口登记制度，取消农业户口与非农业户口区分，统一登记为居民户口。建立居住证制度，市级以上城市凡居住半年以上的公民离开常住户口所在地到其他社区的在居住地申请居住证。健全人口信息管理制度，建设和完善覆盖全国人口、以居民身份证号码为唯一标识的人口基础信息为基准的国家人口基础信息库。

2015 年 4 月 14 日，新华社电文：今日，中共中央办公厅、国务院办公厅印发了《关于加强社会治安防控体系建设的意见》，意见强调：要加强基础性制度建设。建立以居民身份证号码为唯一代码、统一共享的国家人口基础信息库，建立健全相关方面的实名登记制度。

2015 年 12 月，国务院公布《居住证暂行条例》，从 2016 年 1 月 1 日起施行。条例规定，公民离开常住户口所在地，到其他城市居住半年以上，符合合法稳定就业、合法稳定住所、连续就读条件之一的，可以依照本条例的规定申领居住证。居住证持有人具有六大基本公共服务和七项便利，即义务教育；基本公共就业服务；

基本公共卫生服务和计划生育服务；公共文化体育服务；法律援助和其他法律服务、国家规定的其他基本公共服务六大服务。获得按照国家有关规定办理出入境证件；换领、补领居民身份证；机动车登记；申领机动车驾驶证；报名参加执业资格考试；申请授予职业资格；办理生育服务登记和其他计划生育证明材料；国家规定的其他便利。

三、上海让人口有序流动的探索

上海是一座超特大型城市，面临巨大的人口压力，在国家人口管理政策调整的历史进程中，上海一直在努力调整自己的步伐以跟上国家政策的调整。自改革开放以来，加强流动人口管理和逐步缓解历史遗留户籍矛盾一直是上海人口管理的两大难题，作为管理人口的职能部门的公安机关一直从矛盾中寻求解决的办法。上海市的政策调整有如下方面：

关于户籍人员的管理：

（1）1998 年年底，上海市公安局出台了《上海市公安局办理户口、居民身份证工作规范》，针对有序开展市内户口迁移等工作逐步形成了一系列工作规范。

（2）1999 年，上海市政府下发了《关于解决本市当前户口管理工作中几个突出问题的实施意见》，明确规定了原由本市经动员、分配去外省市工作的人员退休后回沪落户的准予条件。

（3）2000 年 2 月 1 日，上海市公安局出台《上海市户口管理暂行规定》，明确了 33 条具体工作规定，涵盖了当时上海户口登记管理的所有工作事项。特别要求本市居民应当按照以常住地登记为主的原则进行户口登记，要求户口登记的唯一性。规定是上海市第一次对此前在不同时期制定的较为分散的户口管理工作要求的一次全面梳理、统一。

（4）2002 年，上海市政府批转了上海市公安局《关于将本市农业人口转为非农业人口若干意见的通知》，逐步打破城乡农业、非农业二元户口管理模式，建立城乡统一的户口登记制度。

（5）2005 年 5 月 16 日，上海市公安局制定下发《上海市常住户口管理规定》，明确了在本市行政区域范围内办理户口登记、户口迁移以及申请、签发《居民户口簿》《户口迁移证》《户籍证明》等户口证件的各项要求。由于上海市常住户口管理中的热点、难点问题不断涌现，该规定于 2008 年、2010 年两次修订，对相关条款作了调整。

（6）2009 年，上海市政府出台《关于本市投靠类户口迁移的若干实施意见》，文件对有关子女投靠、老人投靠的相关规定，对原由本市经动员、分配去外省市工作的人员及其子女回沪落户的相关政策做了进一步延续和完善，取代了 1999 年实施的《关于解决本市当前户口管理工作中几个突出问题的实施意见》。

（7）2011 年 11 月 29 日，上海市政府的《上海市户籍人户分离人员居住登记办法（试行）》正式实施，并于 2014 年 1 月 7 日进行修订，明确本市户籍人户分离人员可在本行政区域内办理居住登记及相关服务、管理活动，进一步通过居住登记享受相关民生服务事项。

关于流动人员的管理：

（1）1954 年 5 月至 9 月，上海市政府先后发布《关于动员外来农民回乡生产并劝止农民盲目流入城市的通知》和《关于处理灾区农民盲目流入本市的暂行办法》，逐步紧缩城市人口计划，有组织地发动群众开展说服动员城市滞留人员回乡参加劳动生产，以减少流动人口过多增长给城市就业和供应带来的压力。

（2）1988 年 6 月，上海市政府发布《上海市暂住人口管理规定》，替代了之前发布的《上海市外来寄住户口管理试行办法》，明确对来沪暂住三日以上的人员办理暂住登记，暂住时间超过三个月的，须申领《暂住证》。

（3）1994 年 2 月，《上海市蓝印户口管理暂行规定》开始实行，并于 1998 年进行了修订。蓝印户口政策是上海投资、购买商品住宅或者被单位聘用的外省市来沪人员，具备规定条件后经过公安机关审批的一种户口凭证，与本市常住户口在诸多方面享受同等待遇，并可以转为常住户口。该政策于 2002 年 4 月停止执行。

（4）1996 年 9 月，上海市十届人大常委会第三十次会议通过《上海市外来流动人员管理条例》，根据流动人口的新特点，将外来流动人口的暂住管理、租赁房屋管理、卫生防疫和计划生育管理、务工经商管理、地区管理、外来人员权益保障等工作纳入法制化轨道。

（5）2000年，上海市人事局制定实施《上海市引进人才工作证实施办法》，规定“外来人才凭《引进人才工作证》可到暂住地公安派出所办理暂住户口手续”，并享受医疗福利、技术职务评定及子女教育等待遇。

（6）2003年，上海实施《关于在引进人才中试行〈上海市居住证〉制度的暂行规定》，明确“具有本科以上学历或者特殊才能的国内外人员，以不改变户籍或者国籍的形式来本市工作或者创业的，可以申领《上海市居住证》”。

（7）2004年8月，在引进人才实行居住证制度的基础上，上海市政府颁布了《上海市居住证暂行规定》，规定境内来沪人员应当根据国家有关规定办理居住登记，符合本规定要求的可以申领《居住证》。《居住证》的申领对象从引进人才拓展到来沪从业人员和投靠、就读人员。同时，根据出台的《〈上海市居住证暂行规定〉实施细则》，上海市居住证件包括《上海市临时居住证》和《上海市居住证》。其中，《上海市居住证》包括引进人才类、从业类、投靠就读类三种。

（8）2009年8月，上海市政府发布《持有〈上海市居住证〉人员申办本市常住户口试行办法》，在户籍管理和居住证制度之间形成了相互衔接的“居转常”制度，对吸引人才、留住人才呈激励导向作用，拓展了各类人才进沪的渠道。

（9）2013年5月，上海市委常委会、市政府常务会议分别审议通过了《上海市居住证管理办法》以及《上海市居住证申办实施细则》《上海市居住证积分管理试行办法》，并已于2013年7月1日起正式实施。上海市居住证制度正式从“条件管理”向“积分管理”转变。

上海流动人口管理从政策层面上来说，从蓝印户口到居住证，从单一的居住证到多样的居住证（投靠的、人才的、就业的），之后又实行“居转常”（居住证转常住户口），然后再是积分制，可以说是跟着国家的节拍逐步完善的，做到了“有序管理”。上海为加强人口管理，实施了一系列创新举措。

一是居住证管理。居住证管理是流动人口管理的重要组成部分，上海公安部门以此为抓手，提升来沪人员管理的针对性，确保底数清晰、凭证服务、社会面稳定有序。

1. 居住证办理

根据2013年7月1日颁布实施的《上海市居住证管理办法》中的职责分工，公安部门负责“居住登记及《居住证》证件等相关管理”。对此，公安部门配套制定并报请市政府转发居住证申办细则，细化、明确居住证申办的职责分工，即各区（县）人民政府负责做好本行政区域内居住证申办的具体实施工作；公安、人力资源和社会保障部门负责《居住证》核定及相关证件管理；各街道办事处、镇（乡）人民政府设置的社区事务受理服务中心负责《居住证》的受理和发放工作。《居住证》由市公安局统一制作、签发。完备“两个合法稳定”申办条件的申请人可以到居住地社区事务受理服务中心递交相关材料，申请办理《居住证》，并可开展后续信息变更、挂失、补办、签注、查询等事项。证件管理不仅是公安部门控制人口规模的抓手，也可以说是全市能否实现人口调控目标的最有效、最直接的方法之一。

2. 提高“以证管人”覆盖面

对于不符合申办《上海市居住证》和直接落户条件的来沪人员，依托《临时居住证》实现来沪人员“来登去销”。针对原居住证件“含金量”不高，来沪人员缺乏办证积极性等问题，公安部门牵头协同教育、房管、人保、卫生计生委等部门，研究配套政策措施，进一步完善了来沪人员服务管理制度体系，使《临时居住证》持证人可享受下列服务：

证照办理服务，包括：①申领机动车驾驶证、办理机动车和非机动车登记；②办理港澳商务签注、边境通行证件；③申请出具在沪无犯罪记录证明。

计划生育服务，包括：①参加有关人口与计划生育法律知识和生殖健康知识普及活动；②接受孕前优生咨询和婴幼儿早期启蒙教育咨询指导；③按照国家和本市有关规定获得避孕药具，接受避孕节育检查和手术、终止妊娠手术以及计划生育手术并发症诊治等国家规定基本项目的计划生育技术服务。

公共卫生服务，包括：①在指定医疗机构接受实行限价收费的产前检查、住院分娩服务；②同住的未成年子女接受儿童预防接种、计划免疫等传染病防治服务。

子女教育服务，包括：持有《上海市临时居住证》的来沪人员，其同住的适龄子女需要在本市接受义务教育的，可以按照本市有关规定到现居住地所在区（县）

教育行政部门申请就读，由区（县）教育行政部门统筹解决。

在落实配套服务的基础上，《临时居住证》办证率大幅提高，成为了继来沪人才直接落户及办理《上海市居住证》之外第三条履行登记义务，凭证享受相关配套公共服务的途径。

二是实有人口信息管理制度。要实现有效的流动人员管理，建设统一、完备的人口管理系统是重要的条件。

1. 系统建设

按照政府机构设置和职能分工，人口服务和管理主要涉及公安、人口和计划生育、人力资源和社会保障、民政、教育、税务、卫生、统计等部门。长期以来，各类人口信息系统的建设和管理任务分散于各相关部门，这些与人口信息相关的信息库及应用系统各有特色，但人口信息的开发利用和管理总体上存在分散和重复建设、信息完整性和准确性不高、更新维护机制不完备、跨部门交换和共享无法完成、应用服务匮乏等问题。为提高人口信息资源建设和服务水平，满足社会建设、经济发展、城市管理对人口信息资源的迫切需求，上海着手建立统一的人口管理系统。

上海市实有人口信息管理系统分两期建设，一期从2007年9月至2009年11月，以上海公安系统专用城域网为依托，在公安常住人口系统、居住证系统、出入境系统及其他信息系统基础上建设，实现了公安内部相关系统的升级、改造和整合，构建成为本市公安综合信息交换和数据汇集中心。上海市实有人口信息管理系统（一期）具备以下六项应用功能：

① 类似百度查询功能。键入已知条件，将与之有关联的信息全部搜索显示。

② 模拟建筑物显示功能。通过GPS地图定位或门弄牌地址定位，可以找到匹配的模拟建筑物，点击该建筑物的门牌号，即可展示该门牌号居住人员的详细情况。

③ 关联查询功能。输入人员属性信息，如座机号、手机号、工作单位、车辆牌号等，找到所需要查询的信息。

④ 地域性违法犯罪人群分布显示功能。综合市公安局、公安分局和公安派出所三个层面的相关信息，可以看到地域性违法犯罪人员在辖区内的排列、分布情况

和详细信息。

⑤ 决策分析功能。对辖区实有人口（包括户籍人员、来沪人员、境外人员）总量分布，性别、年龄分布，来沪人员来源地、数量级数分布以及重点人分布等统计分析。

⑥ 撒点功能。可将辖区内的特定人员在GIS图层上进行撒点，从而清晰、直观地看到人员分布状况。

上海市实有人口信息管理系统（一期）采用数字身份证书方式实现用户权限分配，通过对上述功能的叠加和应用，能直观、便捷地显示所要查询的人房目标，并可作关联分析研究，极大地满足了公安民警日常警务工作需要。

2009年7月，上海市发改委下发《关于上海市实有人口信息管理系统（二期）可行性研究报告的批复》，上海市实有人口信息管理系统（二期）项目建设正式启动。建设周期从2009年9月至2010年7月。系统以上海政务网为依托，以公安人口信息为基础，融合人口和计划生育、劳动和社会保障、民政、教育、税务、统计等部门与人口相关的信息资源，建立包含人口基础信息和变动信息的统一、完整的上海市实有人口信息数据库和市级数据交换平台。

上海市实有人口信息管理系统横向与各政府相关部门业务信息系统互通，纵向与区、街道（镇）相连。2010年7月，上海市实有人口信息管理系统（二期）投入运行，达到了建设要求。

一是以政务网为依托，形成以公安人口信息为基础，包含各委、办、局关联信息的市级实有人口信息资源库；二是通过市级顶层数据交换平台，实现与各委办局人口相关信息的交换、共享以及透明传输，形成全市人口信息的良性循环与积累；三是通过人口综合应用系统，实现对实有人口信息的统计分析，为市政府和各职能部门提供全市人口统一视图，有利于加强政府工作效率和为民服务水平。

上海市实有人口信息管理系统（二期）主要提供“信息系统服务”“综合查询平台”和“统计分析系统”三大应用服务功能，政府各部门基于政务外网实有人口业务数据联建共享的大格局基本形成。数据包括：

① 市人口计生委的“子女关系”信息；

② 市教委的“职业教育”“基础教育”“高等教育”和“留学生教育”信息；

③ 市建设交通委的“建筑工地务工人员”信息；

④ 市人力资源和社会保障局的“医疗保险”和“社会保险”信息；

⑤ 市民政局的“结婚信息”“离婚信息”和“救助信息”；

⑥ 市住房保障房屋管理局的“房产信息”；

⑦ 市卫生局的“从业人员体检信息”和“新生婴儿信息”；

⑧ 市工商局的“企业法人信息”；

⑨ 市残联的“残疾人信息”；

⑩ 市公安局的“实有人口信息”“房屋信息”“户籍地址信息”“证卡信息”“机动车”和“非机动车”信息。

2. 系统建设的积极意义

上海市实有人口信息管理系统有效解决了政府各部门“各自为政、多头采集，数据一致性和准确性差、信息无法共享和工作效率低下”等问题。

第一，提高政府决策科学化支撑。人口信息是反映国情国力的重要信息资源，是社会的基础信息，是各级政府进行科学决策和公共行政管理的重要依据。建立以公安人口信息为基础，以居民身份证号码为唯一代码，以其他部门为补充和核准的，具有权威性、基准性、基础性和战略性的实有人口基础信息共享平台，能满足国家有效实施人口规划和政府进行宏观决策的需要，能全面提高各部门有针对性地进行人口管理的信息支撑能力。

第二，提高政府监管能力和效率。原先，政府各部门根据自身职能建设本部门涉及人口的信息系统，但处于分散、分割状态，地区之间、部门之间、应用系统之间存在很大差异，在很大程度上成为一个一个的信息“孤岛”。一方面缺乏规范化的信息获取渠道，造成了大量信息闲置、信息不一致和无法相互补充的局面；另一方面重复建设导致管理成本高。实有人口信息管理系统的建立和应用，实现了基础信息一次采集、多次使用，一部门采集、多部门使用，把全市人口信息管理连接在一起，在网络下进行，从而有效降低行政管理成本，提高了政府工作效率。

第三，提高政务建设基础。上海市实有人口信息管理系统建设是推进上海电子政务的一项重要基础性、先导性工作。通过建立实有人口信息库，能够为电子政务提供人口基础数据平台，满足不同部门、不同类型的电子政务需要。同时，实有人口基础信息库的建立，必将促进和带动一批与之相关的应用系统的建设和发展。随着对实有人口基础信息库共享需求的深入，政府部门会逐步在实有人口基础信息库上开展新的应用，实有人口基础信息库共享信息将不断增多，实有人口基础信息库的使用范围将进一步扩大。

三是社区综合协管队伍建设制度。支撑上海市实有人口管理体系良好、有序运转的是准确、鲜活的实有人口基础信息，这些信息的取得依赖于全市社区综合协管队伍多年来坚持不懈地上门采集、更新、维护。

其一，队伍组建发展情况。

2006 年，上海市政府印发了《关于加强社区综合协管队伍建设的意见》，根据精干、效能的原则，在整合资源的基础上，统一组建社区综合协管队伍。社区综合协管队伍是政府出资组建的社会公益性辅助管理队伍，辅助街道、乡镇和公安等部门开展居住登记、房屋租赁合同登记备案等社区实有人口服务管理事项。社区综合协管队伍实行区县属地管理，由所在区县人口办统一领导；街道、乡镇负责组织实施；公安派出所负责日常管理和业务指导。凭借全面加强 2010 年上海世博会社会管理的契机，社区综合协管队伍从 1.1 万人扩充至 1.4 万人。各级人口管理部门围绕“组织正规化、管理规范化、业务标准化”目标，努力抓好队伍管理，提升工作质量，建立统一的工作规范和培训体系，通过开展达标创优、关爱优抚等工作凝聚队伍、激励士气，年度新采集及注销来沪人员信息逾 1000 万条，发挥了采集维护实有人口信息主力军的作用。在 2010 年上海世博会、全国第六次人口普查等重大社会活动及群租治理、人口调控等重要社会管理实践中，社区综合协管队伍发挥了较好的基础保障作用。

其二，队伍各项保障情况。

上海市人口办作为社区综合协管队伍业务主管部门，按照队伍建设整体要求，开展以下工作：

① 统一工作规范。制定了《社区综合协管队伍管理、使用规定（暂行）》《社

区综合协管队员勤务规定（暂行）》《社区综合协管队员纪律规定（暂行）》《社区综合协管队员证使用管理规定（暂行）》和《社区综合协管队伍建设评估办法（暂行）》等规范性文件，为规范队伍管理提供依据。

② 统一培训体系。按照岗前培训、考试合格发证、凭证上岗、在岗培训、岗位考核的要求，制定年度社区综合协管队伍教育培训方案，对队伍培训形式、内容、目标提出具体要求，为各区县培训工作提供明确指导。对新进人员，在区县培训基础上，通过市人口办的考试，对合格者发放由市人口办统一印制的"社区综合协管队员证"作为统一工作证件。同时，加强对培训师资的选择和指导，提高区县培训水平。

③ 开展达标创优。每年组织开展社区综合协管队达标创优、社区综合协管队员岗位建功争创活动，通过"一案一奖""一事一奖"，对采集实有人口信息为破案打击提供支撑、为政府职能部门开展社会管理提供支撑的协管队员予以现金奖励，每年评选一批岗位能手、标兵和先进协管队，最大限度地调动和激励这支队伍的积极性和主动性。

④ 推进队伍建设。坚持从严管理和以人为本相结合，坚持"三必访"，即对有重大立功表现、突发重大疾病、家庭发生重大变故的队员，由各级人口管理部门或公安部门上门走访，开展帮困慰问。积极争取经费保障，遇高温季节、重要节假日，开展慰问工作，鼓励区县结合实际组织开展体检、疗休养活动，最大限度为协管队员福利待遇提升创造条件。

随着社区综合队伍建设的不断深入，队伍常态运作情况良好。到 2014 年年底，全市 1.37 万名社区综合协管员，平均年龄为 44.3 岁，35 岁及以下的队员占 19.8%，其中男性队员平均年龄为 47.1 岁，女性为 39.9 岁。通过日常信息采集，发现、提供各类违法犯罪线索 3337 条，协破刑事案件 1065 起，治安案件 3053 起，协助抓获违法犯罪嫌疑人 4354 人，协助抓获网上逃犯 749 人。

四、让人口有序流动的发展

中华人民共和国成立以来的几十年间，中国的人口政策经历了放开、限制到再放开的历史进程。如今放开已是必然趋势。现在的人口管理已无法用人为设置的政策障碍限制农民从农村走向城市，无法限制小城镇人口向大城市流动，甚至已无法限制大城市人口之间的流动。2017 年 2 月 9 日，公安部召开全国户籍制度改革专题视频培训会，公安部党委副书记、副部长黄明在会上强调指出：加快农村转移人口市民化，让他们过上城里人的生活，实现市民梦，是人心所向，是大势所趋。

根据地域和家庭成员关系将户籍属性划分为农业户口和非农业户口的做法始于 1958 年，这是计划经济的产物。从 20 世纪 50 年代到 80 年代初，中国实行严格的计划经济政策，对物质实行配给制。这就需要依赖户籍管理制度进行配给管理。在当时的物质条件下，配给制实际上就把占人口绝大多数的农业人口排除出了“商品粮”的配给范围。以后随着各种社会公共福利与户籍挂钩，使农业户口在人口教育、医疗、社保、卫生等诸方面受到不平等的待遇。消除二元户籍管理就是消除待遇差异，为实现城乡居民、本地居民和外来人口的权利平等奠定了基础。

据人民网报道，2014 年 6 月 30 日，中央政治局召开会议研究户籍制度改革，审议通过了《关于进一步推进户籍制度改革的意见》，会议指出：加快户籍制度改革是涉及亿万农业人口的一项重大措施。要坚持以人为本，着力促进有能力在城镇稳定就业和生活的常住人口有序实现市民化，稳步推进城镇基本公共服务常住人口全覆盖。《人民日报》发表文章《户籍制度改革需坚持六个原则》，文中说户籍制度改革的六个原则是：①因城而异。有序推进符合条件的农业转移人口落户城镇，应实行差别化落户政策，因地制宜，区别对待。②因群而异。进城农业转移人口包括多种类型，需要区别对待，应促进有能力在城镇稳定就业和生活的常住人口有序实现市民化。③存量优先。应积极稳妥、规则有序，充分考虑能力和可能，优先解决存量，有序引导增量。④自愿选择。尊重城乡居民自主定居意愿，合理引导农业转移人口落户城镇的延期和选择。⑤基本公共服务全覆盖。享受基本公共服务是公民的基本权利，基本公共服务全覆盖是推进以人为核心的新型城镇化的具体体现。通过人口管理制度和财政转移制度创新，推动基本公共服务常住人口全覆盖，是实现农业转移人口市民化的重要途径之一。⑥保障转移人口权益。维护好农业转移人口的土地承包经营权、宅基地使用权、集体收益分配权。

2014年7月30日，国务院正式印发《关于进一步推进户籍制度改革的意见》，在同日国新办召开的新闻发布会上，公安部副部长黄明在会上指出，这次的户籍制度改革有三个比较鲜明的特点：一是这次户籍政策是一次总体调整，与以往相比，过去的历次改革一般都是局部的、部分的条文调整，是在某一个方面的调整。这次是在中央对新型城镇化建设作出全面规划后，决定在全国实施差别化的落户政策，这对合理布局大中城市和小城镇，合理引导人口分布将起到十分重要的作用。二是按照中央引导化改革的布置进行的一次综合配套改革，户籍制度的改革不仅是户籍制度本身体制的改革，还是各有关部门配套进行的改革。三是对新型户籍制度的一次整体构建。

在之前的2014年3月19日召开的国新办新闻发布会上，国家发改委副主任徐宪平说：目前城镇常住人口中农民工及其家属有2亿多人，其中“80后、90后”新生代农民工超过1亿人，在流入地居住年限达5年以上的有5000多万人，举家迁移的有5500万人。预计到2020年农民工及其家庭将达到3亿多人，可先解决1亿左右人的落户，以促进解决“三农”问题，促进区城协调发展和国家长治久安。

人口流动放开之后，如何保证人口的有序流动，最为突出的矛盾就是解决农村转移人口的有序流动问题。这是现实的管理任务，更是重要的政治态度，是一件必须做好的事情。2015年11月29日，《中共中央　国务院关于打赢脱贫攻坚战的决定》正式下发，决定中有许多坚定的提法，“确保到2020年农村贫困人口实现脱贫，是全面建成小康社会最艰巨的任务”。“消除贫困、改善民生、逐步实现共同富裕，是社会主义的本质要求，是我们党的重要使命。”“扶贫开发事关全面建成小康社会，事关人民福祉，事关巩固党的执政基础，事关国家长治久安，事关我国国际形象。”“各级党委和政府必须把扶贫开发工作作为重大政治任务来抓，切实增强责任感、使命感和紧迫感……”

习近平总书记在深度贫困地区脱贫攻坚战座谈会上的讲话中说：“党的十八大以来，我最关注的工作之一就是贫困人口脱贫。”“要实施‘四个一批’的扶贫攻坚行动计划，通过扶持生产和就业发展一批，通过移民搬迁安置一批，通过低保政策兜底一批，通过医疗救助扶持一批，实现贫困人口精准脱贫。”

“四个一批”中有移民搬迁安置一批，也就是农村人口的转移安置。虽然不同人口规模的城市在吸纳人口方式上有不同的条件，但在执行国家大的政策，特别是完成重大的政治任务方面是一致的，是不能打折扣的。我在公安分管人口工作的十年中体会到，建立统一化的人口管理政策是件难事，但必须努力实现有序管理。上海这些年的人口管理工作在国家大政方针的指导下不断进行自我调整，通过对现实突出矛盾的调整来引导人口管理工作。特别是在确保人口有序流动方面，从居住证管理的不同实施阶段就可以看出，上海市委市政府高度重视人口管理工作，创制的各种方法都是积极有效的。户籍制度改革是一项复杂的工程，需要兼顾的因素很多，统筹推进的难度很大。这是因为我国人口众多、城市和区域发展差距较大，一时还难以平衡。长期以来许多公共服务和社会福利与户籍直接挂钩，一时还难以剥离。各种社会主体发展愿望和利益诉求多样化，一时还难以协调。2017 年 7 月 10 日的《新民晚报》上有一篇报道：上海“十三五”规划提出：“到 2020 年，把常住人口控制在 2500 万以内的人口底线。”上海市民如何看待“人口底线”？调查显示：60 岁及以上认同“控制人口规模”和“提高人口总体素质”的分别为 62.3% 和 54.1%，40—49 岁的为 55%。相比之下，年轻人更关注“人口底线”可能产生的一些现实影响，如 30 岁以下认同“上海生活成本太高”的比例为 40.7%。

近年来，我国城镇化快速推进，取得举世瞩目的成就，但同时也应看到，城镇空间分布和规模结构不合理，与资源环境承载能力不匹配的问题十分突出。东部一些城镇密集地区资源环境的约束趋紧，中西部资源环境承载能力较强地区的城镇化潜力有待挖掘；中小城市和小城镇集聚产业和人口不足，潜力没有得到充分发挥；特大城市和部分大城市人口压力偏大，与承载能力之间的矛盾加剧，空气污染、交通拥堵、公共安全问题等“城市病”日益严重，需要有效控制人口规模。上海提出“人口底线”是从上海的实际出发，特别是从上海的实际承载力出发，与人口流动因城而异的有序原则是一致的，与国家户籍制度改革的总的原则是一致的。

在党中央国务院的坚强领导下，户籍改革的“四梁八柱”已架构好。统一的户口登记制度全面建立。《人民公安报》2017 年 2 月 13 日报道：2010 年第六次全国人口普查发现全国有 1300 余万人没有户口。连续几年来，全国公安机关结合集中换发第二代居民身份证，深入开展户籍登记管理清理整顿和推进人口信息系统建设工作，先后为1240万各类无户口人员登记了户口。2015年12月9日，第19次中央深改小组会议审议通过了公安部《关于解决无户口人员登记户口的意见》，随后，国务院办公厅正式下发此意见，明确两条不可逾越的"红线"：禁止设立不符合户口登记规定的任何前置条件；切实保障农民依法登记户口的基本权利。2016年，全国又有143.5万无户人员登记上了户口。各地取消了农业户口与非农业户口的性质区分，"城里人"和"乡下人"户口身份之别不复存在。2016年9月19日，北京市正式公布关于进一步推进户籍制度改革的实施意见，宣布取消北京地区农业户口和非农业户口性质区分，统一登记为居民户口，并建立与统一城市户口登记制度相适应的教育、卫生计生、就业、社保、住房、土地及人口统计制度。户口迁移政策进一步完善，各地普遍降低了农业转移人口和其他常住人口在城镇落户门槛，超大城市、特大城市积极建立完善积分落户制度。上海居住证积分制于2013年7月1日起开始实施，也是中国首个对外来人口采用居住证积分制管理的城市。根据这一制度，申请者在年龄、教育背景、专业技术职称和技能等级、工作及缴纳社会保险年限基础指标中得到相应的分数，如果取得标准值，就可以获得在上海落户的条件。农业转移人口市民化面临的制度性难题逐步破解。"人地钱"挂钩机制初步建立，农村"三权"改革稳步推进，教育、社会保障、住房等重点领域配套改革取得实质性进展。截至2016年全国户籍人口城镇化率达到41.2%。

公安部要求，各级公安机关作为户籍制度改革的牵头组织部门，要当好党委政府的参谋助手，在研究制定政策、发现解决问题、推动措施落地、督察指导评估方面，多出好主意、多想好办法。公安部门在户籍管理中的任务十分繁重，是公安行政管理中非常重要的一块，需要特别加强专业建设。一是要抓住各项人口基础工作。人口大数据的基础已经建立，以公安为主的数据库要不断完善更新，始终保证数据的真实性、有效性。居住人口管理已形成一套制度，面对大人流的现实任务，要不断检查督察，始终保证各项制度能真正落地、落到人头。真正做到动态管理与数据记载的一致性，为各项管理提供有效服务。二是要抓政府各人口管理职能的作用。管理户籍绝不只是户口的登记与注销，有效管理的抓手在于与户籍有关的各项管理职能，只有把政府职能真正体现出来才能把动态人口状况管理好。三是要抓社会基础的有力支撑。人口管理说到底是最基础的社会管理，在城市就是社会管理。上海探索“一区一警”，一个居委会配一名人口综合协管员等措施对社区人口管理起着重要的作用，这样的工作应当始终坚持下去。四是要抓人口管理社会宣传。人口流动是发展趋势，无论怎样规模的城市都将承担这样的任务。人口流动量越大的城市越要加强人口有序流动相关政策的宣传，让进城的人知道这个城市的管理，知道在这个城市落脚的要求，知道成为这座城市新人的条件。

让人口有序流动是一个历史性的问题，在全社会的努力下有许多新的诠释，公安部门作为主要的人口管理部门正在努力跟上这一趋势，积极有为地推动并实践着多项人口管理体制机制，保证了城市的健康稳定发展。就公安部门而言，管理好人口一直是一个重要的问题。管人口说到底，就是四句话：为政府决策提供依据；为社会管理提供支撑；为服务民生提供保障；为控制治安提供抓手。

消防安全的“四个靠”

上海市胶州路728号大楼发生的特大火灾虽然已经过去了许多年，但“11.15”这个特定的时刻却一直无法让人忘记，那是这座城市的痛。

上海市胶州路728号大楼发生的特大火灾虽然已经过去了许多年，但“11.15”这个特定的时刻却一直无法让人忘记，那是这座城市的痛。58条人命的代价一再告诫我们，城市消防安全是何等重要。城市人口密集的地方发生大火所产生的生命财产损害至为严重，加强城市消防安全工作，要做到“四个靠”，即：一是消防警示靠长鸣；二是把“消”做强靠“铁军”；三是把“防”做实靠社会；四是消防责任靠法治。

一、消防警示靠长鸣

2015年12月20日至21日，时隔33年后，中国再次召开城市工作会议，上次相同的会是在1982年召开的。为什么在这一时刻召开城市工作会议呢？改革开放以来，我国经历了世界历史上规模最大、速度最快的城镇化进程，城市发展波澜壮阔，取得了举世瞩目的成就。常住人口城镇化率从1978年的近18%上升到2014年的近55%；城市人口从1.7亿人增至7.5亿人；城市数量从193个增加到653个。每年城镇新增人口2100万人，相当于欧洲一个中等收入国家的人口。《人民日报》为会议配发的社论说：我国现在开始进入城镇化较快发展的中后期。全国80%以上的经济总量产生于城市，50%以上的人口生活在城市，今后还将有大量人口不断进入城市，城市人口将逐步达到70%左右。在这样的情势下，我们尤其要保持清醒头脑，清醒认识我国城市发展的问题和不足，直面规划建设重外延轻内涵、用行政命令取代法治以及“城市病”等突出问题。只有致力于转变城市发展方式，完善城市治理体系，提高城市治理能力，走出一条中国特色城市发展道路，才能顺应城市工作新形势、改革发展新要求、人民群众新期待。

就所有的公共安全宣传来讲，消防安全是最深入人心的，“119”火警电话老幼皆知。但公共安全事件发生最频繁的也是火灾事故，在社会的各个方面、各个角落都存在发生火灾的隐患和可能，每年火灾给国家和人民造成重大的损失。据《中国安防展览网》报道，2016 年全国共接报火灾 31.2 万起，死亡 1582 人，伤 1065 人，直接财产损失 37.2 亿元。全国消防队伍共接警出动 112.7 万人次，车辆 207.4 万辆次，营救遇险被困人员 19.2 万人，抢救和保护财产价值 380 多亿元。尽管消防安全一直被反复提及，但火灾还是不断发生的事实告诉我们消防安全必须警钟长鸣。

2010 年 11 月 15 日 14 时 15 分，上海市应急联动中心接警，静安区胶州路 728 号 1 号高层居民住宅大楼突发火灾。住宅楼共 28 层，156 户居民，实有人口 440 人。上海市应急联动中心在 5 分钟内调集了 11 个中队，27 辆消防车赶赴现场，30 分钟内又调集了 34 个中队，95 辆消防车及各类战勤保障车，共 1300 余名官兵及各级指挥员到达现场。同时，启动应急预案，调集公安、供水、供电、供气、医疗救助等 10 家应急联动单位到场协助处置。

着火的原因是节能改造项目施工时，为文明施工的需要，整幢大楼外面用尼龙网包裹起来，电焊工在操作时火星飞溅开来，溅到尼龙网上使之燃烧并迅速从 9 楼到 10 楼之间的凹凸处向上向下蔓延，6 分 21 秒后，整个大楼形成了全面的立体燃烧。参与救火的消防队员这样描述当时救火的难度：着火建筑四周被脚手架密闭包围，脚手架所采用的竹笆及防护网都是易燃材料，尤其是冬季风干物燥，起火后火势在短时间内迅速向上层及四周蔓延，在建筑物外墙形成大面积、立体火灾。高层建筑发生火灾具有强烈的烟囱效应，火势猛烈阶段烟火垂直蔓延速度可达 8 米 / 秒，造成高热烟气通过竖向管井迅速向上蔓延，直至顶层，导致整幢建筑内大范围充烟，严重影响了人员疏散和灭火作战行动。外部脚手架燃烧的火焰通过建筑开启的外窗，以及在火势熏烤下外窗玻璃爆裂，迅速引燃室内可燃物发生轰爆，导致多层楼同时着火，升腾的浓烟和火焰封锁了居民地面疏散楼梯间出口，导致 260 多人被困于不同的楼层或不同的部位。

那天，正值我值班，我第一时间赶到现场，清晰地记得这样的几个场景：现场烈焰翻滚升腾，整幢建筑被浓烟烈火笼罩。通过火情侦察，大楼内还有大量居民未能及时疏散，且火势正通过施工脚手架连廊向东侧毗邻的高层居民楼蔓延。火场指挥员果断决定实施内攻救人、堵截防御战术。现场由 60 名消防指战员组成 15 个攻坚组，迅速冲进火场救人。消防指战员顶着楼道内滚滚浓烟，身负 30 多公斤重的个人装备和破拆器材，在黑暗与烟雾中摸着楼梯逐层搜索被困居民，将他们引导疏散出火场，并利用室内消火栓系统出水稀释烟雾，打通内部通向室外被烟雾封锁的安全出口。在消防队员的努力下，共有 107 名居民被成功解救。

与此同时，在火灾现场的地面铺设 4 条水带供水线路，在着火建筑东南侧设置水枪、水炮阵地，阻截火势向东侧毗邻的高层居民楼蔓延，避免“火烧连营”。使用水枪、水炮扑灭着火建筑周边的建材堆垛的火势，保护着火建筑下风方向的小区配电站。在大楼外部，相继到场的 14 辆举高消防车在余姚路、胶州路及南侧建筑工地停靠，组织配套供水。利用云梯、曲臂车水炮从外部压制和打击火势，冷却钢管脚手架，防止其局部或整体变形坍塌造成次生灾害。通过举高消防车营救出 3 名逃至脚手架呼救的遇险人员。在着火建筑东侧毗邻高层居民楼顶层设置水枪、水炮阵地，射水阻挡辐射热和飞火对毗邻建筑脚手架的威胁。在着火建筑北侧部署一七式压缩空气泡沫消防车，通过脚手架垂直拖放水带进入室内近战灭火。现场集结 15 个中队的兵力，通过建筑疏散楼梯间蜿蜒或垂直铺设水带形成 15 路供水线路，重点在 10 层以上各燃烧层布设分水阵地，纵深打击火势，形成内外夹攻、上下合击之势。

15 时 22 分，在强大的消防压迫下，火势处于受控状态。在火势得到控制之后，指挥部遂对战斗任务进行调整，将搜救人员、内攻灭火、破拆排烟、火场供水等任务分配到每个中队，实行一个中队坚守一个楼层，并由消防局、支队两级指挥员分片包干、各负其责。18 时 30 分，整幢建筑物明火被基本扑灭后，现场指挥部各战斗段重新部署力量，对整幢大楼 1 至 28 层，逐层逐户逐间以及电梯井、管道井等部位反复进行地毯式搜索，先后搜寻出 50 余名遇难人员，并对室内堆积阴燃的可燃物进行清理，防止复燃，至次日凌晨 4 时，收残和清理任务基本完成。

“11.15”火灾之后人们的认识变了，比以往任何时候都更加注重“防”字。上海禁止燃放烟花爆竹有环境污染的因素，更多考虑的还是消防安全问题。我曾亲眼见过一支高升爆竹在人头顶爆开的场景，也见过一支烟花在燃放时冲进一户居民的窗户引发火灾的事件。春节过后人们议论最多的是城市安静的环境、净化的空气，没有发生一起火灾的不容易。消与防，如今变得同等重要，开始走进千家万户寻常百姓的认知之中。然而，这仍然是一个必须重视的问题。

新修订的《上海市烟花爆竹安全管理条例》自2016年1月1日生效，《新民晚报》有篇报道《嘉定一男子违规燃放吃首张罚单》。条例生效后1分31秒，上海市嘉定区公安分局真新派出所通过视频巡逻发现曹安路近丰庄路一银行门口有人燃放烟花爆竹，巡逻民警赶到现场，此时有一男子已燃放了三个18响的礼花，还剩下3个礼花和1000响的鞭炮正待燃放，民警制止了该男子的行为，并将其带到派出所询问，该男子说，为了庆祝跨年，他和一帮同事、朋友决定燃放烟花爆竹，图个热闹，根本不知道禁燃新规。嘉定警方根据条例第20条、第28条，对其违规燃放的行为处以100元罚款的行政处罚。2016年的春节、元宵节上海实现了真正意义上的禁燃，全国各地各大媒体都关注这件事，关注点在于：禁燃令是动真格的，禁燃令靠全社会支持，禁燃令看到的是社会治理能力。据上海市公安局通报：禁燃令生效后，截至2017年2月22日，共查处烟花爆竹违法犯罪案件1059起，刑拘68人，行政拘留206人，收缴非法烟花爆竹3.8万余箱。上海市公安局主要领导说：法律的生命在于实施，禁燃令能否落地，能否实现立法目的，要求我们必须以最为严格的标准进行执法，维护法律的尊严。为了做到禁燃，全市5万名公安干警消防战士，30万名平安志愿者积极投身到日常的管理工作中去。在这次全面落实禁燃令的过程中，街道社区成为落实禁燃令的主阵地，基层干部参与宣传动员，社区禁燃禁放，从我做起。从市到区、从街道到社区，禁燃令实现了社会全覆盖。一时间单位签约承诺不放烟花爆竹，居民主动上缴家中的烟花，真正做到了全社会一起行动。上海市委政法委领导说：上海禁燃的成效是贯彻习近平总书记治国理政方略，加强社会治理的一个生动实践和成功范例。加强社会治理，实现多元共治，贯彻禁燃条例光靠政府部门的严格执法是不够的，必须要政府、企事业单位、市民群众都参与，全市各个方面共同营造多元共治的环境，真正实现严格执法，人人遵法，使得烟花管控条例切实落实好，让执法者和志愿者在管控中有成就感，人民群众有获得感。

上海禁燃成功离不开对燃放危害的宣传，特别是对燃放造成空气质量下降，容易引发火灾的宣传，真正做到了家喻户晓，老少皆知。在所有社会管理知识的普及教育中，消防安全是做得最好的。消防安全进小区，消防安全进校园，消防安全进单位是社会管理全覆盖做得最好的三件事。

据消防部门对上海年度火灾发生情况的分析，居民住宅和小单位、小场所火灾居高不下。居民住宅火灾、死亡数、伤亡数和直接经济损失分别占总数的46%、68.6%、65%和23.9%。从每年火灾的发生数和死亡人数来看，住宅火灾都占了很大的比例，是火灾的重中之重。为此，加强家庭防火成为十分重要的一项工作。分析认为："三合一""群租房"火灾屡生祸端，用电用火不慎仍是火灾的主因。引起家庭电气火灾的主要有四种情况：

一是漏电火灾。所谓漏电，就是线路的某一个地方因为某种原因使电线的绝缘或支架材料的绝缘能力下降，导致电线与电线之间、导线与大地之间有一部分电流通过，这种现象就是漏电。

二是短路火灾。电气线路中的裸导线或绝缘导线的绝缘体破坏后，火线与火线，或火线与地线（包括接地从属于大地）在某一点碰到一起，引起电流突然大量增加，这就叫短路。

三是过负荷火灾。所谓过负荷是指当导线中通过的电流量超过了安全载荷流量时，导线的温度不断升高，这就叫导线过负荷。

四是接触电阻过大火灾。凡是导线与导线，导线与开关，熔断器、仪表、电气设备等连接的地方都有接头，在接头的接触面上形成的电阻称为接触电阻。

虽然新建商品房的电线分布一般都比较专业和安全，家庭使用的电器也都比较新，因用电不当引发的火灾与传统的判断有所变化，但仍然存在这方面的风险。当然，对于老式公房、简陋住宅，特别是一些群租房、城中村、工厂宿舍等用电不慎的情况普遍存在，仍然是大问题。在家庭防火中关注厨房间的煤气相对意识强一点，关注度高一点，对家庭使用的电器可能引发火灾的关注度就低很多，一般很少有人会在出远门旅游、访客、出差时有意识地把家里的一些电源插头拔掉以防止发生火灾的。也很少有人会去想家里电线是否老化、是否破损的问题。上海市消防局在消防宣传中列出一道家庭消防安全20个检查项目的小测试题，很有参考价值，测试内容包括：

1. 家中电线有无老化、破损现象。

2. 电气线路有无超负荷使用情况。

3. 电气线路上的插头、插座是否牢靠。

4. 家中所用保险丝是否有铜、铁丝代替现象。

5. 是否按使用说明书正确使用家用电器。

6. 家用电器出现故障后是否仍带病工作。

7. 照明灯具是否离可燃物太近。

8. 楼梯、走道、阳台是否存放易燃、可燃物。

9. 家中是否存放超过0.5公斤的汽油、酒精、香蕉水等易燃易爆物品。在使用汽油、香蕉水时是否远离明火、通风良好。

10. 是否在家从事易燃易爆物品生产、加工、经营活动。

11. 易燃物品是否远离火炉、燃气炉灶。

12. 炉灰在倾倒之前是否完全熄灭。

13. 是否使用汽油等易燃液体帮助生火。

14. 炉火与燃气炉灶是否同室使用。

15. 燃气管道安装是否牢固、软管是否老化。燃气管道、阀门处是否漏气。燃气炉灶处是否通风良好。

16. 家庭装修材料是否大多使用难燃、不燃材料。

17. 家中的废纸、书报是否经常清理。

18. 火柴、打火机等物品是否放在儿童不易取到的地方。

19. 在每日就寝前或离开住所前，是否拔掉电源开关，是否熄灭香烛等明火，是否关掉燃气炉灶的气源开关。

20. 家中是否配置了简易灭火器具。是否制定了火灾逃生预案。

如果说家庭防火面广量大，那么千千万万家单位防火则是点多量大。在社会防火中单位防火特别重要，因为它的公共安全特征更为明显，一旦发生火灾会造成更大的社会危害。天津港大火并引发大爆炸的案例就是如此。2015 年 8 月 12 日 23 时 30 分左右，天津市滨海新区天津港的瑞海公司危险品仓库发生火灾爆炸事故，造成 165 人遇难（其中参与救援处置的公安现役消防人员 24 人、天津港消防人员 75 人、公安民警 11 人，事故企业、周边企业员工和居民 55 人）、798 人受伤，304 幢建筑物、12428 辆汽车、7533 个集装箱受损。已核定的直接经济损失 68.66 亿元。经国务院事故调查组认定，这是一起特别重大生产安全责任事故。事故调查组查明，事故的直接原因是：瑞海公司危险品仓库运抵区南侧集装箱内硝化棉由于湿润剂散失出现局部干燥，在高温（天气）等因素的作用下加速分解放热，积热自燃引起相邻集装箱内的硝化棉和其他危险化学品长时间大面积燃烧，导致存放于运抵区的硝酸铵苯危险化学品发生爆炸。23 时 34 分 06 秒，事故现场发生了第一次大爆炸。距第一次爆炸点约 20 米处，有多个装有硝酸铵、硝酸钾苯氧化剂、易燃固体和腐蚀品集装箱，它们受到火焰蔓延的作用以及第一次爆炸冲击波影响，23 时 34 分 37 秒发生了第二次更剧烈的爆炸。据测算，本次事故中爆炸总能量约为 450 吨 TNT 当量。

对火灾中为什么有百余名消防官兵牺牲，调查组负责人说：一是事故企业违规超量储存易燃易爆、剧毒等危险化学品，远远超出设计上限。二是消防力量对事故企业储存的危险货物底数不清、情况不明，致使先期处置的一些措施针对性、有效性不强。三是爆炸发生前现场火势处于稳定燃烧状态，在毫无征兆的情况下，短时间内接连发生两次大爆炸，消防人员猝不及防。

调查组认定，天津交通、港口、海关、安监、规划和国土、市场和质检、海事、公安以及滨海新区环保、行政审批等部门单位，日常监管严重缺失；有些负责人和工作人员贪赃枉法、滥用职权。天津市委、市政府和滨海新区区委、区政府对有关部门、单位违反城市规划行为和在安全生产管理方面存在的问题失察失管。交通运输部作为港口危险货物监管主管部门，未按照法定职责对港口危险货物安全管理督促检查。海关总署督促指导天津海关工作不到位。有关中介及技术服务机构弄虚作假，违法违规进行安全审查、评价和验收等。

在“天津港火灾”发生后，公安机关对24名相关企业人员依法立案侦查并采取强制措施，检察机关对25名行政监察对象依法立案并采取刑事强制措施（其中正厅级2人、副厅级7人、处级16人）。事故调查组对123名责任人员提出处理意见。建议对74名责任人员给予党纪政纪处分，其中省部级5人、厅局级22人、县处级22人、科级及以下25人。

类似“11.15”火灾、“天津港火灾”等特别重大火灾的发生还是极少数，然而一些小火灾的发生也会产生极大的破坏力，在消防安全防范上公安消防战士特别关注一些看似不显眼却有极大隐患的小火灾苗子。有篇报道说在一家卖轮胎的商铺，店铺面积很小，却被充分利用，前半部分堆满各类汽车轮胎，后半部分则被分割成上下两处，上边搭起阁楼供店主一家住宿，下方则堆放各类杂物。通过狭小的木梯爬上阁楼，检查人员用手电筒一照发现，床垫边上放着明火灶具。消防人员说，在木头上放液化钢瓶，在满是橡胶制品的空间里生火做饭，万一发生火灾，后果不堪设想。为防止发生火灾，世博会期间我们对所有的危险品运输采取了十分严格的措施，对园区火灾发生的防范更是严上加严。世博会安保工作我负责社会面治安管理，其中有一项任务就是危险品运输管理。上海每天都有许多装载危险品的车辆进出，严管这些车辆是当时面上治安控制的重要任务，通过努力都管住了。为做好上海世博会社会面治安防范工作，我从有关部门了解到，上海共有5500多辆危险化学品运输车辆。根据国务院《危险化学品安全管理条例》的规定：公安机关负责危险化学品的公共安全管理，核发剧毒化学品购买许可证，剧毒化学品道路运输通行证，并负责危险化学品运输车辆的道路安全管理。为做好世博期间的危险品车辆管理，上海市公安局采取特别措施，所有进入上海的危险品车辆必须在入境道口接受检查并等待，等到当日世博会闭馆之后，由警方统一护送至货物到达点，卸货之后由警方统一安排带出上海道口。这样持续了近200天，确保了世博期间上海未发生一起危险品道路运输事故。据中国交通新闻网报道，从2015年9月10日起，起讫地一方在沪的危险化学品运输车辆，全部接入全国重点营运车辆联网联控平台。世博会期间，我们还对危险物品从生产、销售、储存、运输、使用及销毁的全过程实行实名登记管理。对此，我带相关民警检查了所有这些环节，检查管控落实情况。

记得，我带民警去南京路步行街检查一家刀剪商店，仔细翻阅刀具买卖进出账册，发现该店登记得很好。去化学品销售一条街，也同样看到实名登记执行得很好。我还去交管局通过大屏幕看当日危险品车辆运输的实时管控。世博会 184 天平安顺利举办，真的是全社会的共同努力。

消防宣传、家庭防火和社会单位防火讲的都是公共消防安全最为基础的问题，只有把这个环节真正抓好才能有全社会的消防安全保障。那么怎样提升这个保障呢？一是提升消防安全责任意识；二是提升最贴近身边的消防能力；三是提升救火的综合能力。抓这几条有的需要靠法律说话，也就是首先看法律的规定性，有的则要靠有关部门的积极作为，也就是能不能跨前一步，有的则需要大量的财力、物力的投入，需要举全社会之力。

"11.15" 火灾让人们反思，58 条人命中仅一个人倒在过道上，其余 57 人均倒在室内，这是为什么？一场大火从着火到整幢 28 层的大楼都燃烧起来只有 6 分钟，如此迅速地蔓延，这是为什么？火灾现场来了 1300 多名消防队员，100 多辆消防车还有举高消防车，但大火还是从下午两点半烧到晚上六点半才将明火完全扑灭，这是为什么？城市除了大楼救火难，还有那么长的地铁，那么多居民小区，那么多重点单位，消防安全工作究竟该如何加强？这些关乎千家万户的事该怎么来梳理？

二、把"消"做强靠"铁军"

"消与防" 两个都是关键点。在日常生活中，我们把消防放在一起，其实消与防应当分开理解，它们有各自不同的重点。消的关键在于打造一支铁军，防的关键在于全社会的行动，两者缺一不可。没有消，发生了火灾难以处理，没有防，火灾频发又有谁处理得过来。长期以来，老百姓更多的评价是消，看到的是火被扑灭了，扑得快不快，而很少讲这件事本来是不是可以防。

消防安全依靠消防部门这是对的，打造消防部队这支铁军，始终是解决消防问题的关键。目前，公安消防部队有两大职能，一是消防监督执法，二是应急救援。其中，公安消防部队更是国家应急救援的常备力量和主力军，在执行任务时有明显的优势。公安消防部队在承担国家综合应急救援任务上，具有四个方面的优势。

一是突出的体制优势。公安消防部队实行兵役制，常年枕戈待旦，24 小时执勤战备，1 分钟即可闻警出动，具有其他队伍无可比拟的快速反应能力。2013 年 10 月 28 日，天安门金水桥发生纵火事件，广场执勤消防官兵第一时间扑灭了大火，有效防止了事态恶化。

二是独特的布局优势。我国原有兵役制消防警力 17 万人，另外还有地方政府批准列编的多种形式消防队员与现役官兵按统一标准进行执勤作战。消防站的分布，与人口密度、所在地发生灾害的危险程度成正比，可随时开展救援行动。

三是明显的技术装备保障优势。现在公安消防部队已建成信息化、数字化的现代指挥体系、训练体系和战勤保障体系，建设了三级指挥平台，配备了先进的抢险救援、洗消、排烟、照明、举高等特种救援车辆和生命探测仪、搜救犬、热像仪、破拆、堵漏、防核、防生化等特种装备器材，应急救援技术装备已达到国际先进水平。

四是强大的战斗力优势。以消防队伍为主承担各类灾害事故的应急救援任务，是世界上大多数国家的通行做法。在消防部队中，因地制宜组建了一批高速公路、轨道交通、航空、地震、高层建筑、地下空间、石油化工、生化与核化等特勤支队、大队、中队、战斗班，配备特种装备，开展高强度专业训练，成为应急救援的拳头与尖兵。2008 年汶川地震后第一时间里，13434 名消防特勤官兵，以占全部救援人员总数 8% 的力量，取得搜救出 26% 生还者的战绩（要指出的是，这 26% 的生还者大多数是埋在瓦砾中的，要经复杂的搜索和挖掘，才能救出，这与震初建筑倒塌表层救出的人相比难度更大）。在此后历次地震救援中，消防特勤都是搜救埋压人员最多的专业级救援队伍。

消防铁军有自己的精气神。打造公安消防铁军，是全面提升部队战斗力的强劲之策。铁军必须要由铁的人员组成。这支队伍思想政治过硬，牢固树立当代革命军人核心价值观，忠诚履行职责使命，践行习近平总书记提出的“对党忠诚、服务人民、执法公正、纪律严明”的部队建设要求。这支队伍纪律作风过硬，用铁的纪律和严格的管理维护部队的稳定和集中统一、英勇顽强、赴汤蹈火、敢打必胜。这支队伍身体素质过硬，根据实战需要，从“严大火、打恶仗”的要求出发，扎实打造一支身体素质过硬的队伍。这支队伍科学文化素质过硬，培养了一批文化水平高，懂技术的“内行”，确保各类急难重任务的科学有效处置。

要打造新时期的消防铁军，就要在“敢打”和“必胜”两个方面下功夫。“敢打”，就是在面对火灾和应急救援时消防部队要有“亮剑”精神，面对灾害事故无所畏惧、勇敢直前、敢打敢拼。在精神上和气势上彻底压倒灾害。“必胜”，就是要凭借英勇奋战的战斗精神、精良的装备、充沛的体能和丰富的技能打赢每一次灭火救援的硬仗。2010 年 6 月 16 日 18 时 27 分，大连市消防支队接到火灾报警，辽宁省大连新港输油管道起火爆炸，经过 15 小时的救火终于将火扑灭。当记者事隔三天来到现场时，只见垮塌的输油管道东倒西歪，不少地方冒着白烟；燃烧后的 103 号储油罐犹如倒下的巨人，散开了架子；控制宝、变电所等建筑物已成残垣断壁，现场一片狼藉。记者说，不难想象，当时的场景是何等惨烈，4200 名消防官员和公安民警是怎样度过那 15 小时血与火、生与死的考验的。圆满处置后，公安部发来慰问信，称赞辽宁消防官兵、公安民警在面临严峻考验的危急时刻，闻警而动、争分夺秒、舍生忘死，经过 15 小时的艰苦奋斗成功将大火扑灭，创造了中国消防史上 10 万吨级油罐扑救时间最短的辉煌战绩，为保护国家财产和人民群众生命安全作出了重要贡献，以实际行动展现了打造公安消防铁军的显著成果。

消防安全是公共安全，应该由政府主导。这些年消防建设的发展也证明了这一点，正是有了政府的投入，推动办成了一件件实事，才使城市的消防安全能力得到很大提升。有资料反映，上海市政府连续多年将消防基础建设列为市政府实事工程。

2011 年上海市政府将“加强全民消防安全演练和消防知识普及”列为头条实事工程。上海市消防局会同民防、安监、房管、综治等部门，按照多层住宅、高层建筑、商住楼、老式居民楼等不同类型，分类制定了《全民消防安全疏散逃生演练分类导则及示范方案》，结合中小学安全周活动、“5.12”防火减灾日、“六一”儿童节等重要节点，指导督促各类学校开展安全消防教育和逃生疏散演练，组织消防参观体验和识险避险技能展示活动。

2012 年上海市政府实事工程中有“加强老旧高层住宅消防安全设施和增建居民小区消防水源”一项，并细化为 700 幢 20 年以上房龄高层住宅楼增配消防设施，完善高层建筑楼层标识；更新居民小区和老式公房周边缺损的1500个消防栓；在每个居民小区组织开展至少一次消防疏散演练。

2013年上海市政府结合消防安全"网络化"管理建筑要求，将为1000个社区（农村）消防工作站配备手抬机动消防泵等基础消防设备；完成4万名消防安全网络管理人员消防业务培训；在每个居民小区组织至少一次消防疏散演练列为年度消防实施项目，全面提升社区（农村）消防安全管理水平。

2014年上海市政府消防实施项目针对上海消防安全薄弱环节，着力解决老旧居民小区消防硬件设施滞后难题，开展了"为100个老旧小区实施消防安全专项改造，在全市每个小区组织开展至少一次消防疏散演练"，全力提升老旧居民小区抗御火灾的能力。

2015年继续加强居民小区消防安全，为100个居民小区实施老旧消防设施专项改造；为500幢15年以上房龄高层公房增配消防设施；在全市居民小区开展一次消防逃生疏散演练。

在上海市委、市政府领导下，上海消防能力建设得到很大发展，提升了消防工作应用信息化智能化技术发现预警火灾隐患的能力，实现了火灾起救和死亡人数连续四年下降。2016年火灾数、死亡人数比2013年分别下降50.6%、39.7%，在国务院消防工作评比中连续三年获得优秀。全市因烟花爆竹引发火灾数为零，烟花爆竹致伤数为零。

仅有铁军这一支队伍要全面管控好消防安全远远不够，必须依托社会力量。拓展消防安全社会化空间是社会主义市场经济条件下实现消防安全更大发展的重要环节，也是国外一条有益经验。《中国应急救援》2010年第1期上的一篇《国外消防：志愿消防力量功不可没》，介绍了德国的消防志愿者。文章说：德国的志愿消防制度有200多年的历史，已经比较完善。德国法律规定，身体健康、品行良好、有献身精神的德国公民可以申请成为志愿消防员。人口在十万人以上的市、镇建立职业消防站，人口五万至十万人的建立以职业消防员为中心、志愿消防员参加的消防站，人口五万人以下的建志愿消防站。目前，德国共有1485个志愿消防站，140万名志愿消防队员。志愿消防站归当地政府领导，经费由政府拨给。志愿消防站采取轮流值班制，一般的消防站每班有三至四个人值班，主要负责日常的设备维护、接警、调派等工作。一旦有火警，调度中心即通过无线寻呼或电话召集其他志愿消防员。消防员无论在做什么，都必须立即放下手里的工作赶赴消防站，按照平时的分工投入灭火救援工作。志愿消防员是兼职的，完全自愿无偿地在消防站从事灭火救援工作。

如何拓展社会化消防空间呢？大约有几个方面可探索，一是用“民筹公助”的方式提高基层基础消防治理能力；二是发挥社会中介组织的作用，为政府接盘；三是引进保险机制发挥经济杠杆作用；四是建立消防社会体系，提高社会责任感和服从感。

消防安全公民自治是个新课题，我在一个县消防中队看到这个中队的实际消防力量配置与他们承担的消防职责范围之间突出的矛盾。这个县下辖12个镇，3个乡，常住人口84万人，全县面积近4千平方公里，横长155公里，直长140公里，消防配置为一个中队。我看了中队的营房，里面停了四辆消防车，基本配置齐全。中队参谋对我说，这些年政府投入很大，上级考核也很严格，所以硬件有很大提高。但县的地域面积太大，一旦发生火灾，我们驱车赶过去费时太长，对救火极为不利。如果能把中队管辖面积再划小一点，就更好了。其实，这么大的范围内发生的火灾靠专门力量救援是难以实现的，只能靠火灾发生地的自救能力。这也从一个侧面告诉我们消防自治的重要性。消防自治不仅是能力提高，这是技术层面、硬件层面的提高，更重要的社会意义在于体现公民消防意识的提高。打造自身消防能力有个经济支出的问题，在政府不能完全承担或者目前还不能解决的情况下，由公民自治解决是一条重要的渠道，当一定范围内由老百姓自己掏钱办消防，他们就会越来越关注实际使用的效率。而老百姓愿意掏钱这件事本身体现了公民的消防自治意识，或者说是一种觉悟的体现。公民自治消防不仅是出多少钱的问题，还有制度层面的保障和硬件便利问题。常见的例子如小区居民拼车出行上班，一旦发生了事故，那么损害赔偿怎么解决？我在社区调研时遇到一个问题，那就是社区自聘消防安全员的法定职责问题，消防队员遇有火警必须冲上去，不可逃避，这是法定职责。但自聘队员是否也应该承担这样的法律责任？一旦出现自聘消防队员遇有重大火灾不敢冲上去救火，出现玩忽职守情况时怎么处理，除了解聘好像也没更好的处罚措施。我想，这与提升公民消防自治能力是有矛盾但不是根本冲突，因为真遇到大火冲上去的还是专业消防队员，自聘消防队员更多的是第一时间的自救作用。当然，对自聘消防队员要不断进行能力提高的训练和社会责任教育，使其在关键时刻发挥作用。

三、把“防”做实靠社会

怎样将“防”的基础做实是一道难题。基础是做好一切工作的保证，基础不牢地动山摇，没有基础的响应，没有基础实实在在地动起来要把消防安全做实做到位是很难想象的。上海的社区建设一直有着扎实的基础，是这座城市有别于其他城市的一个十分重要的特点。在推进社区管理的过程中，各行各业都在努力将自己的工作触角延伸到社区。就公安工作而言，已经将消防工作落到基层派出所。

上海市公安局出台的《上海公安机关社区民警工作规划（试行）》中有一条，即社区民警在维护治安秩序方面要“会同专（兼）职消防民警，经常性地开展消防安全检查，及时发现问题并督促整改，针对性地落实各项防范措施”。也就是说派出所专职消防民警要与社区民警相配合，共同承担社区消防安全防范工作。《上海市公安派出所消防监督工作规定》是这样规定的：公安派出所应对辖区内居（村）民委员会、居民住宅区物业服务企业等遵守消防法律法规、履行消防安全职责的情况进行监督检查，组织开展消防立法教育培训，协助街道办事处、乡（镇）人民政府做好消防工作。将消防监督工作纳入辖区安全管理体系和公安日常工作范围，使消防监督工作与其他安全管理工作相互协调、相互促进。从消防安全的具体检查督促工作内容看，公安派出所的消防专管民警和社区民警应着重对安全疏散设施、防火分隔设施、灭火器、室内外消防栓、火灾自动报警系统、自动喷水灭火系统等消防设施，以及电器线路、用电设备及配电间等重点部位实施检查，及时发现火灾隐患，纠正违反消防法律法规的行为，责令整改火灾隐患，预防和减少火灾发生。对单位的检查主要是检查中小型旅馆、饭店、特殊人群场所、小型娱乐休闲场所、劳动密集型企业、废旧物资回收站、木材堆场、改变使用性质建筑、“三小”单位、租赁式公寓、在建工程等。在“11.15”火灾后续问责处理中，属地派出所一位所长被依法问责，就是因为派出所负有属地社区消防安全监管责任。虽然工作要求已经提出，但做实消防基础工作任重道远。尤其是要着力解决三个问题。

一是职责纳入。也就是要将消防安全工作真正纳入街镇、社区、农村的综合管理和联动联勤职责。社区综合管理走过了一段多头管理、分头管理的路，在提高社会治理能力的大背景下，正在用创新专业管理队伍、政府购买服务、广泛动员社会力量等方式开展各类社会管理，这是目前正在探索的一条新路。从 2015 年开始，上海市政府整合基层设立的各类队伍，把各种采用政府购买服务方式组建的协管员队伍整合到一起，形成一支队伍，更多地实现综合管理效能。在探索社会管理的过程中各区县还积极探索大联动模式，设立专门的机构负责地区联动联勤指挥，取得了很好的效果。对加强社区消防安全管理这一环节的社会管理来说，当前十分重要的一点就是将其真正纳入综合管理和联动联勤之中，在制度、机制上有更加刚性的工作要求。

二是靠前管理。消防安全管理问题从表象来看，一旦发生便立刻产生危害，因此预防十分重要，要更加突出防患于未然。这就需要将工作的着力点更多地放在“防”字上。为此，必须要靠前宣传，利用社区一切宣传方式积极宣传消防安全。重大活动安全保卫时我们见到许多活跃在马路上的红袖章，而日常的红袖章正是每天在小区里摇铃的那些老伯伯老大妈，他们边走边摇铃边招呼邻居们：关好门窗，关好煤气，防火防盗。虽然，社区红袖章每天重复同样的话，但邻里乡亲每次听到都会有那么一点警觉，会自觉地看看煤气，关关门窗。靠前宣传要找到抓手，既要用好每年的消防安全活动日，用好政府实事中提出的消防演练活动，也要用好日常宣传。必须要靠前巡查。小区物业有一项每天每岗每时段的巡更制度，要把消防安全防范纳入巡查事项中。特别是对那些易燃点的防范更要做到每巡必查，除了小区物业是最靠前最可靠的力量之外，靠前巡查还要依靠小区的其他力量，比如消防协管员、消防志愿者、楼组长等，把这些力量都动员起来，他们对身边的消防隐患是最感同身受的，要让小区所有的力量都能自觉地查找火灾隐患问题。必须要坚持常抓。要着重解决消防安全参与度和管事率低下的问题，严防基层消防管理空心化。这里所讲的常字包括：常抓、常训、常管、常宣、常考。

消防宣传是消防安全管理中最前置的环节，这是由宣传的特性所决定的。宣传最具前置性，它总是实现在事件发生之前；宣传最具广泛性，它可以实现宣传对象的全覆盖；宣传最具专业性，它可以把宣传内容的关键点实现出来；宣传最具实用性，它可以用各种喜闻乐见的方式让群众接受。因此，我们仍然应该花大力气把宣传工作做实。所谓做实宣传，一是提升宣传的覆盖率；二是提升宣传的针对性；三是提升宣传的适时性。

如果要问哪些人要管消防安全，哪些单位要加强消防安全，那么这道题本身就错。我们说全社会都要知晓消防安全，无差别地加强消防安全教育，都要重视消防安全，落实消防安全措施，也就是说消防安全宣传必须全覆盖，要让全社会都知晓。我们说消防安全要从娃娃抓起，要让消防安全进课堂，让各个年级的学生都不间断地接受消防安全宣传教育，让他们从小就知道尊重生命、呵护安全的重要性；从小就知道防止和消除火灾安全隐患的重要性；从小就知道降低火灾危险的自救他救措施的重要性。我们说消防安全防范特别关乎的人群是居家老人，老人们的自救能力差，自我防范意识差，这就决定了他们身边更容易发生火灾事故。上海发生的火灾统计数字告诉我们，老年人群体往往是火灾发生的高发人群，也是火灾的受害人群。我们可以考虑将社区重点人中的老年人群体作为重点加强消防能力的方面。

《人民公安报》2017年4月22日报道，江苏省泰州市姜堰区公安局积极回应民生需求，依托自主研发的公共安全监管信息平台，构建起“宣传+排查+整改”孤寡老人“安全管理模式”，对全区2474名孤寡老人实行动态化管理，确保他们平安享受晚年生活。2016年2月16日凌晨，位于姜堰区罗塘街道太中新村75号的房屋发生火灾，88岁的孤寡老人陶大爷被烧死。经公安消防部门现场勘查，是一起孤寡老人因电热毯使用不当而引发的火灾事故。“如何把全区的孤寡老人纳入公安消防的日常安全监管，有的放矢开展消防安全管理工作是我们研究和解决的重点课题。”姜堰区公安局副政委赵林介绍。经初步调查发现，全区2474名孤寡老人中有1841名分散独居在308个行政村和居委会，633名集中居住在全区19家养老机构。姜堰区公安局依托公共安全监管信息平台，专门开设了“五保老人”安全监管模块，对全区2474名孤寡老人全部建立电子台账，家庭情况、居住状况、老人及邻居的联系方法等一目了然。2017年年初，姜堰区公安局指挥中心通过公共安全监管信息平台向全区各派出所发出一份《关于加强对五保老人住所消防安全检查的指令》，要求社区民警主动深入社区村组五保老人家中，开展冬季防火常识宣传，督促提醒村组干部、亲属邻居帮助做好隐患排查整改工作。同时，由消防部门牵头，针对孤寡老人聚集的养老机构及敬老院开展消防安全检查，重点检查电器线路铺设是否规范、用火用电用气是否符合要求等，提醒老年人改正卧床吸烟、长时间开启电热毯等不良生活习惯。

近年来，公安部消防局全力推进消防信息化工作，全面开展信息化建设与应用，初步形成了全面、全员、全程利用信息化系统的新格局，有效提升了火灾防控、灭火救援和部队管理的能力和水平。在打造“智慧消防”、建设大数据消防业务管理平台、运用大数据实现精准防控火灾等方面提供了可供借鉴的经验。我国消防信息化建设，大致分为三个阶段。一是“十一五”统一规划建设阶段。搭建了“三横三纵”的消防信息化总体技术架构（即基础设施、支撑平台和运用系统三个横向层次为主体，标准规范、安全保障和运维保障三个纵向体系为支撑，与公安“十三五”总体的技术架构相一致）。建成了消防指挥调度网、消防卫星通信专网，部局、总队、支队、大（中）队四级实现了100%接入和全国联网，各级指挥中心和信息中心全部投入运行。建成了两大基础平台，在部局、总队建设两级基础数据平台和公共服务平台，通过“七个统一”，即统一数据资源、统一工作门户、统一身份认证、统一权限管理、统一服务管理、统一信息交换、统一地理支撑，实现了消防部队内部的数据统一和跨部门的资源共享。二是推进全面应用阶段。“十二五”坚持业务主导，将基础信息化与业务工作紧密结合，不断升级完善系统功能，有力推进了业务系统的全面、全员、全程应用，网上办公、网上执法、网上调度、网上查询、网上统计、网上好评已成为新常态，目前系统已积累基础信息350类。推动支队级以上单位建立应用通信保障分队，配备专兼人员，初步形成了专业的应急通信保障队。三是优化拓展阶段。“十三五”围绕新技术、新需求，确定了创新社会消防安全治理与服务、推进移动警务应用、健全应急通信体系、优化系统架构、完善硬件设施、拓展基础网络、完善业务功能和基础数据库、健全技术保障体系8个主要方面，29项重点建设。全国280余个“智慧城市”，已有217个将“智慧消防”纳入其中，35个直辖市、省会市和计划单列市已建成消防安全的远程监控系统，

2339个县（市、区、旗）将消防安全网格化管理纳入综治服务平台。

消防安全的重中之重在于涉火单位，社会行业千差万别，社会单位千家万家，虽然每个行业每家单位都有消防安全问题，但重中之重是那些直接用火的单位，包括那些容易引发火灾的单位。我们去吃火锅时对脚底下放着的煤气灶总会有一些担心，担心它会不会爆炸危及生命。我去检查过上海烟花爆竹的集散地仓库，这是一家一级烟花爆竹仓库，市场上正常渠道的烟花爆竹都从这家企业中批发出去，它的消防安全可谓重中之重，我在那看到了十分严格的管理措施。

提升宣传的针对性是任何宣传必须考虑的问题，消防安全宣传的针对性在哪里，我认为除了前面所讲的对象的针对性外，还在于宣传内容的选择，在于宣传是为了克服存在的问题。上海消防最大的问题在于城市快速发展伴生的消防安全条件的差异性，一方面快速发展带来了大交通消防安全，高楼大厦的消防安全、重大活动的消防安全等具有特大城市特点的消防问题；另一方面是城市消防安全留下的历史矛盾和发展初期形成的一些消防隐患。这就要求对不同情况的消防安全进行有针对性的宣传，而不是一概而论地讲消防安全。从上海“11.15”火灾死亡人员的情况看，有一点十分突出，就是大楼火灾的自救方式宣传。我在现场指挥处置时从内心感到一种宽慰，那就是幸亏那天的风向帮忙，刮的是东风，没刮西风，要不然很有可能“火烧连营”，引燃相邻的两幢楼。过去，我们一直担心老城厢火灾，其实最担心的正是“火烧连营”灾害。很显然，老城厢的消防宣传与新大楼的消防宣传在防火防灾自救他救的宣传内容上是不一样的。在庞大的地下交通没有形成之前我们没有考虑过它的消防问题，现在这个问题变得十分突出，每天有上千万人次的流动，最害怕的就是消防安全，必须做到零发生。而要做到这一点，除了职能部门要尽心尽职外，全体市民的消防安全意识、知识、行为是十分重要的，更是日常安全的保证，而这方面宣传远远不够。有了市民良好的地下大交通消防安全意识，职能部门的安全措施才能落地，才能得到市民的支持。

提升宣传的适时性讲的是不同发展阶段有不同的消防安全宣传要求，比如说先发展后治理认识在许多发展阶段不同行业、不同单位都会不同程度地存在，这就要根据不同的发展阶段可能出现的认识问题，以及操作中的不足之处作为宣传的重点。其实，这也是消防执法部门重点关注必须认真履职的方面。有一个重要的工作环节就是将宣传寓于管理中，根据消防法的规定，消防部门承担了一定的前置审批职责，承担着社会单位合格营业的审批职责，这些关口能否把控好对火灾事故的发生至关重要，在日常工作中这种监管行为往往也是矛盾焦点。建设单位会讨价还价，不愿接受最严格的监管，怎样才能让建设单位接受消防严管，重要的抓手就是宣传，要通过有效的宣传让管理对象理解支持职能部门的职责行为。上海农产品中心批发市场是上海市政府菜篮子重点工程，占地面积 15 公顷，建筑面积近 5 万平方米。仅以肉类交易为例，日交易量 4000 头猪肉，高峰时达 7000 余头。在市场交易大棚的梁上挂着这样几条横幅：身上起火莫乱跑，脱衣打滚压火苗。大火都由小火起，快灭小火莫迟疑。车内着火砸车窗，有序逃离不要慌。火灾事故不难防，重在安全守规章。消防车道禁停车，影响救火要追责。发现火警赶快报，讲清地点门牌号。这些横幅读来上口，好记好背，非常适合这些外来人员聚集的场所。在市场的宿舍里我还看到这样一个宣传栏，叫消防安全三提示：提示一，您已进入公共聚集场所，这里聚集人员较多，请您注意消防安全。提示二，请您留意场所的逃生通道，安全出口具体位置，如遇火灾，请您按照疏散指示标志和消防应急广播以及在现场工作人员的引导下正确、快速、有序地疏散和自救。提示三，请留意灭火器、消火栓、逃生设备的放置位置和使用方法，如遇火灾请正确使用，确保安全。

四、消防责任靠法治

2016 年 10 月 26 日，上海市政协举行十二届三十次常务会议，将城市安全列为协商议政的内容之一，审议会上有一个专题分析报告说：作为一个城市管理者，在安全面前不能有丝毫懈怠。上海拥有良好的法制环境和安全环境，构建了高标准、广覆盖、全天候的公共安全体系，成为世界上刑事案件和火灾等公共安全事故发生率最低、最安全的城市之一。但是，我们也应清醒地认识到，在经过一段时间的高速度、大规模建设发展之后，上海已进入风险凸显期和多发期，城市运行依然面临着层出不穷的严峻挑战。中国的城市化步入“建管并举、管理为先”的转型期。就上海而言，体量巨大的高层建筑防火、超大客流量的轨道交通、危化物品生产储存运输销售使用等传统风险依然突出；共享单车、网约车、互联网理财等新经济、新产业、新业态模式下的新型社会风险也开始萌生。而我们的城市管理者们大多没有做好迎接风险社会的准备，风险意识欠缺，管理上依然奉行以“事件为中心”的应急模式，造成有时本可“花小钱消险”的工作变成了“花大钱救灾”的事件。社会公众对于风险的认知程度较低，风险防控的参与意识不强，自发自觉地发现、报告风险的能力尚未形成。上海针对超高层消防技术和装备在研究上都有布局，但尚未形成适合推广的技术体系；再如，与地下空间和地下管网的快速开发建设相比，其风险评估和风险防控的技术相对滞后；部分公共安全基础设施设防标准偏低，各行业风险监测管理标准不统一不规范，也增加了城市运行安全管理的难度。目前来看，城市的风险管控机制尚不完善，城市风险具有系统性、复杂性、突发性、连锁性等特点，风险防控需要跨系统、跨行业、跨部门的专业合作与统筹协调。但我们的工作依然存在各自为阵、条块分割等碎片化、单方化的问题，如危险品的存储运输，既涉及产业政策，又涉及土地规划，既关系安全生产，也关系交通管理，政府部门和相关运营企业，应当属于一个管理体系中不同的管控环节，环环相扣，才能排除安全隐患。此外，针对涉及政府、企业和公众间跨行业、多主体的风险源，缺乏有效的激励机制整合市场化治理力量。管理能力，市场化的治理能力不强，管理工作仍限于政府内部流转，各方社会组织和市场参与度不高，参与途径不明确。城市始终处在建设更新的过程中，其多重因素之间或协作或冲突的相互作用，会使城市社会的发展变化异常复杂并相应地面临各种阶段性的风险。城市风险客观存在，具有不确定性，但却可以预测。我们发现一个铁的规律，除了不可避免的自然灾害，几乎所有的风险都是可预防、可控制的，关键在于是否有足够的风险意识。要将工作思路，从应急管理转向风险管理，工作重心从单纯的“事后应急”转向“事前预警、事中防控”。为此要搭建综合预警平台，构建集风险管理规划、识别、分析、应对、监测和控制于一体的全生命周期的风险评估系统，在统一规范的标准基础上，加强各行业与政府间的安全数据库建设，整合各领域已建风险预警系统，构建覆盖全面、反应灵敏、能级较高的风险预警信息网络，形成城市运行风险预警指数及时发布机制；要健全综合管理平台，在风险综合预警平台基础上，强化城市管理各相关部门的风险，完善城市管理各部门内部运行的风险控制机制。建立跨行业、跨部门、跨职能的“互联网 +”风险管理大平台，并以平台为核心引导相关职能部门和运营企业进行常态化的风险管理。要实现风险的精细化管理，完善城市风险源发现机制，通过社会参与途径多元化，结合移动互联等时代背景，应对城市风险动态化带来的管制难点。促进低影响开发、智能物联网、人工智能等先进技术的推广应用，形成系统的、试用的“互联网 +”风险防控成套技术体系，提升各领域的安全标准，建立统一规范的风险防控标准体系，为综合风险管理奠定基础。

我在一个消防中队调研时，座谈会上消防支队长讲的最激动的就是消防责任问题。他说：消防安全工作难做的最大感触就是消防部门到底负多大的责任，防火的责任有多大？一起火灾发生之后，在研究追责的时候我就在思考，防火干部尽多大的责任才不会被追责。消防总队一直讲消防支队要向属地政府进行火灾隐患报告，提请火灾隐患、重大火灾隐患防范处理报告。消防部门是政府的职能部门，消防责任的主体应该在各级政府。防范消除重大火灾隐患应该主要是乡镇政府的属地责任，而不是消防支队。所以我们总是一再推动镇政府查找隐患，再向区政府报告，这就是政府一级对一级的责任，最后通过推动三个相关副区长开会研究火灾隐患的整治。消防部门在防火检查中又承担什么样的责任？检查火灾隐患应该是单位的事，单位应该负消防检查主体责任，不要把检查火灾隐患作为政绩，这本来就是分内的责任。现在消防部门要回答一年检查多少火灾隐患，整治多少火灾隐患，法律明确规定主体责任是单位，消防是监督部门，单位没有尽到消防责任的应该用什么样的方式去处罚，以及怎么执法是主要的手段，而不是把精力放在查隐患的第一责任人上。

把该管的消防隐患交给责任单位自己管，不是依赖公安消防去管，这是每个法人的责任。其他相关政府职能部门的共同努力也很重要，遇到灾害大家都朝后站，就是说法律没有归位，责任没有归位。比如，安监是监管危险化学品的，想处理好危险化学品，留下的东西交给谁都交不出去，没人接手，责任在哪里？责任是要确定的、要担当的、要强化的。讲消防责任，首先讲法定责任。《消防法》有关责任问题有这样一些规定：

第2条：消防工作贯彻预防为主，防消结合的方针，按照政府统一领导，部门依法监督，单位全面负责，公民积极参与的原则，实行消防安全责任制，建立健全社会化的消防工作网络。

第3条第1款：国务院领导全国的消防工作。地方各级政府负责本行政区内的消防工作。

第16条：机关、团体、企业、事业等单位应当履行下列消防安全职责：（一）落实消防安全责任制，制定本单位的消防安全制度、消防安全操作规程，制定灭火和应急疏散预案；（二）按照国家标准、行业标准配置消防设施、器材，设置消防安全标志，并定期组织检验、维修，确保完好有效；（三）对建筑消防设施每年至少进行一次全面检测，确保完好有效，检测记录应当完整准确，存档备查；（四）保障疏散通道、安全出口、消防车通道畅通，保障防火防烟分区、防火间距符合消防技术标准；（五）组织防火检查，及时消除火灾隐患；（六）组织进行有针对性的消防演练；（七）法律法规规定的其他消防安全职责。

第17条第2款：消防安全重点单位除应当履行本法第16条规定的职责外，还应当履行下列消防安全职责：（一）确定消防安全管理人，组织实施本单位的消防安全管理工作；（二）建立消防档案，确定消防安全重点部位，设置防火标志，实行严格管理；（三）实行每日防火巡查，并建立巡查记录；（四）对职工进行岗前消防安全培训，定期组织消防安全培训和消防演练。

所有这些条款都是关于消防责任的规定，既包括了基本原则、总体责任、职能部门责任，也包括了各相关部门与单位的具体责任。它的责任划分可归纳为：政府统一领导，即国务院领导全国的消防工作，地方各级政府负责本行政区域的消防工作。职能部门监督管理实施责任，这个职能部门就是公安机关的消防机构。纵观消防法的有关规定可以看出，有关消防责任的法律设定是全方位的，除政府责任外，还包括了企业责任、居村委责任等，这样的规定告诉我们，政府责任是主要责任，各企业单位和居民社区都负有消防安全的责任。而落实消防责任的一个很重要的方面就是提升消防能力。

2016年1月5日发生在宁夏银川的公交车纵火案就是一起典型的责任不到位的严重案件。2016年1月5日，宁夏银川公交车发生一起纵火案夺走了17条无辜的生命，纵火者当天被公安机关抓获。这件事情引起了人们对安全责任的讨论。在此之前的2015年10月22日，中央15个部门决定，在全国范围内，集中开展危爆物品、寄递物流的清理整顿和矛盾排查活动，坚决整治影响公共安全和社会稳定的各类风险。而银川公交车的纵火案恰恰发生在这一专项活动期间，可见矛盾纠纷的排查化解机制和这一次的专项行动并没有得到真正的落实。案件暴露出对重点人、重点场所、重点物品的管理责任没有落实，公交车的人防、物防、技防没有到位。关于公交车的安防措施，公安部在2014年7月召开过全国视频会议，要求在重要地段的公交车上配备安全员，协助司售人员维护好秩序，但是这项要求没有落实。再一个就是物防和技防，在这次事件当中，有乘客回忆火刚从车厢后面着起来的时候，大家都往前门跑，要司机快开门，“过了几秒钟，车门开了，一堆人都挤着往下冲去”。群众的安全防范意识和自救处置能力，怎么来提高？有乘客反映，“车辆从始发站开出不久，车上就有人闻到类似汽油的怪味，但大家都没有注意，大概过了四五站路的距离，火着了起来”。有乘客回忆，事发时她正沉浸在音乐当中，对周围的事情警觉不高，突然听到有人说“干什么”，她再一看车厢里已经弥漫了火焰和黑烟。总之，通过对这起悲剧各个环节的检视，不难看出，各项措施都没有很好地落实到位，如果落实到位，这件事情本可以避免。国务院办公厅印发的《消防安全责任制实施办法》，对消防安全责任制的实施作出全面、具体规定，进一步明确消防安全责任，要求建立完善消防安全责任体系，坚决预防和遏制重特大火灾事故发生。办法细化了公安、教育、人力资源和社会保障等13个具有行政审批职能的部门以及发展改革、科技、工业和信息化等25个具有行政管理或公共服务职能的部门的消防安全职责。办法明确，地方各级人民政府和有关部门不依法履行职责，在涉及消防安全行政审批，公共消防设施建设，重大火灾隐患整改，消防力量发展等方面工作不力、失职渎职的，依法依规追究有关人员责任，涉嫌犯罪的，移送司法机关处理；因消防安全责任不落实发生一般及以上火灾事故的，依法依规追究单位直接责任人、法定代表人、主要负责人或实际控制人的责任，涉嫌犯罪的，移送司法机关处理。

提升贴近身边的消防能力是个大概念，它可以指特定的活动场所，包括住家、经营单位，也可以指一旦发生火灾如何以最快的速度实现火灾救助。2016 年 8 月 4 日的文汇报有一篇报道《申城将建上万个微型消防站》，报道说："微型消防站是划定的最小灭火单元，一般由若干名队员，也可由治安联勤队员兼职担任，分三班 24 小时值班，站内配备电动三轮车和手枪泵、空气呼吸器等设备，依托消防安全网格化管理平台和体系，发挥治安联防、保安巡防等群防群治队伍作用。一旦预警，微型消防站能够第一时间掌握火警信息，第一时间抵达现场，迅速核实火情，启动灭火处置程序，控制初期火灾。"我在社区微型消防站墙上看到两条信息：一条是微型消防站岗位职责，另一条是微型消防站防火检查制度。岗位职责：

第一，微型消防站职责：1. 宣传消防安全知识，提高群众自防自救能力，协助做好消防工作；2. 开展防火巡查，报告火灾隐患，提出整改意见和建议；3. 制定防护区域灭火预案，定期开展演练；4. 扑救初起火灾，协助保护火灾现场；5. 依法应当履行的其他职责。

第二，微型消防站队长应履行以下职责：1. 组织指挥初起火灾扑救和应急救援；2. 组织制定执勤、管理制度，掌握人员和装备情况，组织开展灭火救援业务训练，落实安全措施；3. 组织熟悉所在单位的道路、水源和单位情况以及灭火救援预案，掌握常见火灾及其他灾害事故的种类、特点及处置对策，组织建立业务资料档案；4. 组织开展防火巡查、消防宣传教育；5. 及时报告工作中的重要情况。

第三，站点消防员应履行以下职责：1. 根据职责分工，完成初起火灾扑救和应急救援任务；2. 掌握所在单位的道路、水源、单位情况和常见火灾及其他灾害事故的处置程序及行为要求，熟悉灭火救援预案；3. 保持个人防护设备和负责保养装备能够完整好用，掌握装备的性能和操作使用方法。

微型消防站防火检查制度，有七条规定：1. 防火检查人员由站内队长和队员担任。2. 微型消防站每月至少对区域内的单位开展一次消防安全检查。3. 防火检查由队长对辖区的消防安全状况、安全操作执行情况进行检查。4. 防火检查人员应当及时纠正违章行为，妥善处置火灾隐患。无法处置时，应当立即报告。5. 发现初起火灾应当立即报警，并及时扑救。6. 防火检查应填写检查记录，检查人员应当在检查记录上签名。7. 发现站内存在火灾隐患应及时填写火灾隐患整改提示告知责任单位。

在小区，在重点消防单位设立微型消防站，第一时间出动救火的意义不仅在于可以减少火灾损失，更重要的是可以起到发布火灾警报的作用，使火灾发生地的各个方面尽早知晓，大家一起发动自救或互救，采取各种有效措施减少火灾造成的损失。2017 年 3 月 17 日，上海天钥桥路徐汇苑小区某楼装修工人的一个小小烟蒂引发一起火灾，所幸被小区义务消防队及时发现，出动小区配备的微型消防车，很快将火扑灭。据了解，徐汇苑的物业管理方在 2012 年就专门设立了微型消防站，成立义务消防队。队员由一名消防退伍兵带队，24 名保安队员组成，这些业余消防队员平时穿着保安制服为住户提供安全保障，一旦突发火情，他们在第一时间穿上防护服冲进火场。居民对小区义务消防队的神勇表现赞不绝口。

据《厦门消防》2017 年 6 月 6 日报道，厦门市举行社区微型消防站比武竞赛，来自全市 40 个微型消防站的 240 名队员代表各区参加比赛。目前，厦门市已 100% 完成社区微型消防站建设任务。赛场上，选手们精神饱满、斗志高昂、奋勇争先，赛出了水平，赛出了风格，充分展现了队伍良好的精神风采和过硬的业务技能。厦门市领导对社区微型消防站提出如下要求：一要完善运作机制。把微型消防站打造成百姓信得过、靠得住的防火灭火第一道防线。二要加强技能培训。充分发挥微型消防站“打早、打小、三分钟现场、五分钟灭火”的目标。三要强化防消结合。把微型消防站打造成厦门百姓身边的消防站、社区身边的灭火队，以网络小平安确保全市大平安。

我曾到中国最高的建筑——上海中心去看了大楼里的消防中心。根据特大建筑体的消防安全要求，上海中心自建了一支具有一定规模的消防队伍。城市消防安全要整治全覆盖，建设全覆盖，社会动员全覆盖。然而，城市的大消防格局还没真正形成，这里说没形成并不是说法律架构没形成，而是说还没真正落实并健全消防格局中各方的消防职责。消防中队的同志反应最强烈的是责任问题，说明基层的消防职责还没真正落实。在消与防这对关系上，“消”的能力建设作为硬件建设容易看到成效，而“防”的建设作为软件建设很难看到直接的成效。用专门部门的说法就是要让消防安全抓在手上。有这样一句谚语，再大的烙饼也大不过烙它的锅。这句话的哲理是，你可以烙出大饼来，但你烙出的饼再大，也得受烙它的锅的限制。我们所希望的未来就像这张大饼，是否能烙出满意的大饼，取决于烙它的锅，这就是所谓的格局。用在这里，不难看出消防格局的大小决定了实际消防能力的大小，只有把包括各种职责在内各种能力在内各种行为联动在内的大格局建设好，社会消防能力才能真正提高和实现。

每个城市在自身发展条件下都有制约消防安全的瓶颈问题，也就是消防安全防范的难点重点。做好消防安全工作必须寻找并集中治理这些瓶颈问题，才能更好防范火灾的发生。有几个关键点需要特别注意：一是重大建设项目；二是特定场所；三是末端治理。

重大建设项目包含面很广，有国家级的，也有地方级的。国家级的一般指列入国家重点投资计划，投资额巨大，建设周期特别长，由中央政府全部投资或者参与投资的工程。地方重大工程指地方建设的工程，主要包括：房屋建筑工程小区；单体建筑面积一万平方米以上的建筑；投资一亿元以上的项目；一些易燃易爆的建设场所；人员密集的建设场所等。在城市的发展过程中这种重大项目越来越多，随着其体量的扩张，人员的高度聚集，各种消防重点材料堆集等，势必造成区别于小体量项目更多的消防难点。

所谓特定场所的消防安全是指那些人员集聚有着特殊性的场所，包括医院、养老院、公共娱乐场所。2015 年 5 月 25 日 20 时许，河南省鲁山县城西琴台办事处三里河村一老年康复中心发生火灾，致 38 人死亡，4 人轻伤，2 人重伤。据了解，火灾因线路老化引起，最后烧到养老院后院的彩钢房，起火时有几十位行动不便的老人被困屋内。在事后的分析中提到：一是经营者缺乏法制意识，逃避监管，内部条件不配套，消防设施不到位，安全疏散不达标；二是员工消防安全技能差，未经过消防疏散演练，火灾发生时手足无措，自救无门；三是存放大量可燃物，家具，被褥，衣物，窗帘都是可燃物，还用易燃材料分割房间；四是火灾隐患集中，生火做饭，蚊香驱虫，蜡烛照明，卧床吸烟，乱拉乱接电气线，电器质量伪劣，用电超负荷；五是老人多自理能力差，不能自我控制火灾隐患，一旦发生又不能在第一时间控制，小火变大灾。火灾发生后公安部消防局发出通知，要求有针对性地进行消防安全检查，特别提到：加强用火、用电管理，严格落实巡查，消除隐患。特别是要针对老弱病残幼人员自救和逃生能力差的实际，配好报警和疏散逃生措施。

所谓末端治理讲的还是基层消防问题，特别是以小区消防安全管理为重点的治理。通过政府的多年努力，这几年城市消防始终把重点放在社区、放在居民聚集的地区，城市末端的消防安全建设有了很大的提升，小区消防演练，小区微型消防站建设都有明显的提升。

2015 年 2 月 22 日《文汇报》的一篇报道：迪拜应对高楼火灾有绝招。位于阿联酋迪拜的玛丽娜火炬居民公寓楼在 21 日凌晨 2 时起火。大火在 2 个多小时内被扑灭，迪拜警方说无人员死亡报告，只有 7 人因吸入浓烟被送医院，少数居民受到惊吓，这座居民楼是世界上最高的住宅楼之一，层高 79 层（336 米），火灾是从 57 层烧起，火势随着大风蔓延到 57 层以上的 20 层，随着火势蔓延，建筑的部分外层结构脱落，一些瓦砾从高空砸落到地面上和附近的居民区内。这座大楼有 676 个单元，居住的人口有 2000 人以上。迪拜消防员在 9 分钟内即到达现场，大楼 676 户居民在物业和安保人员的帮助下迅速撤离。消防员没有从地面喷射水枪，而是快速进入大楼内部，通过内部的消防供水线，最终将火势控制在其中的一层楼，然后将大火扑灭。共有 100 多名消防员和相关工作人员参与了灭火。由于平时进行的消防演练和不间断的消防教育，在突然发生大火时并未造成大楼居民的特大混乱，疏散过程正常有序。在疏散中，住在顶层的住户步行向下行走 50 多层，未发生拥挤和踩踏事件。据测定，一座高度为 100 米的摩天大楼发生火灾，半分钟左右，烟气就会顺着竖向管井扩散到顶层，其扩散速度是水平方向的 10 倍以上。因此，一旦发生火灾，要尽快下楼。大楼高达数百米，发生火灾时从室外进行扑救相当困难。当地政府规定高层公寓不允许使用煤气而只能使用电热炉灶，强制要求每户家庭配备灭火器、防毒面具等，不仅每个房间都配备烟雾感应和喷淋装置，楼梯的防火通道标准也较高，每扇防火门要求至少能坚持 2 小时以上。

2016 年上海春节期间再次管住了烟花爆竹的燃放，这其中离不开消防官兵在末端也就是社区的消防安全检查，坚决清除任何隐患。警方说，要让春节禁燃规矩成为 365 天好习惯，这可不容易。《新民晚报》在 2016 年 2 月 23 日有一篇禁燃的综合报道，其中有两个小故事：

金山区公安分局张堰派出所民警和辖区平安志愿者在花贤路一破旧厂房前，发现一男子形迹可疑，于是上前盘查。男子姓夏，他告诉民警自己在花贤路上开了一家小商店，与这个破旧厂房离得较近，就租了几间作为仓库备货，现在正在等送货的车。按常理，送货一般都是在白天，而且今天又是元宵节，民警心生疑惑，对夏某租用的仓库进行了检查，果然发现仓库内零零散散堆放着三四箱烟花爆竹。之后经过进一步搜索，又在仓库最深处发现了几箱布满灰尘的烟花爆竹。民警担心夏某还在别处私藏，于是对他进行了耐心的宣传教育，夏某最终承认，在另一间仓库也存了不少烟花。经过清点，警方共缴获 22 箱烟花爆竹。夏某被警方酌情处以行政罚款 5000 元。

花木街道辖区可以说是上海外环内最大的街道，方圆 20.92 平方公里，辖区内有 180 多个居民小区，23 万实有人口，但派出所民警只有 90 余人，管控难度可想而知。这次春节能够做到零燃放，除了警方的努力，也要感谢志愿者的付出。除夕、初四、元宵这三天，辖区每天参与管控的志愿者都超过 5000 人次。

末端治理是在基层的治理，是老百姓身边的治理，消防部门编了一套很好的消防口诀，让老百姓熟记：

1. 父母、师长要教育儿童养成不玩火的好习惯。任何单位不得组织未成年人扑救火灾。

2. 切莫乱扔烟头和火种。

3. 室内装修不宜采用易燃可燃材料。

4. 消火栓关系公共安全，切勿损坏、圈占或埋压。

5. 爱护消防器材，掌握常用消防器材的使用方法。

6. 切勿携带易燃易爆物品进入公共场所、乘坐公共交通工具。

7. 进入公共场所要注意观察消防标识，记住疏散方向。

8. 在任何情况下都要保持疏散通道畅通。

9. 任何人发现危及公共消防安全的行为，都可以向公安消防部门或执勤公安人员举报。

10. 生活用火要特别小心，火源附近不要放置可燃、易燃物品。

11. 发现煤气泄漏，速关阀门，打开门窗，切勿触动电器开关和使用明火。

《新民晚报》2017 年 6 月 28 日报道，上海将开展综合治理，力争电器火灾显著减少。报道说记者从市政府会议上获悉，上海市将开展电气火灾综合治理，力争通过 3 年时间实现上海市电器产品质量、建设工程电气设计和施工质量、社会单位电气使用维护安全水平的明显提升，使上海市电气火灾事故显著减少。长期以来，电气火灾一直呈多发、高发态势。数据显示，全国电气火灾起数占火灾总量的 30%以上，造成的伤亡数占总数的 33%以上，尤其是近 6 年来全国发生的 24 起重特大火灾，有 17 起为电气火灾，占总数的 70%。从上海情况看，电气火灾占比达 36.7%，不仅高于全国平均水平，而且还造成了较大人员伤亡和经济损失。会议宣布，从即日起至 2019 年年底，上海市将用 3 年时间，在全市开展消防安全社区创建活动。重点开展 6 项工作：健全社区消防管理组织制度。每个居委会至少确定 1 至 2 名专兼职消防管理人员，开展社区日常消防管理。对小区违法搭建、占用防火间距和消防通道、电气线路老化等现象开展整治。通过市政府消防实事项目、为社区居民增配消防器材等举措，提升社区火灾设防能级。加强社区消防安全宣传。落实 24 小时值守和日常防火巡查制度。同时依法取缔住宅小区内存在火灾隐患的“居改非”场所。

上海市胶州路 728 号的大火已经过去了好多年，如今，这幢被烧毁的大楼已经焕然一新，整个周边环境也有了新的变化，但惨痛的教训永远无法忘记。在开篇时曾提出的那些问题，该如何去准确回答呢？人们的消防安全意识、企业的社会责任，作为消防必备的基础条件、全社会大的消防安全格局都无时不在提醒我们，城市的消防能力还很弱，还有很长的路要走。《人民公安报》2017 年 11 月 8 日报道：2017 年 1 月至 10 月，全国共接报火灾 21.9 万起，1065 人死亡，679 人受伤，已核直接财产损失 26.2 亿元，与上一年同期相比分别下降 21.3%、17.7%、29.9% 和 24.7%。统计显示，从火灾场所看，2017 年 1 月至 10 月，居民住宅火灾相对多发，伤亡人数最多，各类住宅发生火灾 9.5 万起，交通工具火灾 1.7 万起，其中，住宅火灾占总数的 43.5%，造成 821 人死亡，446 人受伤。从城乡分布的情况看，城市火灾所占比重较小，农村火灾死亡人率比较高，城市发生火灾 6.5 万起，占总数的 29.8%，县城集镇发生火灾 6.9 万起，占总数的 31.2%。农村发生火灾 7 万起，占总数的 31.9%，城市平均每 331 起火灾造成 1 人死亡，县城集镇平均每 207 起火灾造成 1 人死亡，农村平均每 181 起火灾，造成 1 人死亡。从区域分布看，在全国火灾总数中，东部地区占 35.7%，比例最高。西部和中部地区，分别占 30.2% 和 20.8%。从起火原因看，电气原因引发的火灾最多，共 7.4 万起，占总数的 33.6%。其次是用火不慎引发的火灾，共 4.4 万起，占总数的 20.3%。公安消防部队共接处警 97 万起，处置各类火灾 21.9 万起，参加抢险救援 27.3 万起，社会救助 25.8 万起，共营救遇险被困人员 13.2 万人，疏散转移 55.7 万人，抢救保护财产价值 266 亿元。以上这些数字告诉我们，加强消防安全真的不是一件容易的事情。《人民公安报》2017 年 11 月 11 日有一篇报道告诉我们，当前我国火灾防控形势严峻，主要表现在高风险的城市火灾防控和低设防的农村火灾防控。我国高层建筑数量已达到 61 万多栋，居世界第一。此外，全国 1 万个超一万平方米以上的大型城市综合体，10 万多个大中城市中的城中村、10 万多家的各类化工易燃易爆企业增加了火灾防控的风险。同时，消防工作任务与消化能力之间的矛盾较为突出。据统计，全国的公安消防部门监督执法力量仅 2 万多人，公安现役制的灭火力量 15 万人，与经济社会发展相比差距都非常大。

2017 年 1 月 19 日，全国消防工作会议召开，公安部部长郭声琨在会上强调：对消防工作来说，消防安全永远是零起点，要始终保持清醒头脑，增强风险意识，强化底线思维，切实加强领导，从严从实从细抓好查隐患、防事故、保安全多项措施的落实，确保火灾形势持续稳定。郭声琨讲了“六个要”：要切实加强火灾风险评估，有针对性地开展专项治理，全面彻底排查整改各类火灾隐患，努力从源头上防范重大火灾的发生。要推进消防安全“网络化”管理，加强社会单位火灾防控能力建设，努力构建全方位、多元化、实体化的消防安全防护屏障。要大力加强消防实体教育培训，不断增强公众消防安全意识和自防自救能力。要推进落实企业主体责任、部门监管责任和政府领导责任，强化失职渎职问责，切实拧紧消防安全链条。郭声琨还要求，要不断提高消防工作基层基础建设水平，努力为消防事业发展夯实根基。要积极推进消防安全区域联防机制建设，不断发展壮大多种形式的消防队伍，加快构建覆盖城乡的灭火和应急救援力量体系，着力打好消防人民战争。

公安部的工作布置站位很高，各项举措要求的落实对城市的公共安全一定能起到极大的积极作用。消防，既要消又要防，只有做实“防”才能防患于未然，只有做强“消”才能将危害降到最低，这是依法治理条件下消防工作的必由之路。党的十八届四中全会作出了司法改革的总体布置，在之后公安部出台的综合改革方案中，已经把“消”与“防”的问题列为改革的内容之一，方案要求：改革消防监督管理制度。修订消防法，调整消防监督管理职能，推进消防分离改革。改进消防监督检查模式，推动社会单位落实消防安全主体责任，建立社会单位消防安全自我管理制度，实现以人员密集场所为重点的消防监督抽查制度。

抓好“消”与“防”，提升两个能力，实现社会安全有序大目标，消防安全任重道远。

党的十九届三中全会作出《中共中央关于深化党和国家机构改革的决定》，十三届全国人大第一次会议审议了国务院提请的机构改革方案，其中有一个内容就是关于消防体制的改革，将公安部的消防管理职责和其他部门的相关职责整合，组建应急管理部，作为国务院组成部门。这也是中华人民共和国成立以来消防体制改革中分量最重的一次。中华人民共和国成立后，接管原国民党政府中的警察系统，其中包括消防机构。1957 年，政务院颁布《消防监督条例》，规定：“在城市，根据防火和灭火的需要，由市人民委员会负责建立专职消防组织，列入公安机关的编制，所需消防经费由市人民委员会预算开支。”1965 年 1 月 15 日，国防部、公安部、内务部、财政部国家编委联合发出《关于公安消防民警实行义务兵役制有关问题的联合通知》，指出“全国公安消防队伍自1965年5月1日起实行义务兵役制”。1973年10月15日，国务院、中央军委下达了《关于公安消防队伍领导关系问题的通知》，规定：自1973年12月1日起，公安消防队伍由公安机关统一领导。各级公安消防队伍的编制、政治教育、业务训练、枪支弹药和后勤供应等，由各省市、自治区公安机关统一管理。1982年6月19日，中共中央批准了公安部党组《关于人民武装警察管理体制问题的请示报告》，决定组建中国人民武装警察部队。全国消防队伍中基层消防中队长以上公安行政编制的干部，全部转为现役纳入武警队伍序列。消防局纳入武警总部的序列，在业务领导关系上，是公安部的业务局。1988年年底，消防部队与武警部队其他警种一并实行警衔制。公安消防部队在各省、自治区、直辖市设立消防总队，市、州、盟和直辖市区设消防支队，支队下设消防大队（科）、中队。

改革开放四十多年间，我国社会发生了翻天覆地的变化，工业化、城镇化快速发展过程中也会带来高风险，如果防范不力，就可能酿成重特大生产安全事故和重大经济损失，我国自然灾害频发多发，如果防灾减灾不力，就会给人民群众的生命财产带来不可挽回的重大损失。在这方面，作为应急救援骨干力量的消防队伍承担着非常重大的职责，而现役体制造成消防人员变动频繁，难以保证队伍的稳定性，不利于专业化、职业化建设。现役体制造成消防部队编制紧张，虽然各地也在想办法补充人员，但缺乏法律法规的强制性规定和标准，发展不平衡。国家组建应急管理部正是为了充分发挥消防骨干作用，解决发展中的问题。应急管理部是防范化解重大安全风险的主管部门、健全公安安全体系的牵头部门、整合优化应急力量和资源的组织部门、推动形成中国特色应急管理体制的支撑部门。应急管理部承担着提高国家应急管理水平、提高防灾减灾能力、确保人民群众生命财产安全和社会稳定的重大任务。

组建应急管理部是将国家安全生产监督管理总局的职责、国务院办公厅的应急管理职责、公安部的消防管理职责、民政部的救灾职责、国土资源部的地质灾害防治、水利部的水旱灾害防治、农业部的草原防火、国家林业局的森林防火相关职责、中国地震局的震灾应急救援职责以及国家防汛抗旱总指挥部、国家减灾委员会、国务院抗震救灾指挥部、国家森林防火指挥部的职责进行整合。仅消防体制就关系到17万名现役消防官兵，17万名政府专职消防队员及3.6万名消防文员。

2018年11月9日，习近平总书记在人民大会堂向国家综合性消防救援队伍授旗并致训词，习近平总书记指出，“长期以来，消防队伍作为同老百姓贴得最近、联系最紧的队伍，有警必出、闻警即动，奋战在人民群众最需要的地方，特别是在重大灾害事故面前，你们不畏艰险、冲锋在前，作出了突出贡献。改革转制后，你们作为应急救援的主力军和国家队，承担着防范化解重大安全风险、应对处置各类灾害事故的重要职责，党和人民对你们寄予厚望”。习近平总书记对消防救援队伍提出四句话十六个字的要求：对党忠诚、纪律严明、赴汤蹈火、竭诚为民。

随着消防队伍整体转隶到应急管理机关，公安机关所承担的消防职能职责也会作相应的调整，但防范火灾发生，参与并实施消防社会管理的职责不会改变，依然会从新确定的职责任务出发把相关工作做好。特别是特大型城市的火灾防范工作只会加强不会削弱，从而切实维护城市的公共安全。

管好交通一个字：“严”

随着城市的发展，人车路的矛盾会越来越突出，必须要以更加严格的管理才能解决这一城市矛盾。

住在城里的人都感到交通越来越拥挤，出行越来越困难，因此也越来越感到马路上的交通警察太少，越来越希望有一个更好的交通秩序。那么这路究竟该怎么管？交通管理没有最好是我从警经历中最大的感受，城市的路宽了、车多了，交通管理却更难了，无论什么时候说到交通谁都可以发表一些感言，唯有公安交警承受最大的压力和责任。

讲到道路管理，想到的自然就是“出行”，我们探索了许多年最后得出一个结论，管好交通还得要“严”，要用最严的交通法规，最严的管理措施。管理交通一个“严”字从四方面分析：一是一个“严”字是交通发展“逼”出来的；二是一个“严”字基础是管理的责任；三是一个“严”字组织落实要坚决有力；四是一个“严”字关键在全社会形成共识。

一、一个“严”字是交通发展“逼”出来的

道路的重要性远不止“出行”这么单一。2010 年 11 月 15 日下午 2 点 15 分，上海市公安局应急联动中心接到报警：胶州路 728 号高楼发生火灾。接到报警后离火灾最近的宜山路消防中队消防车在一分钟内即出车赶赴现场。但是，消防车到达现场花了 7 分多钟，为什么呢？因为从消防中队开到火灾现场要经过 8 个路口。在这 7 分钟当中，火灾现场发生了什么事情？据后来还原火灾发生全过程的视频显示，短短 3 分 21 秒火势就从北侧 9 至 10 层之间的凹凸处起火点向上烧到楼顶。也就是说，只有 3 分 21 秒火势已经从 9 楼烧到了顶楼。6 分 21 秒整幢楼已经全面立体地燃烧起来了。消防车经过 8 个拥挤难行的路口，好不容易到达现场，大楼已经变成一个巨大的火场。这次火灾告诉我们，道路问题不仅仅是一个出行问题，它的意义远远超出“出行”两个字。道路的重要性可以从几个方面来分析：

第一，它是社会发展的基础条件。“要致富，先修路”是经济发展的至理名言。四川眉山以前是个穷地方，1982年交通部在眉山召开现场会，向全国推广“要致富，先修路”经验，这次会议得到中央书记处认可。原来，这个县的县委书记叫徐启斌，他1980年担任眉山县县长之后，加宽改造县里的公路，改扩建公路826公里，修柏油路130公里，还修建了漕鱼滩水电站，真正做到了修好路，建好工程，富一方百姓。他被老百姓亲切地称为“路县长”。1985年徐启斌被评为全国劳模、被称为“当代焦裕禄”。公路对经济发展相当于血管与人体，血脉畅通人才健康。公路是流通发展的基本条件，没有通车的路，仅靠肩挑手提，要实现物资大流通当然不可能。公路建成后流通的不仅是物资，路还是信息路，让农民走出闭塞的环境，了解外面的世界，找到发展的路。路还是人才路，偏远地区人才匮乏，有路人才可流动可交往，才能让更多有才干的人走进山区，走进农村带头致富。

没有路经济就难以发展。为“江西垦民”矛盾的化解工作，我到江西去，协调相关工作，当地干部告诉我一件事：孟建柱同志从上海调江西任省委书记后发现已建高速公路全是省内公路，和交界的福建、湖南、浙江、安徽都不连通。他就提出把省际高速打通，连接周边各省。2014年，江西实现了县县通高速，经济得到很大发展。

今天我国的高速铁路已经四通八达，极大地助推了经济发展，那是在应对东南亚金融危机时启动的一项经济战略。1997年7月起，亚洲爆发了一场始于泰国，后迅速扩散到整个东南亚并波及世界的东南亚金融危机，使许多东南亚国家和地区的汇市、股市轮番暴跌，金融系统乃至整个社会经济受到重创，半年间货币贬值高达30%—50%，最高的印尼盾贬值达70%。股市跌30%—60%。据估算，这次危机使东南亚国家和地区损失一千亿美元以上。这场危机中，中国也面临严峻挑战，雷风行在他写的《中国速度》一书中写道：1998年，面对亚洲金融危机，国家再次提出加快铁路建设以拉动国民经济发展，决定于1998年至2002年投资2500亿元修建铁路。1998年3月28日，铁道部作出部署：“决战西南，强攻煤运，建设高速，扩展路网，突破七万公里”的铁路建设规划。全国迅速掀起铁路建设新高潮，截至2002年年底，全国铁路总营业里程达71898公里，居世界第三、亚洲第一位。同

10 年前的 1992 年相比，增加了 1.3 万公里。应对金融风暴，中国找到了拉动内需的出路，其中一件大事就是修高速，这成了一笔宝贵的物质财富。

第二，交通在关键时刻就是生命线。除了刚才讲的“11 · 15”火灾，在汶川大地震救援中，有一个道路与救援的故事。2008 年 5 月 12 日 14 时 28 分 04 秒，四川阿坝州藏族羌族自治州汶川县映秀镇与漩口镇交界处，发生 8.3 级地震，破坏面积超过 10 万平方公里。大地震共造成 69227 人死亡，374643 人受伤，17923 人失踪。汶川大地震是新中国成立以来破坏力最大的地震，也是唐山大地震后伤亡最严重的一次，造成直接经济损失 8452 亿元人民币，其中四川省的损失占 91.3%。上海救援队是全国到现场参与救援队伍中最得力的一支队伍。地震发生的当天，上海市公安局接到公安部的救援命令后，连夜准备器材，有些器材是半夜敲开商店的门采购备齐的。凌晨四点上海救援队携带装备在机场集合，坐 5 点钟的飞机飞往灾区。地震灾区道路被破坏得一塌糊涂，救援中有一个上海消防总队总队长、消防局局长陈飞徒步强行军救援的故事。陈飞带着突击队徒步走了 16 个小时，强行军 70 公里赶往受灾最严重的震中心映秀镇，突击队日夜兼程，官兵身上负重 50 公斤，徒步挺进。由于山崩地裂，巨石拦路，隧道震塌，时有余震，一路上还遇到泥石流，走过沼泽地。陈飞总队长患有膝盖处骨膜炎，他全然不顾，始终走在队伍的最前列。就这样，上海救援队成为最早赶到震中心的主力军。在关键的时候道路就是救援和救灾的生命线。

第三，交通是解决老百姓困难的民生工程。从广义上讲，凡是同民生有关的事都属于民生范围，孙中山先生说：“民生就是人民的生活——社会的生存、国民的生计、群众的生命”(《孙中山选集》，人民出版社 1981 年版，第 802 页)。而狭义上的民生，主要是指民众的基本生存和生活状态，以及民众的基本发展机会、基本发展能力和基本权益保护的状况。简单地说，就是市民百姓生活密切相关的事，吃穿住行，养老就医，子女教育等。看城市百姓的生活质量如何，其生活秩序、出行是否方便就是一个衡量指标。国家民生工程中有一个叫“村村通”，就是把道路修到每一个村。把农村公路建成“村村通”，解决贫穷落后地区老百姓的出行问题，解决地区经济的发展问题，这就是重要的民生工程。在城市，道路问题也是重要的民生工程。比如解决“最后一公里”问题，老百姓对出行最后一公里的感受最深。地铁延伸到了城市的边缘地区，到了哪个地方，但是对居住在这一地区的老百姓来说总有最后一公里不能解决。所以，政府把解决最后一公里问题当作民生工程来做，地铁、轻轨延伸到哪里，解决最后一公里的责任就延伸到哪里。公交优先，也是民生工程。大公交运输承载量大能普惠老百姓，交通运输部强调，要紧密围绕贯彻落实党中央、国务院有关优先发展城市公共交通的重大战略部署，以实现城市公交优先发展和城市客运公共服务均等化为目标，进一步提高认识、创新思路、协同推进，推动城市公交优先发展的政策落地生根。还有城市轨道交通运行时间安排，尽可能将列车的间隔调整得短一点，早晚的时间能够延长点。解决出租车问题也是民生工程。

随着国家经济的发展，国力强盛了，中国的大交通有了巨大的变化。《新民周刊》出了一个专刊——《世界无双，最美高铁》，介绍中国高铁的发展历史。雷风行写的《中国速度》看了让人非常感慨，中国铁路的六次大提速，速度从每小时 40 公里提到 160 公里，在既有线上六次大提速把速度提了上去。且发展自己的高铁，克服种种困难到如今中国的高铁已经达到了 1.7 万公里，我们用 13 年就达到世界第一了。

讲大交通必须讲高速公路，中国的高速公路达到了 11.7 万公里，还在快速发展。《新民晚报》2017 年 11 月 10 日报道说，中国民用航空局与美国联邦航空局《适航实施程序》近日正式生效。该协议实现了两国民用航空产品的全面对等互认，对于中国国产飞机进入美国市场，将起到助推作用。中国商飞工程中心相关负责人表示，《适航实施程序》的实施，对于 C919 即未来的国产飞机进入美国，可以起到简化认可审定过程的作用。C919 项目总经理吴跃认为，中美适航协议生效对中国制造的产品进入国际市场，很有好处。“实际上，C919 的适航审定，FAA 已经在为我国做工作。C919 有不少美国供应商，美国本土制造的产品由 FAA 审定，我们民航方面认可他们的适航审定结果。”目前，C919 大型客机已经获得超过 750 架的订单。这几件大事情都是国家的大交通建设，这些年国家从高铁高速到大客机都在花很大的精力。习近平总书记在党的十八届五中全会关于“十三五”计划的九点说明中，其中有一点就是讲聚焦重大工程即战略性跨世纪的重大工程。

大交通反映一个国家经济发展的实力，可以说是一个招牌，我国现在走出国门叫得最响的是高铁，成为了一张世界性品牌，拿到了很多重大的国际项目。我国高铁进入国际市场的不仅是建设项目，我国的高铁标准也已成为国际标准，形成标准的话语权。1978 年 10 月 26 日，邓小平在日本参观访问，乘坐日本新干线“光-81”超特快列车，称赞高速列车说：“就像风一样快，新干线推着我们跑，我们现在很需要跑。”新干线是 1964 年 10 月 11 日通车的，从东京到大阪全程 515.4 公里，时速达 210 公里。新干线被誉为“日本经济起飞的脊梁”。“我们现在很需要跑！”邓小平的这句话，鞭策着中国铁路从后进中奋起！据商务部统计，2014 年中国公司在铁路领域对外累计签订合同额 247 亿美元。中国企业参与的境外铁路建设项目 348 个，机车车辆出口 37.4 亿美元。数据显示，2015 年上半年国内高铁相关企业共斩获近千亿元海外订单。

研究交通一是要考虑到交通的重要性，二是要站在大交通的角度上看交通的发展，当然还是要聚焦到我们自己的城市交通当中。这些年城市交通得到了非常大的发展。城市交通是一个大的系统，包括地面、地下、高架、水管、索道等，一切用于交通运输的都称为城市的交通组成部分。大交通指的不单单是铁路、公路，大交通的概念现在越来越宽泛了，包括了海陆空的所有运输，地下管道运输、运河运输，现在进一步把快递也都纳入大交通的范畴。其实大交通不单单是交通工具、运输的形式，还讲各种交通的整体性管理，讲各个交通系统之间的协调发展，如西气东输，南水北调，这些都是大的运输系统。还包括整个大交通的协调管理，大交通讲的是各种运输之间的多元协调，所以它是一个非常宽泛的概念。上海市政协组织委员视察时了解到，快递业已成为上海现代服务业中最具活力的新兴产业之一。截至 2016 年年底，上海全市已有 20 家国有、民营、外资快递企业总部和 2346 家许可、备案的快递企业。全市快递服务企业业务量累计完成了 26 亿件，业务收入达到 709.5 亿元。

城市交通包括地面交通、地下交通、高架交通、水路运输交通等，这些都是城市交通的组成部分。所有的交通最重要的是两种功能，一是公众的出行，二是货物的运输。城市交通受到城市的规模结构地理地貌的影响。例如上海道路上有那么多助动车自行车，这与城市的面积有关，上海中心城区面积只有 800 平方公里。在 800 平方公里里面，老百姓借助助动车自行车出门办事完全可以实现。但是在北京就不行，北京是 16807.8 平方公里，天津是 11946.8 平方公里，北京人出行要骑自行车显然不行，要靠公交车。而且北京道路上跑的都是两节车厢连接的巨龙公交车。巨龙公交车在上海已不再使用。上海的道路比较窄，十字路口和红绿灯特别多，不太适应这种巨龙公交车，都用单节的大巴。所以城市交通是和城市的地形地貌结合起来的。

交通还和这个城市的地理条件有关系。城市在发展过程中形成自身特有的结构。上海就分成了浦东浦西两大块，还有一条苏州河把上海分成河南河北。一个城市在建设发展的过程中还会形成居住分布、工业分布、商业分布等特有的结构。

当然，最重要的是和经济以及发展的条件有关。一般来说，城市的矛盾是共性的，比较突出的是这样几个：一是，城市交通的核心问题是解决老百姓的出行问题，也有货物运输的问题，但它首要的任务是客运。二是，它会有城市客运的高峰期，例如早晚高峰期，无论哪个城市，都有这个特点。在上海这个问题就更加突出，即人流上下班的潮汐运动。住在城市西面的人，早上往东面方向去上班是迎着东升的太阳开，晚上下班迎着西落的太阳开。三是，交通运动的规律。每个城市都会形成一些自身的规律，如果有河流，桥往往就成为交通的大问题。交通规划跟城市规划走，城市规划布局布得好不好对交通有很大的影响。

再看城市交通管理中的交通工具管理。一般而言，城市主要有三种交通工具，第一种是公共交通工具，公交车、有轨电车、无轨电车、地铁。第二种是私人交通工具，包括私人机动车、两轮和三轮的摩托车、人力自行车和助动自行车，还有人力三轮车，人力三轮车拓展开还有残疾车。第三种是货运车，货运车主要指运输企业所拥有的运输车辆，就是常见的集卡、大卡车、厢式货车。讲道路交通组织管理一般认为就是讲人、车、路，其实还有一个更重要的要素叫交通环境，四大要素共同组成城市道路管理的基本要素。《新民周刊》第 960 期刊登文章，介绍了上海交通发展。

关于上海共享单车发展。移动互联网时代，城市交通出行领域成为颠覆式创新最为集中的领域，尤其是共享出行模式的兴起，为人们的出行方式带来了巨大的变化。这两年，网络约车、共享单车、共享租车等体现互联网创新思维的共享出行方式，正在成为上海市民日常城市出行的又一种重要的补充。上海对出租车网络约车、专车、共享单车等共享交通领域的具有前瞻性和创造性的管理模式，对推动城市共享经济发展起到了治理方式变革的引领和示范效应。共享单车自 2016 年 4 月在上海投放运营以来，得到了迅猛发展，如今的上海街头，时刻都能看到骑着橙色、黄色、蓝色、绿色等各种色彩的共享单车匆匆而行的人们。共享单车符合国家倡导的绿色发展理念，而且能促进大众健康、推动创新发展。然而共享单车投放规模的爆发式增长，也引发了不少社会问题。数据显示，到 2017 年 8 月中旬，上海街头的共享单车已达到 150 万辆，对城市运行秩序产生严重影响。创新共享出行在方便市民出行的同时，“任性生长”的态势也必须得到遏制。

关于上海的轨道交通发展。枢纽型、功能型、网络化的交通基础设施体系在上海基本成形，基本适应并有力支撑了城市经济社会的快速发展和市民多元化的出行需求。要问上海出行到底有多方便，这里有全国最长的轨道交通——在 2015 年中国地铁城市榜单上，上海以 617 公里运营里程占据全国第一宝座，中心城区每隔 600 米就有一个地铁站。这里还有多达 1450 条的地面公交线路，在中心城区也已基本做到 500 米半径内站点的覆盖。2016 年全市公共交通日均客运量达到了 1832 万乘次。如今，在上海中心城区，公共交通出行所占比例已超过 50%。上海轨交网络越来越丰富立体，自 2015 年年底新线段开通后，以不同的起点和终点站相组合，上海地铁全网络可以产生 10 多万种路径，其中的 1000 种出行路径由于“最短路径”缩短，票价随之下降了 1 元。从 1 号线通车以来，轨道交通经过 20 余载的发展，从单线到“十”字线，从“十字加环”到 15 条线交织成网，上海地铁这张网越织越大、越织越密。目前，上海轨交运量占整个城市公共交通运量比例达到 53%。2018 年年底中心城区所有线路实现最小行车间隔 3 分钟；到 2020 年中心城区所有线路实现最小行车间隔 2 分 30 秒，其中 2 号线、6 号线、8 号线将实现最小行车间隔 2 分钟。根据申通地铁规划，到 2020 年，上海轨道交通总长度将达到 800

公里，到2040年建成运营线路总长度将超过1000公里的轨道交通网。届时，上海轨交将有四五百座车站，六七千辆地铁列车，庞大的规划，对规划设计、建设、运营维护都将提出全新的要求。

关于上海高铁发展。2011年，上海虹桥站仅有京沪、沪宁、沪杭三条高铁，日均旅客发送量在6万左右。到2016年上半年，上海虹桥站日均客发近14万人次，单日最高纪录则超过了25万人次，分别较2011年增长了133%和317%。2017年的数据，则比之2016年再创新高。2017年春运期间，上海虹桥站1月21日发送旅客27.6万人次。4月清明小长假首日，发送旅客29.5万人次。2017年暑运期间，上海虹桥站的日均客流量达到了20.22万人次，较平日增长18.77%。

截至2017年，上海的道路总里程17498公里，其中高速公路815公里，1—4级等级公路12633公里，城市的快速道路199公里。经过这个城市的国道有644公里，上海建有的高速路有1016公里，另外还有县级公路。上海的车辆情况，到2017年，上海有各类机动车520万辆。其中沪牌机动车380多万辆，常年在沪行驶外地牌照机动车约140万辆，月均进出沪机动车65万辆，非机动车1863万辆，共享单车150万辆。机动车驾驶员618万人，其中三年以下驾龄的驾驶员192万人，占30%，现在在马路上开车的驾驶员不满三年驾龄的新手占1/3。

研究交通管理很重要的是研究交通环境，交警特别强调交通环境问题。交通环境第一讲道路环境，这个路是宽还是窄，当中有没有隔离带；这个路面是什么样的路面，水泥路面还是柏油路面，还是土路、沙路；这个路平直曲线的情况，这些都是道路环境。第二讲驾驶环境。现在去买车都会有一种要求，就是驾控环境怎么样、开这辆车舒适度怎么样、视线视角怎么样。驾驶环境中还包括开车人的心情，心情好坏都会影响开车。还有一个很重要的就是气候对驾车的影响，夏天开车和冬天开车不一样，冬季开车车内温度高了以后玻璃窗会产生雾气，如果车长时间在外面停放，发动时玻璃上会结一层霜。道路环境和驾驶环境是比较直观的东西。第三讲意识环境。什么叫交通意识环境呢？就是某种物质当它作用到道路管理当中，赋予道路管理的意义以后，它就成了交通管理的意识环境。比如一根黄线，如果画在马路上变成道路的分割线，双黄线单黄线曲黄线，它在马路的管理当中就起着非常大的作用。红绿灯本是一束光，当它变成交通标志的时候就有了特殊意义。意识环境中有一种现象，随着高速路过河桥梁的增加，主道平行的辅道也增加，辅道标志灯和主道标志灯如果设置不清楚，驾驶员开到这就会开错车。车开到辅道出口处，前面出现一个红灯，主道辅道的车都停了，辅道小转也不敢转，这个设计肯定就要改进。可在主道和辅道各设一个标志牌，主道的管主道，辅道的管辅道。第四讲社会性交通环境，就是社会环境中的其他因素对交通管理的影响。开车时往往会发现这里在施工那里在挖掘，这里在搞一个庆典，那里在搞一个街面活动放了很多气球，实行了交通管制，影响到整个交通状况。研究交通管理就要研究动态的管理，研究人车路的变化和交通环境的变化给社会交通管理带来的矛盾。

交通管理是一件复杂的事，城市越大涉及的交通环境越复杂，管理起来越难，那么，公安交通管理对此都是怎么做的？举个例子，例如上海“亚信峰会”的交通管理。亚洲相互协作与信任措施会议（以下简称“亚信峰会”），是一个有关安全问题的多边论坛，其宗旨是在亚洲国家之间加强合作，增加信任措施。峰会和外长会议每四年举行一次。亚信第四次峰会于 2014 年 5 月 20 日至 21 日在上海世博中心举行，习近平主席主持峰会，近 46 个国家和国际组织派团与会，其中有 11 位国家元首和 2 位政府首脑，10 位国际组织负责人。2014 年“亚信峰会”的主题是“加强对话、信任与协作，共建和平、稳定和合作的新亚洲”。“亚信峰会”期间的交通管理有两件事我觉得很有意义。上海一年大约有 3300 场大型活动，“亚信峰会”，“世博会”，“APEC 会议”，“进口博览会”，上海几乎每年都会有特大型的、国际性的重大活动，交通组织管理非常特别。上海市交警总队为做好亚信峰会的交通保障制定了一个方案，其中讲到“亚信峰会”的交保工作目标：一是确保“亚信峰会”警卫对象道路交通出行绝对安全；二是保障“亚信峰会”的各项整体活动能够整点进行；三是尽可能减少对全市道路交通运行的影响；四是防止长时间发生大面积的严重交通堵塞。工作目标定的这四条，一是确保，二是保障，三是尽可能，四是防止发生。在具体工作要求中又提出全力排堵疏导稳控交通秩序，认真做好排堵疏导工作。具体措施包括：一是提前持续地整治交通秩序，确保活动的路线和活动点的安全。二是尽量减少扰民，制定交通方案时，不能层层加码妨碍老百姓的正常出行。三是加强交通的诱导分流，做好分流工作。可以看出，像这样的重大活动安保，公安部门始终把交通秩序作为一个非常重要的方面进行管理。警卫对象、警卫活动地点、警卫路线固然很重要，但是所有的安排都要和城市的正常交通秩序结合起来。

国家制定的新《道路交通安全法》，地方制定的新道交条例被称作“史上最严”的交通法。通过以上的分析我们看到，对管理用一个“严”字并不是政府为难市民，而是道路的现实压力“逼迫”着政府不得不这样做，从根本上讲是为维护城市的正常运行，维护百姓的根本利益。交通“乱”则出行难，交通“严”则出行畅。

二、一个“严”字基础是管理的责任

交通秩序由公安机关负责，具体组织管理由公安交警部门负责，这句话在一般情况下是对的，为什么是“一般情况下”，因为政府管交通还有其他部门，管好交通不是仅靠警察就能实现的。因此，交通要管好责任先要划清晰。公安交通管理的外延很广，是以维护社会稳定、保障经济发展、提升社会效益为目标的社会管理，是公安机关交通管理部门在各级政府的领导下，根据国家有关法律、法规、规章和标准，用行政管理的办法和运用科学技术手段，对道路交通进行监督和管理，协调处理道路交通活动中的人、车辆、道路以及交通环境之间的关系，以实现道路交通有序、安全、畅通的综合性活动的总称。公安道路交通管理涉及道路通行秩序管理、道路交通事故预防和处理、道路交通组织和优化、交通控制与诱导、交通紧急事件应急处理、交通安全宣传教育、车辆和驾驶人管理，以及对道路规划、建设和道路交通运输的参与和监督等内容。道路交通是由人、车、路、环境四个要素构成的统一体。其中，人是主体，车是运载工具，路是人、车的载体和交通基础，环境是交通指示设施等必要条件。它们相互联系、相互作用，构成完整的道路交通系统。

道路交通管理由一级政府负责多个政府部门共同实施，其中有公安的交警总队、交通委、安检委和其他相关的职能部门等。根据职能分工，公安交警部门主要承担以下三方面的职责：一是负责组织、协调、指导、规范交警部门的道路交通执法、交通事故的处理、交通安全的宣传教育、车辆登记以及驾驶人的考试安全，这是公安的直接任务；二是牵头协调有关部门开展道路交通安全隐患的治理和交通事故的预防工作，这是和政府有关部门共同配合实施的；三是负责道路交通的组织、道路交通设施的建设等。为此，交警要承担道路交通的组织、事故的处理、车辆的管理、人员的培训、道路信息化建设和配合政府其他部门开展综合治理的责任。

公安交通行政管理的法律依据主要是《道路交通安全法》以及《道路交通安全法实施条例》，亦即通常所说的道交法及其实施条例。2004 年开始实施的道交法主要规定了四方面的内容：一是对政府有关部门以及公安部门的交通管理职责作了相关规定；二是对道路交通的参与因素作了相关规定。道路交通活动不仅仅是交警管理这一个简单因素，而是包括所有道路交通活动的参与因素在内的综合活动。道交法对车、人以及其他一些交通设施所承担的权利、义务作了相关规定；三是对交通秩序和有害交通安全的行为作了相关规定；四是对事故的处理、具体的执法活动作了相关规定。

大家对道交法认识最深的是酒驾和醉驾问题。对于酒驾、醉驾大家已经形成普遍共识，就是开车不喝酒、喝酒不开车，这已成为全体驾驶员的共识。这项规定刚出台时驾驶员都不习惯，很多人认为这是中国历史上的一部“恶法”。作为强制规定，醉驾入刑是非常严厉的处罚，体内血液酒精含量测试每 100 毫升血液里的酒精含量在 80 毫克以上的就属于醉酒状态，在这一状态下驾车被抓住就要判刑。要把酒驾醉驾扭转过来公安交警部门花了很大的力气。由上海市健康促进委员会办公室编写的小册子《上海市民道路交通安全知识读本》，这份读本共分 5 个部分，53 个小知识点。其中有一部分专讲酒驾、醉驾问题，读本说，酒后驾车是指饮酒后驾驶机动车的行为。根据行为人血液中酒精浓度的不同，分为酒后驾车和醉酒驾车。国家标准 GB19522-2010《车辆驾驶人员血液、呼气酒精含量阈值与检验》规定：行为人血液酒精浓度大于等于 20 毫克 /100 毫升，小于 80 毫克 /100 毫升时，视为酒后驾车。行为人血液酒精浓度大于等于 80 毫克 /100 毫升，视为醉酒驾车。《道路交通安全法》第 91 条规定，饮酒后驾驶机动车的，处暂扣六个月机动车驾驶证，并处一千元以上两千元以下罚款。因饮酒后驾驶机动车被处罚，再次饮酒后驾驶机动车的，处十日以下拘留，并处一千元以上两千元以下罚款，吊销机动车驾驶证。醉酒驾驶机动车的，由公安机关交通管理部门约束至酒醒，吊销机动车驾驶证，依法追究刑事责任；五年内，不得重新取得机动车驾驶证。饮酒后驾驶运营机动车的，处十五日拘留，并处五千元罚款，吊销机动车驾驶证；五年内不得重新取得机动车驾驶证。醉酒驾驶运营机动车的，由公安机关交通管理部门约束至酒醒，吊销机动车驾驶证，依法追究刑事责任；十年内不得重新取得机动车驾驶证；重新取得机动车驾驶证后，不得驾驶运营机动车。饮酒后或者醉酒驾驶机动车发生重大交通事故，构成犯罪的，依法追究刑事责任，并由公安机关交通管理部门吊销机动车驾驶证，终生不得重新取得。除上述处罚外，对饮酒、醉酒驾驶机动车的机动车驾驶人，还将进行一次记 12 分的处罚。

警察在执法时手上拿着警务通，交通执法时第一件事就要求驾驶员拿出驾驶证，将驾驶证号码输进警务通，输进去之后就可以验证驾驶员是有证驾驶还是无证驾驶，排除无证驾驶或者非法驾驶，经过确认后再作相应处理。遇到违章停车现场执法交警贴一张罚单，警察与驾驶员不照面，不同于现场使用警务通执法和电子警察的执法。现场警务通执法后没法改变结果，一旦信息输入就会上传到系统。电子警察执法拍到你在马路上违章停车或随意变更车道、超车、超速行驶等，同样没有办法申辩，因为这些都有现场录像为证。根据规定，限速 80 公里每小时的道路，超过限速的 10% 是允许的范围。例如，现在高速公路通常限行 80 公里每小时，最多可以开到 88 公里每小时，控制在超过最高限速的 10% 是允许的范围。超过最高限速的 20% 就会依法处理，超过最高限速的 50% 则处理得更重，这些都是硬性规定。

公安交通管理的任务很重，公安部门在交通行政管理方面主要承担五个方面的任务，也就是公安部门承担的交通管理的日常工作。

公安交通管理的第一大任务是交通的勤务管理。交通勤务是交通警察对道路交通的直接管理活动，就公安道路交通勤务管理而言，主要承担以下九个方面的任务：一是开展道路交通秩序管理调研，落实勤务管理的日常检查考核。二是针对道路交通的突出问题提出整改方案，并组织实施。三是监控、指挥、协调道路交通秩序。四是做好 110 交通紧急事件的处理和警卫任务的安保。五是制定各类突发事件的处置预案，并组织实施。六是负责出入境道路的安检。七是管理交通协管员，指挥交通协管员协助交通管理。八是建立和政府交通部门的联系，形成工作机制。九是加强省际交通之间的联系。以上这些任务的每一项都含有很多具体的日常工作。上海的交通主要跟江浙两省交汇。而在一些内陆省份，周边都与其他省相连，省际交通任务繁重，比如北京，在举办重大活动时，筑牢环京“护城河”所涉及的相邻省市就有七个，这些省市跟北京有着直接关系，因而省际道路的沟通和联系就显得非常重要。

上海交通管理的责任由上海市公安局交警总队和区公安分局交警支队共同承担。区局的交警组织交通管理就是把握区情，也就是本区的特点，根据区位的特点组织交通管理。上海交通组织管理受制于黄浦江、苏州河，不像北京的道路，横是横竖是竖，东西南北一目了然。上海道路是在租界基础上发展起来的，转弯的路太多，一条路突然走到一半发现路名断掉了，变成了另外一条路，明明是一条直线，走到一半却变成了另外一条路。这都是原来租界在上海建设过程中所形成的路网，这给城市交通和地铁、高架的建设带来很多问题。

为管好交通，一个区分局交警支队会组建若干交警中队，以交警中队作为基本的责任单位，划分成不同的巡逻区域，根据区域建立责任区，实行等级巡逻制。上海交通管理实行责任区巡逻和全区域巡逻两种巡逻制。责任区巡逻就是在责任范围内巡逻，全区域巡逻就是不仅要在责任区范围内巡逻，还要在全区域范围内巡逻，这主要是为进一步加强对相关区域的叠加监控。

交通执勤岗是我们最常见的交通管理点，原来是在道路的十字路交叉中心点建一个离地面高一点的安全岗，警察站在安全岗的岗亭上面拿指挥棒指挥，20 世纪五六十年代都是这样的。现在马路上已经没有这种安全岗了，有同志提出应该恢复这种指挥方式，这实际上是交通执勤岗位的设计问题。现在上海对交通执勤岗位实行等级化管理，分为一、二、三级交通执勤岗，一级岗由交警总队负责设立，二级岗由交警支队负责设立，三级岗在各个责任区范围内自行设立。也就是说，上海设有交通等级执勤岗，构成全市交通勤务的主要网络。与此同时，上海公安机关设立了市级指挥平台和各个区指挥平台两级统一的交通指挥平台。上海市公安局指挥中心、各个区公安分局指挥中心、各派出所视频监控室协同工作，形成一个城市交通管理系统。2004 年 9 月上海市公安局建立指挥中心以后，逐步实现了“三台合一”，即“110”报警、交通指挥平台和“119”火灾报警三个报警平台放在一个平台上。公安指挥中心大厅里的大屏幕分成三部分，当中一大部分就负责道路交通的实时监控，整个上海道路交通的高架路以及一些主要通道的实时情况都通过监控实时传送。右侧大屏幕是火警，全市所有消防中队的火警处理情况都通过监控实时传送。左侧大屏幕是全市的重大险情、重大警情、重大安保活动的主要数据。在大屏幕的下面分为相对应的三个工作平台，当中是指挥长所在的指挥平台，右侧与屏幕上相一致的是火警“119”指挥平台，有专门的消防人员值班，左侧是交通管理的指挥平台，有专门的交通警官负责对紧急情况进行处理。交通平台每天都会有一名指挥长、两名指挥员和若干工作人员值班负责处理全市的交通突发事件。遇有重大安保活动时，还会有交警总队的副总队长等领导在现场负责指挥，在市级层面组成一个总的指挥平台。

道口检查是公安交通勤务管理很重要的一块。上海现在总共设置了 32 个道口检查站，不管从哪个方向进出上海都要经过一个道口。按照车流量的情况，道口检查站分成三个等级：日交通流量在 1 万辆以上的，称为一级道口，全市共有 11 个一级道口；日交通流量在 5 千辆到 1 万辆之间的，称为二级道口，全市共有 5 个二级道口；日交通流量在 5 千辆以下的，称为三级道口，全市共有 16 个三级道口。除了有名的道口以外，上海还有一些无名道口，就是不设道检可以通行车辆的道路出口。道口检查非常重要，全市常态的道口检查警力配置要达到 1100 多人。道口检查设置了人员身份、公安交通道路管理、机动车驾驶员查控等应用平台。需要注意的是，外地牌照的车辆在上海区域内行驶时，有些驾驶员会有一些误解，认为我是外地牌照的车辆，上海交警没有权力罚我，所以在上海开车就不太遵守交通规则。但事实上，外地牌照的车辆要出上海，同样需要经过检查。当车辆从远处开过来时，监控系统会自动查询你的车号，如果车辆在上海有违章未经处理，将在道口被拦下，等处理完再出上海。上海出境的 32 个道口并不完全由上海管理。32 个道口中有26个由上海管理，其余6个则是交给江浙两省协调管理。在上海管理的26个道口中，2014年共检查车辆69万辆，检查114万人次，抓住网上通缉的在逃犯53人，抓住贩毒人员370人，查获毒品371克、违法违规运输危险品88.8吨、管制刀具660件，这些都是在道口安检中取得的成绩。因此，道口安检对于维护整个交通秩序以及控制社会治安都起着非常重要的作用。

公安交通管理的第二大任务是交通组织管理。道路交通管理不单单是管一辆车，也不单单是管一个人，它是由路、人、车等因素综合组成的管理。有效的交通组织管理对于整个城市的交通秩序而言非常重要，公安在这方面主要承担七方面的任务。

一是负责道路交通的组织规划。道路交通的组织规划，是指根据交通系统的现状与特征，用科学的方法预测交通需求的发展趋势及对交通供给的需求，确定特定时期交通供给的建设任务、建设规模及交通系统的管理模式、控制方法，以达到交通系统、交通需求与交通供给之间的平衡，实现交通系统的安全、畅通、节能、环保的目的。具体说，交通组织管理就是以提高交通流的畅通性和道路通行能力为目的，对交通道路网络进行优化组织，充分利用道路网络资源，实现交通运行的安全和畅通。在编制方案中要包括交通需求管理、交通组织管理、交通安全管理、交通秩序管理、交通效率化管理、绿色交通管理、管理力量与科技进步等。

二是负责对新建道路和公共建设项目出入口的道路交通设计方案的审核。假设某个地方要开发一个楼盘，楼盘开发以后要有公共通道，楼盘的大门开在哪里？消防通道开在哪里？应急通道开在哪里？道路通口规划要报交通部门审核。比如，我在武宁南路上班，武宁南路128号出来右转往长寿路方向经过一个小区，小区门口有一个左转的许可通道，在非常繁忙的车道半路上有一个左转车道，使得两个方向的车辆在这个地方都会受到影响，老百姓意见很大。即使这个小区里的住户再多，也应该绕行，而不能在这个地方跨道路通行，这个转弯通道就设置得不合理。

三是机动车的停放设计。上海机动车的停放点跟不上车的发展，车多停放点少已成为突出问题。道路机动车和非机动车之间画有白色实线，实线把道路分开，表明一侧是机动车道，另一侧是非机动车道。如果非机动车道里没有画停车格子线，就不能停车，否则就是违规停车。如果非机动车道里画了格子线，那么在格子线里停车就不是违规停车。在格子线里停车时还应注意附近有没有消防龙头，在消防龙头两侧的30米内不允许停车。非机动车道上的临时停车还会有时间上的限制，有相应告示牌，说明此路段允许停车的时间。

四是道路信号灯的设置。交通信号灯是一种安全交通语言，信号配置直接关系道路交通安全畅通，在整体设置过程中，主要考虑交叉口渠化形式，机动车交通量，行人过街道路宽度以及周边路口信号配时等因素，按照“减少行车延误，确保交通安全”的原则设定信号配时时间。美国纽约笔直的一条大街，要过许多十字路口，同一时间，很长一路段出现的都是绿灯，车子跑得可以很快。现在我国城市交通管理中对有条件的道路也采取了这种方式，叫“绿波”，驾驶人赶上一个绿波可节约很多开车时间。这就是科学管理信号灯产生的效率。

五是负责工程建设占用挖掘道路配套方案的审批。道路状况已经非常复杂，老百姓对大量开挖意见非常大。马路上到处挖掘，使得原本就拥挤的道路变得更加拥挤。因此，马路“开膛破肚”必须要经批准。

六是运输路线的审批，主要是客运路线和危险化学品运输路线的审批。除公安交警以外，交通委等政府部门也负责道路的组织管理工作。上海世博会期间，我在交通委指挥中心的大屏幕上看到当日危险化学品运输车辆的运行情况，一目了然非常清晰。例如哪辆是空车、哪辆是满车、某辆车运送的是什么物品等，全部都有显示，可以实现有效监控。危险化学品运输的相关路线是由公安部门具体规定的，比如将危险化学品从甲处运送到乙处应该走什么路线等都要报经审核同意。在上海世博会举办的184天中，进入上海的危险化学品运送车辆全部都要停在入境道口等待，到晚上由交警负责前后押送，统一从一个点运输到另一个点，这是为了严格确保整个城市在世博会期间的安全。

七是负责超高、超重、超长物品的运输管理。如上海是我国的卫星制造基地，公安需要负责卫星发射物品的运输管理。火箭的第二级、第三级是非常庞大的物品，在上海造完以后要运出去，在道路上运输要经过严格的管理。这么庞大的物品要从上海运出，必须考虑在什么宽度的路面通行符合其运输的体积要求，在什么地方转弯符合其运输的弯度要求，在什么载重的桥上通过符合其运输的重量要求，以上这些因素都需要经过严格审批。

为了加强道路交通组织管理，上海公安部门开展了很多有效工作。一是打通城市的微小血管，充分运用城市的小道路拓展交通空间。上海城市道路的一个局限性就是殖民主义时期帝国主义在上海造的路，当时的设计和管理往往只顾及其租界范围内的某一块，结果造成了很多断头路和相互不通的路妨碍了城市交通发展。现在的任务就是要打通这些道路，让大小马路都“活”起来。支小路是城市道路的组成部分，如果没有末端网络，道路连通不仅不可能便捷地做到“门对门”，公共交通线路要依赖道路，更是做不到“点对点”。因此，要解决“最后一公里”的衔接问题，首先要先解决断头、道路宽窄不一等问题，同时完善支小路的路网结构、密度及支小路的路况质量等问题。建立在支小道路基础上的“微循环”公交服务，兼顾联通、便利、路网串联，通过精细化的设计和管理，既要考虑老百姓的出行需求，也要考虑运营成本，来开通“最后一公里”。二是采用单行车道管理，香港城市那么小，住着那么多人，但香港的道路交通却组织得很好，其中一个重要的原因就是香港大量采用单向车道、单行道路的管理方式。车辆在相向行驶时，左转行驶容易造成车辆堵塞。因而香港很多道路实行右向行驶、单向行驶，管理比较有效。上海现在也在采用单行道的管理方式，以保证车辆的有效通行。三是积极扩建停车点。近年来，上海积极挖掘路边停车点，以解决路边停车的问题。截至 2013 年，上海全市道路停车点已经有 991 个，共可以停泊 3.6 万辆车。晚上可以将车停在马路上，白天也可以通过收费的方式将车停在马路上，这些都是有效的交通组织管理。

公安交通管理的第三大任务是道路交通事故的防范处理。防范交通事故的发生，及时有效地处理交通事故是公安交通管理最常见的任务。公安部门在这方面主要承担以下七个方面的任务：一是研究道路交通事故的防范对策，组织有效防范。我们在马路上常常看到一些警示标志，如事故多发地、事故易发地等，这些警示标志都是根据事故发生情况，经过统计分析后确定的。上海市先后整治了 207 个事故多发地、易发地，事故治理率达到了 90% 以上，消除了事故易发地，取得了非常好的效果。二是对各个交警支大队处理交通事故工作进行指导。三是复核道路交通事故的处理情况。四是负责行政处罚中的有关事项。五是负责联合交通管理的其他部门对交通事故进行鉴定。六是负责交通事故的理赔工作。从 2004 年开始，上海在全国率先实现第三方责任保险与安全事故直接挂钩的浮动制度。行车越安全，交的保险费越少。七是交通电子设备的建设、规划和维护。以交通电子警察设备为例，2003 年上海全市共有电子警察设备 2033 套，2017 年总量已达到了 1.1 万套，执法数量占总量的 35%，同时，升级电子警察功能，识别交通违法行为由原来的 15 项增加到 21 项。试点运用声呐技术，发现查处机动车违法鸣号 19.6 万余起。2017 年 9 月《新民晚报》刊登一篇上海道路电子警察的报告说，马路上，警在法在，警不在法还在，这要靠每个交通参与者的内心自觉，还要靠技术手段的制约。近年来，电子警察成了熟面孔。单单在延安路、华山路路口，2016 年 10 月查处的违法鸣号行为达到了 4657 起，安装电子警察以后，2017 年 2 月下降至 575 起。2013 年以来上海就以每年 700 套的速度建设电子警察。2015 年，利用电子警察非现场执法共查处交通违法行为 622.7 万余件，同比增长了近 30%。“十三五”期间，上海将继续保持每年新增 700 套电子警察建设的规模，严查机动车滞留路口、违法变道、违法停放，提升执法管理的效率。

公安交通管理的第四大任务是车辆和驾驶人管理。道路交通信息化管理是推动交通安全管理的必然趋势。随着城市道路交通量的发展增加，城市交通运输需求的不断增长与交通管理现实水平滞后之间的矛盾越加突出，光靠人力资源改善已不可能，必然要提高智能化水平，运用信息技术来改善提升管理水平。通过准确及时的交通统计信息更好地控制每一个路口的交通发展因素。电台城市交通广播已是每位驾驶员一上车就打开的频道。城市红绿灯的读秒计时是驾车人最为关注的动静。在公安机关的交通管理中有许多系统来支撑着安全有序的管理，主要包括四方面的职责：一是负责机动车驾驶人、非机动车驾驶人管理；二是承担机动车驾驶人的考试、体检、发照、发证、审核等工作；三是负责日常指导，即上级部门对下级部门的指导工作；四是配合有关部门监督机动车的年检和报废工作。

就这一块工作而言，有一项驾驶员考试管理工作一直为社会所关注。随着物质条件和生活观念的改变，有车市民越来越多，马路上开车的有三分之一的驾驶员的驾龄在三年以下，大量的驾驶新手给道路安全带来很多新情况。截至 2014 年 6 月，上海的机动车驾驶员总量达到了 618 万人。加强驾驶员驾车技能的培训是做好交通管理的一项基础性工作。上海市公安局党委专门讨论过这件事，就是驾驶员被扣分后需要重新补考时究竟松一点好还是紧一点好。从客观上讲现在的交通考试是很难的，一般人不好好准备很难考试及格，电视里播放过一位驾驶员考试二十次都没通过的小视频。但从管理角度讲，让驾驶员知道考试很难，他就会更加注意遵守交通规则。例如，超速情况驾驶员就特别注意，因为严重超速扣十二分，就要“回炉”。

公安交通管理的第五大任务是道路交通信息化管理。这方面的管理主要负责道路交通有关技术研究和设备的开发、道路交通监控系统的建设、科研项目的配置、电子警察的建设等，以实现交通管理综合运用平台对机动车、驾驶证、违法处理、交通事故的一体化的综合管理。

公安交通管理不单单是管好社会交通秩序，还有服务公安的问题，就是交警对公安其他警种的支持。可以说，各警种开展重大活动、突发事件的专项处置都离不开交警。一个突发事件发生以后，警力赶去现场要有畅通的道路来保障，布控、临检都离不开交警。公安在抓捕一个逃犯时，在一个区域里撒点布控，把区域路段控制起来，往往是必要的措施。交警在某个晚上设路障查酒驾这样的事例很多。2011 年 5 月 1 日，《刑法修正案（八）》正式实施，醉酒驾驶作为危险驾驶罪将追究驾驶人的刑事责任。该案规定，在道路上醉酒驾驶机动车的，处拘役，并处罚金。有前款行为，同时构成其他犯罪的，依照处罚较重的规定定罪处罚。近年来，随着我国经济的高速发展，全国公路通车里程、机动车及驾驶人数量不断增加，导致我国交通事故居高不下，饮酒驾驶造成车毁人亡的悲剧屡屡上演。所有导致交通事故的原因中，酒后驾驶排在超速驾驶、不按规定让行和违法占道行驶之后，居第四位。酒后驾驶已经成为引发交通事故特别是恶性交通事故的罪魁祸首。同时，原有的法律法规对酒后驾驶的处罚等措施不足以震慑酒后驾车行为，必须有更严格的执法管理。

公安交通管理的任务是多方面的，首要的还是维护城市正常的交通秩序，保障老百姓的基本交通需求。公安交通到底管什么？第一管出行，车能否上路及开车秩序管理是公安的事。第二管道路行驶秩序，包括行人与各种车辆的行驶，各种交通设施对交通管理的有效性，整个交通秩序的保障是公安的事。第三管交通违法的处置。公安交通管理越来越向着这三个方向去管理，其他的一些管理行为，逐步地转到政府其他职能部门。

我们化解人车路交通环境矛盾的关键是管理专项的落实，法律职责如果能得到有效落实，那么交通管理就有了可能，“严”管就能落地。我们从上海交警总队2014年的工作总结来看上海公安交警为这个城市做了什么。

2014年，上海市交警以“走在全国前列、瞄准国际化大都市要求”为标准，紧扣“降违法、降事故、保安全、保畅通”核心任务，以圆满完成“亚信峰会”交通安保任务为驱动，坚持“严格执法”思路和“问题管理”导向，持续深入推进交警系统执法规范化、管理人性化、服务优质化、措施科学化、队伍正规化建设，进一步提升符合上海特色的大城市道路交通管理服务水平，确保全市道路交通秩序和交通安全形势始终处于平稳可控状态。

一是实现“亚信峰会”交通安保任务“确保安全，减少影响”的目标，使全市道路交通始终处于有序可控状态，有力保障“亚信峰会”整体安保工作。精准到秒，精确到米，万无一失完成峰会交通警卫任务62批、292批次。道路管控和疏导分流科学高效，其间上海市未发生长时间、大面积交通拥堵。

二是一线民警“见警率”“管事率”显著提升，严格执法严格管理格局初步形成。坚持“严”字当头，重拳打压各类突出交通“顽症”，全年查获各类交通违法行为1162.5万余起，同比上升15.8%。

三是通过创新求变，不断促进工作效率和任务质量，道路交通科学管理水平大幅提升。机动车驾驶人考试“双盲”制度获市局基层科技创新一等奖。利用GPS信息查处重点车辆动态性交通违法，突破执法管理“瓶颈”。在市局范围内首推高清视频监控项目运用于实战，并在交通警卫工作中创新利用视频无线技术实施“车载图像传输”。

四是交通指挥体系进一步完善，各类交通组织科学性、合理性、针对性明显增强，全市道路交通运行平稳有序。妥善做好重要节假日、恶劣天气以及重点项目施工期间交通出行保障，持续缓解城市交通压力，未引发舆论“热点”“焦点”。

五是“政府牵头、部门共管”的道路交通安全综合治理机制进一步完善，全市道路交通安全形势持续平稳可控。全年共发生道路交通事故1172起，造成902人死亡、624人受伤，同比分别下降41.7%、1.3%、57.2%。事故各项指数和万车死亡率逐年连续下降。

六是严格交通执法管理保障机制取得实质进展，交警队伍凝聚力、战斗力继续提升。执法规范化建设的能力和水平不断增强，主动服务理念在各项业务工作中不断体现，市民群众满意度维持在高位。

2014年一年中交警部门制定交通保障主要线路350余条、备用线路140余条、应急线路20余条，并先后组织开展8次模拟演练，其中“三十秒间隔”交通警卫任务13批、90批次；上海包干的26个道口公安检查站共检查车辆69万余辆次、人员114万余人次，抓获“网上逃犯”53人、吸贩毒人员370人，查获毒品371克、违法违规运输危险品88.8吨、管制刀具660把；组织开展整治行动970余次，累计查获机动车违法593万余起、非机动车违法112.6万余起、行人违法48.9万余起，同比分别增加3.6%、76.6%和51.4%；共查处“套牌”案件1285起，行政拘留117人。累计查获“五类车”交通违法153.2万余起，暂扣车辆23.3万余辆，行政拘留违法行为人5400余人，以暂扣驾驶证3至6个月处罚，共暂扣驾驶证2336本。年内，共检查车辆307.9万余辆次、人员310.1万余人次，抓获违法人员1352人，查获各类刑事治安案件614起。年内安装“电子警察”720套，使全市固定“电子警察”总量达到3064套。其中，323套设备实现联网通信。同时，新增公交专用车道“电子警察”115套，总数达到200套，初步建成公交车道非现场执法监控网。按照上海市政府关于淘汰“黄标车”部署，利用“电子警察”查获“黄标车”闯禁令交通违法2万余起。通过GPS信息共享平台实现对全市1.5万辆大型客运车辆高速公路行车速度管控，并进一步扩大GPS执法试点，对全市大型客运车辆超速违法行为开展查处工作。累计监控重大交通警情4.5万余起，实施干预指挥2760余次，完成1842批次交通保障任务。组织全市交警排摸129处交通拥堵点并开展综合治理，新增道路停车场27处，停车泊位605个。开展道路交通管理信息系统的日常检查、台账登记、故障保修等工作，将公安网内所有服务器和网络设备全部纳入实时监控，及时掌握服务器、网络设备和计算机系统运行情况，初步建立故障第一时间发现机制，确保各大系统“完好率”在99%以上。年内共检查、维修各类故障5231起，“修复率”以及“修复及时率”都达到了100%。排查重点车辆1.1万余辆、重点驾驶人4.1万余人、重点道路5950余公里，年内，挂牌治理的9处市级道路发生事故1705起，造成5人死亡，同比分别下降3.3%和82.8%；23处区（县）级道路发生事故2208起，造成4人死亡，同比分别下降20.7%和82.6%。深入全市各专业运输单位，围绕企业交通安全主体责任落实情况开展督查，上门检查长途（旅游）客运、危化品运输、普通货运企业及客运场站3891家次，开具隐患整改通知书979份。积极规范运输企业交通安全监管工作台账。借助全市18个交通安全短信平台，向专业运输单位安全干部、驾驶人发送交通安全提示短信656万余条。并会同市教委核发校车标牌2245辆、校车驾驶人3067名。通过在考试车上安装传感器等设备实现7大项16小项计算机辅助评判功能，利用计算机自动指纹比对和车载系统影像比对自动统计下载考生成绩和考试日志。不断加强考试员管理，全市性大型宣传活动15场次，社会面宣传活动5969场次，发放宣传资料228万份，通过户外显示屏等媒介滚动播放公益广告、宣传标语65.44万条次。设立宣传点3227个，开展交通安全宣讲6892场次，展出宣传展板10645块。这是一组实实在在的数字，实实在在地反映了公安交警对这座城市的贡献。

三、一个“严”字组织落实要坚决有力

管好交通的职责是明确的，公安交警承担着执法管理的艰巨任务。随着城市的发展，人车路的矛盾会越来越突出，必须要以更加严格的管理才能解决这一城市矛盾。从公安机关的角度看道路交通违法与执法面临如下压力：

第一，交通运输违规压力大。现在的交通运输工具承载量大，违规现象量也大。运输单位为追求效益违规超载现象非常普遍，一辆平板车载重量40吨，一个钢圈28吨，替驾驶员想，他是运一个钢圈还是运两个钢圈？运一个钢圈放空了12吨，运两个钢圈超重了16吨，运输工人花几万块买个车头，前面是驾驶位，后面

是一个床铺，一家人就生活在这里，他想得最多的是如何多拉快跑多赚钱，他怎么会主动自觉地为遵守交规而让运力空放呢?

第二，路面交通疏导压力大。一个路口又是行人又是机动车又是非机动车，乱穿马路乱闯红灯，路面特别是十字路口的疏导压力非常大。公安交警在排堵导畅方面动过许多脑筋，交警广泛收集堵点信息，每周分析所搜集的城市交通堵点，把每天视频巡逻发现的交通堵点，以及“110”警情提供的相关信息，一个路段一个点进行比较，通过系统的梳理排序确定排堵的堵点，公安部门根据堵点信息建立排堵警力模式。上海公安交警在这方面的做法是：一是前端计划派警。每天的岗位派警情况在前一天下午 16 点以前通过系统上报。某区域明天安排多少岗位，每个岗位安排多少人，这个民警叫什么名字，警号多少，执勤时间是几点到几点，执勤时间当中一共休息两次是几点到几点，要细到这个程度，并作出明确布置。所有的派警必须在前一天的 16 点以前上报。二是中端实时调度。市区两级指挥中心，通过视频巡逻发现警情，根据道路拥挤状况及时调配警力，做到警力跟着警情走。三是后端分析评估。通过前期的计划，派勤，中端的指挥调度分析评估需要改进什么。

第三，交警“110”出警量压力大。全国设有统一的交通事故免费报警电话，号码是“122”，公众遇有交通事故、道路上发生治安案件、交通阻塞、车辆行驶时发生故障需要实施拖吊及其他紧急求援以及投诉，都可以拨打“122”。但是驾驶员对此号码并不熟悉，一般不太习惯拨打“122”，因此“110”这一深入人心的报警电话还是在需要时最常拨打的电话。现在一天平均有 8000 个涉及交警的“110”报警量。

在城市管理中管理量最大的是交通管理，一个城市总要面对那么多辆车，那么多人的出行。在城市管理特别是城市的综合管理中，交警处于最为突出的位置。城市综合治理把很多力量整合在一起统一行动，离不开交警的参与配合、支持，有的还要直接承担执法任务。一个城市的秩序维护最重要的是交警，它是城市综合治理中最突出的部门。可以说交警是一个城市的名片，你进入一个城市第一感觉就是这个城市的交通好不好，你看到的警察首先就是交警，以及执法规范不规范，一个道路堵不堵你首先想到这个路口有没有警察，等等。一个城市的管理，无论它是粗放的还是精细的管理，首先看到的就是交警，你要把这个城市打造好必须要打造好一支交警队伍。

那么，一个“严”字怎么落地呢？讲“严”有两个层面的含义：思想认识层面上要认识到：“最严的要求、最严的管理、最严的追责。”在思想认识上突出一个“严”字。

必须承认一个现实，交警总量与实际管理的任务不相匹配，除去管理人员、窗口人员和基地统一执勤人员，能执勤的交警分成三班，一个班只剩很少的警察。城市里还设了一级岗两级岗三级岗，有些岗位24小时不能断人，有些岗位早晚高峰时必须有人值守。这样算下来交警人数连站岗都不够，还要处理那么多的110报警。在这种情况下，老实说，疲倦懈怠真的是很难克服。所以对交通管理在思想上必须反复强调“严”。

什么叫严格执法，很大程度上讲的是依法管理。现在的法治不是执行得太严了而是执行得太宽了，即现在的违法成本太低。如果承担很大的违法压力行为人就会尽最大可能不去违法。有个简单的例子，海关边检所有的人都很重视，在国外的海关边检千万不能出错，如果你边检有一次不良记录，一次被查以后次次被查。其实有些行为不是有意而为，是不了解所到国家的法律所导致的。

具体管理操作层面要做到：“最严的目光、最严的手段、最严的作风。”管好交通秩序，突出一个“严”字，它在操作层面的主要任务是什么？

一是治顽症。我们把治顽症列为以最严的要求管理交通的一个非常突出的位置。顽症大概有这样几个，一个是五类车，就是残疾车、电动三轮车、人力三轮车、两轮摩托车、超标电动车。残疾车本来是给残疾人专用的，但有些残疾车上面搭个雨棚，后面就载客了，变成了一辆黑车。残疾车装了雨棚重心太高，转弯的时候容易翻掉很不安全。黑车整治主要是从非法运营的角度看，黑车的产生有它的必然性，城市交通的最后一公里始终没能很好解决，黑车费用便宜容易为市民接受，主要活跃在城乡接合部，更多的在郊区，这些因素导致了整治消除非常难。

二是治路口。治路口就是治理交通路口乱而堵的现象。这里面包括要整治行人乱穿马路，整治非机动车乱骑行，机动车的违规停放，高架闸道的随意变道，路口拖尾巴现象等。

三是治交警。警察一定要严格规范公正文明执法，在交通管理方面等加强对交警工作的考核，提高马路上交警的出现率、勤奋率、处罚率。出现率就是按照相关规定应该在什么时候到什么地方去执勤。勤奋率就是上岗位后按照规定做到应有的工作效率。处罚率就是按照规定对眼睛能看到的违法行为执法纠正，执法处罚。

2016 年，上海市委决定为城市发展补短板，聚焦整治“五违”（违法用地、违法建筑、违法经营、违法排污、违法居住）和从严加强综合交通管理两大任务。这两项任务都是市民反映最强烈、问题最集中、整治难度最大的问题，必须聚全市之力寻求突破。3 月 19 日，上海市委召开加强本市综合交通管理工作座谈会，围绕市委一号课题“补好短板”，明确重点，明确责任，就全市形成合力补好交通管理中的短板进行全面布置。时任市委书记韩正强调，交通问题是特大型城市永恒的主题和难题之一，作为上海这座特大型城市的管理者，全市各级领导干部必须时时刻刻把难题放在心上、抓在手上。要在前期深入调研的基础上，拿出强有力的举措，落实最严厉的整治行动，补好上海交通管理中的短板，以工作的实际成效取信于广大市民群众。从 2016 年 3 月 24 日起，上海启动了道路违法整治行动。这次被称为史上最严的交通大整治，重点集中整治机动车乱停车、乱占道、乱变道、乱鸣号、机动车涉牌违法、路口违法、逆向行驶、非机动车乱骑行、行人乱穿马路、非法客运十类违法行为。

交通大整治的第一天，《新民晚报》发出一篇重头报道《本报记者街头直击申城十大交通违法行为，你“中枪”了吗》。报道说此次整治将借鉴管控烟花爆竹的成功经验，以超常规的措施和力度严管重罚，整治重点将聚焦上海市多发的十类突出交通违法行为。记者连续两天在街头做了一番现场目击式的调查，对十种违法行为的现场作了真实的记录。如机动车乱变道、非机动车乱骑行、行人乱穿马路的行为，分别有这样的描述：“外滩隧道延安东路出口有两条车道，左边通往地面、右边通向高架，因为出隧道的车，十之八九要转至延安路高架，造成两条车道车流严重失衡，也让这里成为上海机动车违章变道最严重的路段之一。今晨 8 点 45 分，早高峰，3.3 公里长的外滩隧道内挤满了机动车，从长治路至延安东路分流道之前，虽然只能龟速前进却也秩序井然。然而平衡从隧道拐弯处开始被打破，直到延安东路出口，短短一百米不到的爬坡右弯道，变成了进攻和防守的‘危险游戏’，左侧想要变道的车辆往往不打转向灯直接一脚油门快速插入，右边直行车辆不甘心被‘侵犯’，也大多与前车保持不足 1 米的‘安全距离’，一攻一守，造成路口险象环生。记者早晨在现场多次看到惊险场景。其中一次，一辆沪牌 SUV 越野车牢牢守住右车道，无论如何不让左侧想要变道的金杯面包车从车前插入，两辆车一直‘怄气’并行直到蓝色的延安高架指示牌下，实线外的金杯才不得已让 SUV 先行，然后‘欺负’了右侧车道一辆甲壳虫。外滩隧道延安东路出口处机动车乱变道现象早已被多次关注，早在 2013 年，就有市政协委员建议在路口安装电子警察遏制车辆违法变道行为，但还是没能管住那些‘寸金寸光阴’的插队司机。”记者的报道只是上海交通乱象的一角，公安部门将大整治定位在违法行为整治是非常正确的，既有法律依据，又有执法权力，并能实现法律效果。但实际执行起来矛盾却非常大，一时间，全市各个角落都在议论这件事，有支持的，有持疑的，也有赞成的。

整治三个月之后效果显现了，道路交通违法行为和交通事故明显减少。尽管累坏了全体公安干警，却带来了上海交通秩序的大变样。上海市统计局社情民意调查中心公布的“交通大整治调查报告”显示，88.7% 的受访市民认为目前交通违法行为比大整治前减少了。87.1% 的受访市民对道路交通违法行为大整治行动成效表示满意，其中 21.4% 表示很满意。重点整治的十类突出交通违法行为中，违法停车的整治效果最明显，受访市民认为违法停车现象减少的为 91.8%，比例居首位。认为行人不遵守交规现象减少的比例为 82.5%，认为非机动车乱骑行现象减少的为 82.1%，认为非法载客现象减少的为 63.9%。三个多月来，“最严”交通大整治行动让全市交通秩序和交通拥堵状况明显改观，获得了市民的广泛拥护，市民感受着身边交通发生的变化，也期待这种变化能持续下去。对于如何建立道路交通治理的常态长效机制，本次调查显示，54.8% 的受访市民认为首先是要提升市民遵法守法意识和交通文明程度；其次，46.0% 的受访市民希望优化道路交通基础设施规划和建设；最后，42.2% 的受访市民希望持续整治、严格执法、加大信息化执法力度。

上海的交通大整治客观上讲是上海道路交通发展的必然要求。《解放日报》

2015年9月9日有一篇报道，标题是“上海交通这五年：堵得更早了，时速更慢了，轨交更挤了，停车更难了”。报道中有这些数据：与五年前相比，上海的交通状况有何变化？“堵”在哪儿？上海市交通委发布的第五次综合交通调查显示，与2009年相比，2014年全市出行总量增加12%，达到5550万人次/日。早高峰出行量持续增加，出行量增加10%；晚高峰有提前的趋势，出行量增长5%。全市居民的平均出行距离由2009年的6.5公里/次增加至2014年的6.9公里/次。全市公共交通［含轨道、公共汽（电）车、轮渡］日均客运总量为1521万乘次/日，较2009年上升34.8%。其中，轨道日均客运量达到775万乘次，公共汽（电）车日均客运量为730万乘次。到2014年年底，沪牌小客车达219万辆（其中市区号牌152万辆，郊区号牌67万辆），长期在沪使用的外牌小客车近100万辆。也就是说，上海实有小客车总量近320万辆，较2009年增加约一倍。未来两年每年有近40万辆新增车辆的意愿。全市居住区配建停车位为179万个，居住区夜间停放需求为290万辆，配建缺口为38%。中心城居住配建停车位为64万个，居住区夜间停放需求为133万辆，配建缺口由2009年的37%扩大到2014年的52%。

大整治大声势，全市各个角落都在动，但寄希望把交通“顽症”一下子根除是不可能的。就在大整治期间，中环线发生一起重大的交通事故，引发了对交通整治必要性、长期性、严肃性的热议。2016年某日凌晨，位于汶水路、沪太路口的中环线高架道路发生严重车祸。凌晨1时许，记者在现场看到，高架道路上下实施了交通管制。中环高架主桥面翘起损坏，桥面最大高差处约40厘米。车辆已无法通行，桥下的汶水路沪太路路口已停止通行，并且围起了警戒线。一根长约10米的水泥管从高架上直坠地面，摔得变形。另外还有两根水泥管悬在半空中，情况十分危险。据目击者介绍，一辆长挂车行驶时撞到了右侧的护栏后侧翻，因为车身太重，将高架路面如“跷跷板”般压得开裂并且翘起，后方行驶的一辆红色汽车来不及刹车径直撞了上去，车损严重。据悉，当时车内有两人，事发后车辆气囊弹出。为了排堵疏导，普陀、嘉定、宝山三个受到影响的区交警部门成立了联合指挥部，增派警力联动疏导交通。为化解这一事故对交通秩序的影响，尽快恢复变通，拟定三步处置方案：临时稳定方案、临时加固方案和修复方案。据了解，肇事车辆系上海建景物流有限公司一辆装载十余米长预制水泥管桩的卡车。超载货物的卡车违法驶上高架道路，行至中环线（内圈）真华路至万荣路匝道之间时，发生单车侧翻事故，致使高架路段主桥面翘起损毁。肇事卡车所载的数十吨预制水泥管桩纷纷翻落，部分管桩坠下高架桥落至地面，导致高架及地面交通无法通行。事故现场无人员伤亡。肇事驾驶员已被民警控制，排除有酒驾、毒驾嫌疑。

上海道路交通整治行动是一次全警的行动，除原有的交警力量之外，各种警力特别是地区民警也到道路上纠正违法行为。一段时间里，上海倾全警警力，把交通大整治作为中心工作，实行每日调度讲评、每日通报、每日专项督察。据统计，截至2016年11月底，全市道路交通事故数、死亡人数、受伤人数同比分别下降25.4%、13.6%、41.6%。

上海道交条例出台后，上海市政协组织了一次专题视察，视察条例贯彻落实的情况。视察中上海市公安交警总队领导介绍有关情况时，其中有一条讲到开展交通安全宣传。副总队长说：全市公安交警做好教育引领，持续加强社会面释法宣传。全市公安交警部门利用电视、报纸、期刊、广播等传统媒体和微信、微博等新媒体开展宣传，营造交通违法严管和道路交通参与者遵法守法的浓厚氛围。一是在内环内所有户外工地围栏覆盖条例宣传海报，向全市3500万手机全网用户发送2轮提示短信，先后协调在3万个东方明珠移动电视终端、5000辆出租车广告后窗、500余家邮政网点、各公交站点和轮渡站LED显示屏、进沪高铁和动车车窗、部分航班等媒体媒介开展交通管理宣传。二是推进交通安全宣传“十进”（进社区、进家庭、进机关、进单位、进校园、进商场、进影院、进工地、进楼宇、进网络）工作。三是会同行业主管部门，对2.1万余家运输企业进行约谈、召开座谈会、通报会和上门检查督促等方式督促落实主体责任，及时清理违章、降低违法率；约谈本市12家业务量大、非机动车数量多的快递、外卖送餐、共享单车行业骨干企业，督促行业自律、自治，从源头上减少交通违法。

上海交通大整治取得了明显的成效，但上海市政协委员视察时，在短短一个半小时的交流中，委员们还是提了近30条意见建议，说明大家对交通的高度关注。可喜的是，上海市公安局交警总队对上海市政协委员们提出的意见建议非常重视，以书面的形式回复给上海市政协，归纳回应了四个问题。

一是提高执法精细化水平的问题。上海市公安局交警总队在提高执法精细化水平方面不断探索，做到三个转变。深化责任区管理模式，实现交通管理向严格制度化转变；提高研判分析能力，实现分析研判向“精细化”转变；加强交通管理法制建设，按照执法规范化建设的要求，实现交警执法向更高“标准化”转变。交警总队将充分采纳市政协委员们提出的建议，针对性地调整责任区管理力量部署，提高执法管理精确性；督促各交警支（大）队进一步完善交通事故、交通违法案件的信息采集录入质量和数量，夯实分析评价本次道路交通安全状况的数据基础，并积极依托“上海道路交通事故分析预警系统”，强化分析研判和应用管理。

二是优化道路交通的标志标识。交警总队在事故多发地和易发地进一步完善设施以提高安全警示的效果，持续开展交通标志标线的排查梳理工作。2016 年 5 月组织交通标志标识集中排查，共排查信号灯路口 26659 个（次），发现有问题信号灯 8712 处；排查整治标志问题 8619 块，处理标线问题 13272 公里，相关问题均已得到了整改。下一步，交警总队将继续协调市、区交通管理部门，组织各区交警支队，持续开展标志、标线和信号设施排查梳理，使设施和信号设计设置更加科学合理，不断改善道路的通行条件，保障道路交通的安全、有序。

三是加大沟通协调的力度。2015 年以来，交警总队根据公安部、上海市公安局全面深化公安改革的部署和要求，以便民、公平、效率为原则，加强与保监、司法部门的沟通协调，探索建立了以第三方身份的保险业进驻交警部队人民调解室参与道路交通事故损害赔偿的调解机制，提升了道路交通事故调解公平、公正，保障当事人的合法权益。同时，在缓解停车难问题上，总队根据各区道路和交通的情况，组织各交警支队积极会同区交通管理部门，协调属地街镇、居委等，开展夜间道路停车场需求排摸和方案编制，新增夜间道路停车场。下一步，总队还将积极协调上海保监局等单位，深化交通事故的快速、快赔、强化交通事故在线快处机制，同时将继续向市、区交管部门建议，通过停车资源共享利用、小区内停车设施挖潜、增补建公共停车设施等措施，多措并举，缓解停车难问题。

四是强化宣传引导。2017 年 3 月 25 日以来，总队围绕条例，以非机动车和行人遵法守法文明出行为重点，结合相关条文、典型交通事故案例等内容，持续开展社会面交通安全宣传教育。下一步，总队将继续围绕条例中的重要条款加大宣传和普及的力度，协调相关部门利用广播电台、电视台、影剧院等资源播放音视频公益广告和游走字幕提示，持续扩大宣传辐射面；继续发挥“文明交通宣讲团”的作用，积极吸收更多的社会力量参与宣讲。

条例的颁布，为每一位市民的交通行为“立了规矩”“设了底线”，关键是要依靠持之以恒的依法严管。上海市公安局分管交通的副局长表示，市公安局将延续交通大整治的经验做法，将依法严管作为道路交通常态长效治理的有效措施，一以贯之地对各类交通违法行为实施“全覆盖、零容忍”的执法管理。上海警方将以条例中有关创新管理手段、加大处罚力度的规定为抓手，针对突出交通违法行为，在全市范围内组织开展专项集中整治行动，通过保持严管姿态，使得知法、尊法、守法的理念深入人心。

上海的交通大整治引起了全国的高度关注，公安部专门在上海召开现场会，在市政府召开的新闻发布会上，上海市公安局分管交通的副局长介绍了上海交通违法大整治的十条经验：一是见违必纠、纠违必处、处罚必严；二是最严查处措施释放依法严管信号；三是充分借助新技术手段提升执法效能；四是注重发挥法治的规范和引领作用；五是实施交通管理勤务机制改革；六是广泛深入宣传发动；七是全过程深化普法释法教育；八是全面推动共建共治；九是强化重点行业自律自治；十是推进基础设施建设应用。

2017 年 1 月，上海召开“两会”，在“从严科学规范管理，建立健全道路交通管理长效机制”的专题审议会上，与会的市公安局领导再次谈到对交通违法大整治的理解及整治效果。一是运用大数据研判交通堵点，有针对性地投放街面警力，累计改造 567 个路口治安设备。二是全方位动员媒体营造强大声势，全过程深化普法释法教育，全覆盖开展社会宣传发动，营造良好舆论氛围。三是强化重点行业自律自治成为交通大整治中的重点工作之一。2017 年 4 月 19 日，《新民晚报》报道说，交通整治一年，上海告别了“十大堵城”。统计表明，96.7% 的受访市民对大整治表示支持，88.7% 的受访者认为目前交通违法行为比大整治前明显减少了。

在交通大整治的前期，主要靠警力，上海全市公安系统全员上路管交通。但仅靠这条是不够的，上海公安承担着维护这座城市安全的许许多多繁重的任务，必须向科技要警力，必须最大限度地实现非现场执法的作用。《新民晚报》2016 年 11 月 9 日报道，上海警方用创新科技构建执法天网。文章说，“电子警察违法抓拍即时告知系统”是上海警方 2016 年 8 月推出的举措，通过将车牌图像转换成数据，在大数据平台上进行比对，找到车主联系电话，推送告知短信。11 月 1 日起，这一系统新增一项功能，抓拍违法停车后短信即时告知。交通大整治中，从抓拍“违法鸣号”的声呐，到识别违法图像的“天眼”，上海警方通过创新“黑科技”，构建起几乎全覆盖的非现场执法网络。报道说，记者昨天从上海静安公安分局警方获悉，9 月 21 日至 11 月 6 日，延安路华山路声呐抓拍系统共捕获到违法鸣号行为 1380 起，平均每天 30 起。一段时间下来，试点路段的违法鸣号量明显下降，车辆滞留路口的现象也得到改善。静安交警还投入使用“移动抓拍球”违法抓拍记录仪。抓拍球的精准拍摄距离约 50 米，不仅拥有可转动的高清摄像头，还有自动识别“黑名单”的功能：只要把套牌车、盗抢车辆等违法车辆牌号等关键信息输入其中，就能识别出这些特殊车辆并发出警报。静安警方研发的智能抓拍系统，自动识别记录多重违法行为，在全区 21 个路口推广，未发生一起投诉。上海交通大整治开展以来，警方已建成使用“电子警察”1.8 万套。现在，全市地区派出所的高清探头已被用于交通执法，逐步构建起一张全覆盖的非现场执法网络，依托市、区两级公安大数据实战应用平台，以及海量交通事故、道路拥堵、违法停车等数据，可以主动排查推送交通违法行为突出的路口、时段、区域，引导街面执法警力动态精准投放，解决了警力有限的瓶颈，确保交通整治能够全天候、全覆盖、严在日常、严得长久。

四、一个“严”字关键在全社会形成共识

根据国务院印发的调整城市规模以及划分标准的通知，中国的城市分为五类、七档。第一类是小城市，即人口在 50 万人以下的城市，具体分为 20 万人以下，20 万人以上 50 万人以下两档。第二类是中等城市，即人口在 50 万人以上 100 万人以下的城市。第三类是大城市，即人口在 100 万人以上 500 万人以下的城市，具体又

可分为100万人以上300万人以下，300万人以上500万人以下两档。第四类是特大城市，即人口在500万人以上1000万人以下的城市。第五类是超大城市，即人口在1000万人以上的城市。城市道路管理研究要从城市特点出发，建立符合城市特点的管理机制。

第一是服务国家大交通发展战略的变化。中国的大交通发展带动了城市的交通发展。比如，轨道交通，它就是大交通背景下带来的，在国家大交通发展战略中处于非常特殊的位置。以上海为例，国家大飞机研究中心，总装厂在上海，上海的造船业可说是全球领先，有长兴岛造船基地、振华港机。航天飞机科研基地也在上海，国家交通发展的核心生产部分聚焦在上海。而且作为人口高度密集的特大型城市，上海的大交通体系发展越来越显示出它的能量，每天一千多万人在这座城市的地铁中运动得井井有条，这都是国家大交通背景所带来的交通管理的大背景。

第二是交通运输主体的变化。老百姓的生活水平提高了之后，会有一种外在的物质表现。马路上这么拥挤，为什么还有那么多人买车，除了觉得出行方便以外，某种程度上也是经济地位发生变化的一种外在表现。生活水平提高以后，人们更加注重个人出行的舒适度，更加愿意采用门到门的交通出行方式。现代人讲私密性，喜欢在一个自己独立的小空间里面，一家人坐在车子里谈天说地，哪怕小孩子哭闹都是一家人欢乐的生活。老百姓拥有自驾车的问题，不是主观上能堵得住的，经济地位发生变化，生活追求，生活需求发生变化，这是社会发展的必然趋势。

第三是执法管理的变化环境。执法必严，首先讲的是依法执法。“严”首先是依法。现在执法活动遇到环境的挑战，这种挑战必然反映到管理体制中来。在执法环境变化的条件下怎么管理，或者说在执法面临严峻挑战时如何规范执法。发展交通执法高科技也是为了“严”，为了执法必严的需要。

过去火车是牵引式动力，火车跑得快，全靠车头带，整个火车的动力在车头上。现在是分解动力，每一节车厢下面都有一个动力系统，火车只要启动起来，八节车厢就有八节动力，十六节车厢就有十六节动力。过去的绿皮车跑得再快也是六十公里，八十公里，尽管工人的煤铲拼命加煤，但是燃气机就只能产生这些动力，它是不可能跑得快的。速度快的火车路轨的接缝处一直在响，而现在是无缝铁轨，哪怕火车跑得再快，也没有响声。厂里出来标轨一百米，到了现场装成五百米，五百米铺成铁轨后，安放下来变成两公里，两公里衔接好变成无限长。高科技支撑了管理的变化、管理方式的革命，如果没有高科技的支撑，谈何管理革命。

我们发现，“人车路”还不是统领交通管理的核心问题，真正的核心问题是交通环境，包括道路环境、价值环境、意识环境、社会环境等。交通环境因素是管好交通最具综合性，也是解决各种交通矛盾的最好方式、最能够综合治理的渠道。我国正处在阶段性发展的起步期，城市还在快速的发展过程中，各项建设正在大踏步地展开。大建设，大开发，大动迁，这些阵痛期都会反映到交通环节，交通成为了晴雨表。这个地方堵了，人们就说这个地方在搞建设。中国还处在法治建设的初级阶段，改革开放以后，我们花费了很大精力在制度建设上，社会主义法律体系基本建成，通过前三十年，我们基本上做到了有法可依。但是，依法治理还是初级阶段，治理能力和治理体系现代化的问题才刚刚被提出来，一方面，国家治理要法治，另一方面，全社会的法治水平远没有达到这样的水准。我们整体的交通文明水平参差不齐，城市人口在不断导入，绝大多数来自农村和中小城市，农村、中小城市的交通环境和特大城市的交通环境不是一回事，他们原有的交通知识放到特大城市的交通环境中，需要补充很多东西，他们原来所处的交通环境和今天的交通环境不一样，需要不断地补充学习和了解在特大城市交通环境下的出行。这种学习与补充又在不断地被消化，因为城市在不断地有新人进来，所以要不断地教，否则他们是不知道的。

2016 年 12 月 29 日，上海市第十四届人大常委会第三十四次会议表决通过了《上海市道路交通管理条例》，条例是对原条例的修订，其中 85% 以上的条款为新条款，被称为史上最严的交通条例。《上海市道路交通管理条例》最初制定于 1997 年，1999 年、2000 年和 2001 年分别作了修改。随着 2003 年《道路交通安全法》及其实施条例等法律、行政法规的颁布实施，以及近年来上海特大型城市车辆保有量和驾驶人数量增长迅速、城市道路拥堵越发严重等情况的出现，原条例的内容已经无法适应现实管理的需要，亟需作全面的修订，重点解决道路交通管理中的法制不完备问题、常态长效管理亟需解决的问题、人民群众反响强烈且实践亟需解决的问题。此次条例的修订创新立法机制，实行上海市人大常委会副主任和市政府副市长共同负责的“双组长制”，并由市人大内司委、市人大常委会法工委、市公安局、市交通委和市政府法制办组成联合起草小组。经市政府常务会议讨论通过，于2016年7月正式提交市人大常委会审议。市人大常委会法工委主任介绍，在条例修订过程中，起草部门坚持科学立法。对条例草案内容从合法性、合理性和可行性三方面进行综合评估，对重点条款的法律效果和社会效果进行综合评估；对全国各省、直辖市、自治区以及经济特区和其他相关城市的道路交通相关立法及实施情况进行了研究和分析；就公交专用道的划设和使用、设置禁止停车标志标线、电子警察执法、交通违法行为的处理、道路停车泊位的调整等问题多次与市公安局、市交通委进行了专题研究。

2017年3月25日，新交通管理条例正式生效实施。对于条例的实施，公安部门的态度是“三个更”，即执法更严格、管理更精细、服务更便民。具体地说：执法更严格就是交通行为现在立了新规，有了底线，就要严格执行，把依法严管作为道路交通常态长效治理的有效措施，一以贯之地对各类交通违法行为实施“全覆盖、零容忍”的执法管理。条例首次明确交通管理工作的主体是公安机关而不是交警，打破了警种界线，有利于推动形成多警种联动的执法机制。管理更精细就是公安部门在严格执法的基础上，要细化完善各项配套措施。落实好客货分道交通标志标线设置，加强道路交通前端管理，参与交通专业规划和基础设施规划编制，建设项目交通影响评价、新建建筑出入口设计等，发挥警方在互联网和手机APP上所设平台的作用，畅通市民群众参与交通治理的渠道，加强对突出交通违法的社会监督。服务更便民就是实现严格执法与便民服务的有机结合，提升事故快处便民水平和处理效能，减少交通事故对正常道路交通的影响。缩短驾驶学员考领驾驶证周期，满足市民群众希望在双休日参加驾驶员科目三道路驾驶技能考试的需求。进一步化解“停车难”，推动停车设施的共享利用，缓解居民区“停车难”矛盾。

上海市新条例实施的第一天，全市公安交警以“严格执法，严格管理”的态度开展全市统一行动，坚决做到“见违必纠、纠违必处、处罚必严”。在持续做好对机动车“三乱一逆”、非机动车乱骑行、行人乱穿马路等突出交通违法执法工作的基础上，交警还针对性地加强了对连续变更两条车道、不按规定系扣安全带、货车占用客车车道等新增及调整条款违法的查处力度。上海全市累计查获各类交通违法行为2万余起，同比上升10.6%。其中，涉及条例新增及调整条款方面违法的，共查获连续变更两条车道116起、不按规定系扣安全带446起、货车占用客车车道50起等。

改革开放以来，我国经历了世界上规模最大、速度最快的城镇化进程，城市成为聚集人口、资源、产业的最大平台，同时也对城市管理特别是交通管理提出了巨大挑战。近年来，随着社会经济的快速发展，交通管理任务日益繁重，公安交警部门警力不足的矛盾更加凸显。交警部门警力不足问题的产生有着复杂的历史、社会、形势等因素，是各种内外因交织的结果。一是警力增长与交通发展不相适应。交警部门接警处、处理交通违法和交通事故、执行交通警务任务、执行大型活动交通保卫任务、处置各种恶劣天气交通应急事件、参与处置各种全体性和突发性事件等的任务都有大幅度提升，交警总人数却没有增加，数量缺口大。二是警力的老龄化和专业人才短缺情况严重。队伍"老龄化"使交通管理工作战斗力下降。目前，交警警力的补充以公安局警力调动流通为主，或是部队转业干部，对交管工作上手比较慢，重新学习的成本投入很大，战斗力生成缓慢。三是交管工作要求标准提高，警力投入增加。随着依法治国理念的深入人心和人民群众对交管工作要求不断提高，一些交通事故处理特别是死亡交通事故处理，民警必须规范处置、妥善开展工作，这就对技术要求以及精力投入有了更高的标准。除此之外，非警务活动越来越多，也极大地影响了交警正常工作的开展。解决交警部门警力不足问题是一项复杂的系统工程，必须加强顶层设计，科学合理制定交警人员编制与城市机动车数、事故数、道路公里数等数据挂钩的动态增长保障机制，确保警力跟上城市道路交通发展水平。注重科技强警，提高工作效率。交管工作要紧跟时代潮流，积极提升交管工作信息、技术和装备水平，运用科技创新进一步解放警力。加强科技知识方面的培训，全面提高广大交警运用科技手段解决工作中的问题的能力。要通过挖掘社会资源，组建多种形式的交警辅助力量，作为解决警力不足矛盾的有效做法。

2015年中央城市工作会议提出，要全面贯彻依法治国方针，依法规划、建设和管理城市，促进城市治理体系和治理能力的现代化。城市交通管理既是民生工程，也是民心工程。城市交通秩序的好坏、通行的畅通，关乎人民群众的幸福感和获得感，关系人民群众对政府治理水平的信赖，关乎党和政府的形象。《人民公安报》2017 年 4 月 20 日报道了公安部在深圳召开的全国城市道路交通管理工作现场会。公安部领导在会上指出：各地要清醒认识当前我国城市交通滞后于城市发展的短板问题，提高站位、勇于担当，注重学习借鉴国内外先进经验，积极探索城市交通管理新路子，构建现代化警务新模式。对下一步交通管理，会议提出了“十七个要”。

1. 要清醒认识当前我国城市交通滞后于城市发展的短板问题，提高站位、勇于担当，注重学习借鉴国内外先进经验，积极探索城市交通管理新路子，构建现代警务新模式。

2. 要坚持法治思维，充分运用社会治理理论、系统工程思想、交通工程原理，创新理念、制度、机制、方法，不断提升城市交通治理社会化、法治化、智能化、专业化水平。

3. 要建立健全城市交通综合管理体系，推动形成协同共治的城市交通管理格局。

4. 要对城市交通现状、趋势进行深入调研评估，积极向党委、政府提出对策建议。

5. 要健全完善政府主导的城市交通综合协调机制，建立交通综合治理属地责任制，推动相关部门各司其职、各负其责，统筹规划、建设、管理环节，推动城市交通从“末端管理”向“前端治理”延伸。

6. 要主动参与城市规划和交通规划的制修订，加快城市路网建设，推动城市功能有机疏解，严格执行交通影响评价制度。

7. 要改善交通出行结构，积极配合相关部门落实好公共交通优先发展政策。

8. 要积极破解停车难问题，提请政府科学增加供给，盘活现有资源，部门联手治理挪用停车设施、乱停乱放等问题。

9. 要大力推进文明交通，发展壮大交通志愿者队伍，建立交通自治工作机制，动员全社会共建共治共享城市交通。

10. 要用足用好《中华人民共和国立法法》授予的设区市地方立法权，积极研究城市交通新情况、规范新业态，依法依规推动编制地方标准，补充完善技术指标，破解城市交通难题。

11. 要强化科技信息应用，推动智慧交通建设，提升交通管理“软实力”。

12. 要推进智能交通管理系统的建设应用，建设完善交通感知系统、交通智能控制系统和执法管理系统，深化“互联网 +”、微警务应用，提升智能化水平。

13. 要加强信息共享融合，建立城市“交通大脑”，打破“信息孤岛”，实现城市交通精细治理、精准执法、精心服务。

14. 要加大人才吸纳培养，加强与科研院所、高校、企业的合作，用好市场、社会力量，提升专业化水平。

15. 要突出严管，设立秩序严管街，采取最严措施，实施最严管理，逐一治理堵点乱点。建立交通违法曝光机制，定期公布严重交通违法“黑名单”，推动交通信用体系建设，全力提升市民文明交通素质，有效治理城市交通秩序混乱问题。

16. 要科学精细组织城市交通，进一步优化交通组织，完善交通信号灯和标志标线设置等，有效解决交通管理方式简单粗放的问题。

17. 要积极推动交警勤务机制改革，建立高效勤务指挥体系、优化路面勤务模式、实施警种联勤联动，有效解决路面管控效能不高的问题。

公安机关作为交通管理的职责部门，管好交通义不容辞。如今，公安部门提出新的要求和规划。管好交通一个“严”字，只要“严”，交通这个最难的社会管理问题一定能解决好。

“大墙”内的文明

党的十八届三中、四中全会吹响了司法改革的号角，相信包括人权司法保障在内的“大墙”文明一定会做得更好，实现司法公正，赢得司法公信力。

老百姓说的“大墙”，法律用语叫羁押场所，人们都会有一种神秘感，不知大墙里面是什么状况。“躲猫猫”事件发生后，社会舆论聚焦“大墙”，特别关注的是“大墙”内有无现代文明，“大墙”里的人有没有基本的人身权利？人权司法保障究竟是嘴上说说的，还是已经成为“大墙”文明的重要体现。受一些影视片的影响，有人甚至错误地认为“大墙”里牢头狱霸横行，克扣在押人员生活费现象比比皆是。“躲猫猫”事件是发生在“大墙”内的恶性案件，引发种种猜测是正常的，但就整体而言，在中国法治建设的历史进程中，“大墙”内的文明正在健康发展。我们可以从以下四个方面去寻找这样的司法文明。一、“大墙”文明的基础是硬件建设；二、“大墙”文明的保证是依法管理；三、“大墙”文明的核心是人权司法保障；四、“大墙”文明的现实任务是“五化建设”。

一、“大墙”文明的基础是硬件建设

先看看“躲猫猫”事件引发关注的重点、热点。“躲猫猫”是一款游戏名称，由于和“大墙”内的事联系在一起，使它成为“2009年度网络第一热词”。“躲猫猫”事件是指发生在云南省晋宁县看守所的一起死亡事件。24岁男青年李某某在看守所中以“躲猫猫”的名义被殴打，后经医院抢救无效死亡。事件经媒体报道后，在网络上迅速发酵，网民纷纷质疑，一群成年男人在看守所中玩小孩子玩的“躲猫猫”听起来已经非常离奇，而游戏竟能致人死亡就更加令人难以置信。

据当地公安部门通报，2009年1月28日，李某某因涉嫌盗伐林木被刑事拘留，羁押于晋宁县看守所9号监室。2月8日下午放风时，李某某与狱友在天井玩“躲猫猫”游戏，抓到同监的普某某，引起普不满，两人发生争执。争执中普先踢了李一脚，随后又朝其头部击打一拳，致李重心不稳，头部与墙壁和门框夹角碰撞倒地昏迷，经医院抢救无效于2月12日死亡。

在网民的质疑声中，2月19日，云南省委宣传部发布公告，征集网民参与调查“躲猫猫”事件真相。2月20日，网友调查委员会称，查看监控录像和会见当事人的要求都被拒绝，探寻真相还是要靠司法机关。同时，晋宁县公安局向网友、媒体代表组成的调查委员会公布对“躲猫猫”事件的调查结果，称是游戏中的意外事件。县人民检察院副检察长表示，没有发现公安机关存在严重失职渎职现象。

2月27日17时，云南省政府新闻办召开新闻发布会，公布检察机关调查结论：2月8日17时，张某、普某某等人以玩游戏为名，用布条将李某某眼睛蒙上，对其进行殴打。其间，普某某猛击李某某头部一拳，致其头部撞击墙面后倒地昏迷，经送医院抢救无效死亡。法医鉴定结论是，李某某系多次钝性外力打击致严重颅脑损伤死亡。也就是说，这是一起在押犯罪嫌疑人，以“躲猫猫”为名，殴打、施暴，致人死亡的事件。李某某身亡后，张某某、张某、普某某等人为逃避法律的制裁，编造了李某某在游戏中不慎自己撞墙死亡的虚假事实，而且订立“攻守同盟”对抗侦查。晋宁县公安机关在没有深入调查取证的情况下，通报李某某系游戏中不慎死亡，是极不负责任的。正因为如此，晋宁县公安机关有关领导和看守所有关领导受到行政处分。鉴于看守所存在管理混乱、牢头狱霸以及渎职问题，检察机关对看守所有关人员以渎职罪立案侦查。晋宁县人民检察院驻监看守所检察室没有尽到监督的责任，驻监所检察室主任被免职。张某、普某某等人涉嫌构成故意伤害罪，由公安机关依法侦查他们的刑事责任。

2009年的全国两会上，“躲猫猫”事件在不同的场合被多次提及。2009年3月11日，时任最高人民检察院副检察长胡克惠在列席台湾代表团分组讨论时说，“躲猫猫”事件给公检系统的影响是巨大的，事件发生后，最高人民检察院开过几次专门会议，提出将在全国严打牢头狱霸，加强驻所检察。

从“躲猫猫”这件事来看，的确给公安和检察系统带来了一定的负面影响。司法机关公开承认牢头狱霸的存在，牢头狱霸是滋生在监所里的一套非法权力系统，它的存在与监所的特殊环境有关。舆论呼吁改革看守所管理体制，具体说就是把看守所划归司法行政部门管理，完善看守所的技防建设，强化对看守所管理者的问责制度。“躲猫猫”事件引起社会关注的热点问题有两个：

第一是大墙内管理的文明程度、透明程度问题。老百姓觉得“大墙”很特殊，高高的围墙加上武警站岗，戒备森严，不知道里面的底细，觉得“大墙”内不是一个文明之地。

第二是监所里存在的牢头狱霸问题。牢头狱霸在“大墙”内有存在的条件，老犯人欺负新犯人，重刑犯人欺负轻刑犯人。为什么会出现这样的情况呢？一方面和这些人自身素质有关，另外也与监所的条件有关。现在，监管文明程度提高了，这些问题正在一步一步解决。牢头狱霸的存在导致羁押人员生命安全没有保障的事件更是必须杜绝。

从物质条件的发展来看，作为关人地方的“大墙”的确在相当长一段时期的条件是非常落后的。上海人一提起提篮桥监狱都会说那里的条件好。有的犯人家属希望犯人能在提篮桥监狱服刑改造。如果要说改革开放之前的监狱条件，那提篮桥监狱是不错，这所监狱始建于 1901 年，解放前，长期由英国人管理，俗称“外国监狱”，四周有 5 米高的围墙，一百多年了还一直在关押犯人。但是，随着物质条件的改善，“大墙”条件也在改善，现在羁押场所的条件已大不相同。不可否认的一个基本事实是“大墙”是关人的地方，不可能以社会一般物质条件的变化来要求它去改善羁押条件。随着我国经济条件的改变，近年来，羁押场所的硬件得到很大改善，特别是硬件改善对羁押人员的权利保护起到积极作用。我曾带着几位研究狱政法的法学专业研究生考察过一家看守所，近距离看到了“大墙”内的建设变化。

这家看守所建于 1996 年，多为三四层楼的小楼，羁押量一般保持在三百人左右，因为南方潮湿，各楼的底层不羁押人员。所内有几个与“大墙”文明直接有关的重要硬件设施：

律师会见室。律师会见室是专为律师在“大墙”内会见当事人而设立的独立场所。会见室按照公安部的规定，建有监控录像，记录人员进出的全部过程。当会见律师人多，会见室不够用时，看守所会征询律师意见，是否同意使用司法人员办案所用的提审室，并告知律师使用提审室时，提审室只打开录像系统不会开启录音系统，确保律师会见的谈话内容不被监听，由律师自愿选择是否使用，在律师会见室不够用的情况下，绝大多数律师都乐于接受看守所的安排。

提审室。按照规定提审室实行双通道分门进出，办案人员走办案人员通道，犯罪嫌疑人走犯罪嫌疑人通道。提审室内专设被审人员隔离区，在物理上与办案人员分开，相互之间不能发生身体接触。提审室内装有多部摄像头，这样做正是为了保护犯罪嫌疑人的人身安全，防止发生逼供。监管总队领导特别介绍，隔离区设有红外线保障措施，任何东西只要一触及隔离区立刻就会报警。提审结束，办案人员取出设备中的磁卡，则已录的所有信息被覆盖，以确保案件不串联。同步录音是提审室与律师会见室最大的区别。在提审室的墙上有计时钟，提审室一旦开启使用，则墙上的计时钟自动开启，它将明确记录整个提审的时间，可避免在提审环节中的疑义。全程录音录像是文明执法很重要的一点，电子显示板显示出准确的年、月、日、时、分、秒以及实时的温湿度，全程同步录音录像在提审时不得中断。在被提审人进入隔离区域时，手铐将卸下，让其在较放松的环境里回答提审的各种问题。安全座椅可以防冲撞、防自伤自残、防袭击。此区域的建立对于保护被羁押人员在提审中应有的状态非常重要。驻所检察官可以在检察室对整个提审活动进行监督。

监控室。监控室是看守所的中枢，管控着全所的摄像头。所里的管理都由监控室予以掌控，包括通过指纹考勤知晓每一个岗位有多少民警；实时的提审、律师会见情况；监室的人员分布情况、在押人员外出就医的情况等。重大一二三级所情可以由此点击显示详情。通过触屏点击，可以查看每个风险对象的具体信息，其中包括案情、报病次数、管教谈话次数等。电子信息屏上也可显示出分类情况，如未成年在押人员、留所服刑人员、十日新收人员等。

监房。看守所对监房实行层级管理，每层楼面都有分控室，主要职责是看管监房。一层楼面大致有十六七个监房，一个监房有 24 平方米，木地板有三层防潮，房内分设卫生区。楼面除了分控室观察的民警外，还有巡逻民警。监房实行民警直接管理，不设羁押人员组长，平等保障监房人员合法权益。监房设有报警装置，按下后可直接接通分控民警进行对讲，羁押人员感觉身体不适等情况可便捷按下报警。若房间内发生矛盾争吵、打架等情形，其他同室人员可第一时间按下报警装置，民警迅速到场处理。

医生巡诊。驻看守所医生每天上午、下午、晚上巡诊三次，巡诊时由民警陪同。医生由社会医院派驻，实行医疗社会化。如果需要服药，在民警监督下服用，防止藏药等异常情况的发生，以确保监所安全与羁押人员健康。对于报病情形，可以做到白天医生1分钟到达，晚上医生3分钟到达。监区的卫生条件是羁押人员权利保障的重要方面。信息系统可自动跟进监所内的温湿度，通过设定自动报警限度，自动报警及时实施相应措施。驻看守所医生对监所内无法解决的病情可安排病人出所就诊，医疗费用全免。

投诉。每个监房设两个投诉信箱，一个是所内投诉信箱，向看守所领导投诉，另一个是检察投诉信箱，驻所检察官每天两次巡检，羁押人员可书面也可口头向检察官投诉。这也是确保羁押人员权益的重要举措之一。

预警信息系统。预警信息系统具有两大功能，第一大功能是系统自动设定情形的预警，包括诉讼环节变换、报病次数多少、违规违纪等，所有数据集合分析后会自动预警；第二大功能是人工预警，由民警主动发布，如管教在谈话中发现的羁押人员思想问题等。此系统信息互动发布，除了指挥中心和分层分控外，管教的电脑里都有此系统信息。预警信息系统所反映的是看守所内各个不安全信息及应当引起关注的信息。比如羁押人员的疾病信息对关注其健康状况就很重要。客观上讲，看守所的治疗条件毕竟有限，羁押人员自行求医治疗的条件受到限制，如能引起关注及时治疗，对羁押人员的健康很重要。

执勤。制度有了，将制度落实到位靠的是人，靠所里的每一个民警。看守所指挥中心可以对所内民警的执法情况进行24小时监督。用录音录像的办法确保每一个民警能够规范执法。监所民警在岗执勤情况受到严格管理，通过技术措施保证民警及时、规范执法和巡监。如在监区设置虚拟红线，巡监的每位民警每经过一段虚拟红线就会自动记录，对民警实际工作状况有了真实记录，可确保走廊巡逻真正到位。这一切都是为了规范民警执法，目的也就是为了保障羁押人员合法权利。通过智能视频技术，对于触碰设置虚拟红线的进行捕捉并保存，为掌控民警执法和对民警的考核提供依据，这都是为了保护羁押人员权利。

留所服刑犯会见室。所谓留所服刑犯是一种特殊的司法制度安排。2013 年 10 月 23 日，公安部第 128 号令发布的《看守所执行刑罚罪犯管理办法》第 1 条规定：为了规范看守所对留所执行刑罚罪犯的管理，做好罪犯改造，根据《中华人民共和国刑事诉讼法》《中华人民共和国监狱法》《中华人民共和国看守所条例》等有关法律、法规，结合看守所执行刑罚的实际，制定本办法。第 2 条规定：被判处有期徒刑的成年和未成年罪犯，在被交付执行前，剩余刑期在三个月以下的，由看守所代为执行刑罚。被判处拘役的成年和未成年罪犯，由看守所执行刑罚。第 2 条所讲的两种对象就是所谓的留所服刑犯。对于留所服刑犯，正常情况每月会见一次，一次半小时，家里出现特殊情况的，经过申请也可会见两次。会见室有一个特殊的装置，设有一个单向的视屏，也就是设在会见室里可单向看到监室内的情况。为什么要这样做，单向视屏可以让家属对三类未决犯进行会见，包括未成年人、生病人员和羁押期限超过一年的人员。通过申请，家属可以通过单向视屏看到对象的动态情况，对其身体状况和精神面貌有一个了解，单向视屏对象不知道也不能讲话。由于对"大墙"内文明情况不甚了解，羁押人员的家属可能会听到一些"大墙"内不文明的不实信息，质疑"大墙"的管理，现在有了单向视屏，可以看到实际情况。在看守所门卫处设置一区域，每天接待登记家属接济物品。登记区设置警务公开触摸屏，家属可以点击查看，其中两大块信息是家属最关心的：一是送来接济在押人员的钱款在所内大账消费的情况。现行规定每人每月可消费 500 元，自行购买生活所需用品、零食、水果等，价格与社会超市一样，家属只需输入账号，即可查看所有的消费情况。二是医疗救治情况。医生每日三次巡诊情况、报病、服药等都记录在内，输入账号后探望人员即可查看，能够便捷了解其所关心的情况。

通过上述包括律师会见室、提审室、监控室、监房、留所服刑犯会见室和医生巡诊、家属接济、对民警执法活动的监督等，可大致了解"大墙"内的硬件设施。"大墙"内硬件建设的快速发展，其功能和监督机制对在押收治人员的合法权益保护起了很大作用，正是通过这些硬件确保了"大墙"内的司法文明。

二、“大墙”文明的保证是依法管理

公安监管场所与监狱是两回事，公安管理的“大墙”虽说也是关人的，但它与监狱的性质是不一样的。监狱是依据刑法和刑事诉讼法的规定，对被判处死刑缓期两年执行、无期徒刑、有期徒刑的罪犯执行刑罚的场所。中国的监狱主管部门是监狱管理局，最高行政主管部门是司法部。公安监管场所是由公安部门管理，依法对犯罪嫌疑人、被告人、短期刑罚执行罪犯、违法人员和经人民法院决定强制医疗的不负刑事责任精神病人（以下统称羁押人员）进行警戒看管、执行刑罚和行政处罚、教育、特定疾病治疗、心理及行为矫治的专门监管场所。公安管理的监管场所分为五种，包括看守所、强制医疗所、拘留所、收容所和隔离戒毒所。这五种场所又分两类，一类是刑事执法场所，它是依据刑事诉讼法设置并羁押人员的场所。另一类是行政执法场所，它是依据行政法律法规设置并羁押人员的场所。具体为：

看守所。看守所是刑事羁押机关，亦称“审前羁押”或“未决羁押”场所。现行《刑事诉讼法》第85条规定：“拘留后，应当立即将被拘留人送看守所羁押，至迟不得超过二十四小时。”第93条规定：“逮捕后，应当立即将被逮捕人送看守所羁押。”上述规定明确了看守所是对被拘留、逮捕的犯罪嫌疑人、被告人执行羁押的唯一合法场所。依法被刑事拘留、逮捕的犯罪嫌疑人、被告人，应当在看守所羁押。《刑事诉讼法》第264条规定：“对被判处有期徒刑的罪犯，在被交付执行刑罚前，剩余刑期在三个月以下的，由看守所代为执行。对被判处拘役的罪犯，由公安机关执行。”这一规定从法律上赋予了看守所对部分罪犯执行刑罚的管辖权，使看守所成为兼具刑事羁押与短期刑罚执行双重职能的关押机构。

由此可见，看守所的法律性质：一是对被羁押的犯罪嫌疑人、被告人实行警戒看守，管理教育，保障侦查、起诉和审判活动的顺利进行；二是对被判处死刑缓期二年执行、无期徒刑、有期徒刑的罪犯，送交监狱执行刑罚；三是对被判处有期徒刑，在交付执行前剩余刑期在三个月以下的罪犯代为执行刑罚；四是对被判处拘役的罪犯执行刑罚。

拘留所。拘留所是依法对被决定行政拘留、司法拘留、现场行政强制措施性质拘留、拘留审查的人员以及被依法决定、判处驱逐出境或者被依法决定遣送出境但不能立即执行的人执行拘留处罚的场所。拘留所是执行拘留的行政处罚场所，被拘留人在法定拘留期限内，在相对封闭的空间内，接受拘留所的管理教育，其人身自由权及附属的部分权利受到一定程度的限制。

收容教育所。收容教育所是对被收容教育人员强制进行教育的场所。由于收容对象的特殊性，而具有对被收容教育人员强制进行行为矫治和强制治疗性病的特殊职能。根据有关法律法规的规定：入所对象是查获的卖淫嫖娼人员，除依法予以治安处罚外，对尚不够刑事处罚、患有性病，需要收容教育的，由县级公安机关决定给予收容教育，具体执行收容教育的机关是收容教育所。随着收容教育政策的调整，初次卖淫且患有性病的也属于强制治疗性病的对象。根据相关法律法规的规定：收容教育的期限是六个月至两年。收容教育期限自执行之日起计算。被收容教育人员被刑事拘留的行为与收容教育行为系同一行为的，其刑事拘留一日折抵收容教育一日；被收容教育人员因同一行为被治安拘留后被决定收容教育的，治安拘留期限不折抵收容教育期限。

强制隔离戒毒所。强制隔离戒毒所是依法对吸毒人员进行强制隔离戒毒的场所，即通过行政强制措施，对吸毒、注射毒品成瘾人员在一定时期内进行生理脱毒、身体康复、心理矫治并进行法律、道德教育的场所。强制隔离戒毒工作由公安机关主管，县级以上地方各级人民政府卫生部门、民政部门配合。强制隔离戒毒所还可以运用自身优势开展禁毒宣传教育，一方面，邀请包括人大代表、政协委员、学校师生、社区居民、社区干部等以及戒毒人员家属来所开展帮教工作；另一方面，主动到社区、大中小学校开展形式多样的禁毒宣传教育。

强制医疗所。强制医疗所（原名安康医院）是对实施暴力行为、危害公共安全或者严重危害公民人身安全，经法定程序鉴定不负刑事责任，有继续危害社会可能，被人民法院决定强制医疗的精神病人实施收治治疗的专门机构。设区的市级以上地方人民政府公安机关主管本行政区域强制医疗所的管理工作。卫生行政部门负责强制医疗所的医疗业务指导、医务人员的培训与考核，对被解除强制医疗的人员进行随访。

以上五类场所都是公安机关管理的承担关人职能的“大墙”。既然公安管理的羁押场所分为两类，关押的对象也不相同，那么它们的职能是不是一样呢？应该说有区别，但在许多方面是一样的。过去，看守所的民警有一种说法叫“一看二守三送走”，就是说把羁押人员看在“大墙”里面，安安全全地守住，到羁押期满，或解押的时候你走人就是了。或者关你几个月，等刑事诉讼程序走完，你被判刑了，送到监狱里面去就完了。如果刑事诉讼程序走不下去了，走到哪一步就在哪一步放人。所以看守所说叫“一看二守三送走”，把你看住守住，等时间到了把你送走，把监管场所的职能定位简单地看成如此。但是现在的情况发生变化了，对羁押人员在监所里的各种行为，特别是监所本身的管理行为提出了更多更高的要求。

第一是人员安全保证。保证所有被羁押在“大墙”里面的人的安全，是羁押场所的第一职能，也是第一位的任务。“躲猫猫”事件就是一起不安全事件。羁押场所的安全指两种安全，一是指“大墙”内的各种监管行为的安全，包括监所的正常秩序，不能发生骚乱等严重安全事故，也不能发生因安全防范措施不到位而针对羁押场所的其他安全事故，不能发生监房内的治安事件。二是被羁押人员的人身安全。人身安全不仅仅指人身伤害安全，还包括监所卫生安全、人员因病治疗安全、饮食安全等。

第二是保证诉讼活动正常进行。羁押人员在监所里发生伤亡、疾病、意外都可能影响诉讼活动的正常顺利进行。刑事诉讼从侦查、起诉到审判的全过程，整个时间跨度都发生在人员被羁押在看守所期间，而司法机关在办案中与羁押对象有关的活动除法庭开庭外也都在看守所。因此，看守所是刑事诉讼活动的时间保证和场所保证。正是从这个意义上说，看守所是诉讼活动正常进行的必备条件，从法治的角度看也是必须加强建设的重要场所。拘留所安全实际上也是同样的意义。一般来说被关押在看守所里的人，有明显的涉刑特点，羁押人员相对统一。但行政拘留人员，虽然拘留期相对较短，单处最高 15 天，合并最高 20 天。但被关人员出来后维护权利的途径较多，他们可以申请行政复议、行政诉讼。所以，羁押场所对保障诉讼活动和行政执法部门管理活动的顺利进行非常重要。

第三是保障被羁押人员的合法权益。也就是说羁押人员的基本权利在这样一个特定的场所里面要得到应有的保护和应有的尊重，通过这个窗口来看我国司法文明建设的现实情况。

为了实现这些重要职能，公安羁押场所都秉承一些重要的原则：

（1）依法管理。对于公安部门来说，刑事和行政羁押场所的管理难度不比监狱低。特别是一些管理的基本原则是一样的。监所管理的基本原则之一就是必须依法，依据法律的规定来管理“大墙”。监管工作必须严格按照法律法规执行，要牢固树立依法、严格、规范、文明的执法理念，确保各项工作环节依法依规有效落实。公安部门管理的“大墙”在这方面提出的工作要求是，要坚持保障刑事诉讼与保证安全并重，保障办案单位依法办案与保障羁押人员、律师诉讼权利并重，服务办案与监督执法办案并重。通过健全完善并严格落实规章制度，严格依法履责，充分发挥监所的职能作用。特别是在强调人权保护的今天，法律上规定的应当赋予被羁押人员的基本权利必须依法得到保障。

（2）严格管理。监所无小事，监所的任何管理都必须非常严格，稍不留神就有可能出事。严格管理就是制定监室管理制度，明确羁押人员应当遵守的规定，并坚持不懈地认真抓好落实，保持监室秩序稳定。羁押场所总在不断地探索构建科学的勤务模式和勤务机制，对羁押人员实行全天候管控，督促羁押人员认真执行应当遵守的规定，杜绝随意性。从规范羁押人员言行举止、处理好羁押人员生活琐事及小矛盾抓起，对羁押人员的违规行为，做到件件有调查处理，件件有整改。使羁押人员养成良好的行为习惯，树立良好的监室风气。上海市虹口区看守所作为全市智慧监管建设的试点单位，布设智能监视、点名，羁押人员异常行为识别系统，精准发现了10余起自杀、斗殴等异常行为苗子，并推送给狱警及时处置，有效防止了事故发生。

（3）文明管理。监狱按照国家的标准配置，一个人是两个平方米羁押场所，一个十平方米的房间只能关押5个人，因为是上下铺的双层床。一个房间关押量在10—12个人，20世纪80年代，监所都是大通铺，说睡5个人正好，7个人也行，10个人也挤得下。夏季温度高得不行，就拿鼓风机在通道上通风。现在条件好了，监房有了湿度表、温度表，监所的物质条件大大提高。还有阅览室、活动室，每周都会定一张菜谱，尽可能给羁押人员较好的伙食。

（4）公开管理。对每一名羁押人员都按照同样的标准实施公开管理。现在越来越强调监所公开管理，就是所有的羁押人员对自己在“大墙”内的待遇要有清晰的了解。公开管理是通过公开手段实施管理，调动一切积极因素，提高管理效果，包括公开规定、公开教育、公开监督、公开处理、公开羁押人员权利义务及权利受到侵害时的救济途径和监室管理规定，采取多种教育形式予以宣传，强化民警对羁押人员的跟踪管理，充分调动羁押人员的互相监督、制约功能（如：实行羁押人员轮流值班、计分考核和监室每日小结、周讲评、月评比制度等）。民警在处理羁押人员违反管理规定的行为时，及时公开违规事实、处理依据、处理结果，针对性宣布对羁押人员的公开监督，促使羁押人员认真遵守管理规定。

看守所、拘留所是公安机关管理的，但看守所不叫公安局看守所，这是什么原因?《看守所条例》第 5 条规定：看守所以县级以上的行政区域为单位设置，由本级公安机关管理。根据这一条规定，看守所是由县级以上的行政区划单位设置，也就是行政区域的政府设置，不叫某地的公安局看守所，如果是某区看守所就叫某区看守所，不是说某区公安分局看守所。《拘留所条例》也是这样规定的，其中第 5 条：县级以上人民政府根据需要设置拘留所。第 4 条：县级以上的地方人民政府的公安机关主管本行政区域拘留所的管理工作。《看守所条例》和《拘留所条例》规定得非常明确，看守所和拘留所都由地方人民政府设立。政府设立，政府就要在管理职能财力保障等方面承担责任。羁押场所的经费都是由政府财政保证的。“大墙”里每关押一个人，政府就给一个人的经费，财政全力保障，而且是先预算后结算。这个地方一年关押一万人次，每个人多少钱，财政直接打钱。到年底结算关押了一万一千人次，再补你一千人的经费，如果关押了九千人次，到明年再扣一千人的经费。

“大墙”内相关管理由相应的政府部门承担，所以才出现公安部门管理安全问题、卫生部门管医疗问题。否则医生为什么要走进“大墙”呢？因为这是政府责任，政府相关职能部门就必须要这么做。同样，“大墙”的综合文明建设涉及诸多部门，大家共同根据职责分工做好工作，在创建监所文明过程中，政府相关部门都要尽其职能做好各方面工作。

“大墙”是政府设置的，它与政府设置的其他机构最本质的区别在于，“大墙”是司法场所，是专政场所。无论看守所、拘留所还是监狱都是国家专政机器的组成部分，都是为了保证国家相关法律的有效实行，这个基本的东西不能忘。“大墙”是个特定场所，是关人的，比如我们讲人权保障，思考问题时不能把大学里学生的权利保障和“大墙”里羁押人员的权利保障等同起来。要按照专政场所的标准来考虑这里面人员的特定权利保护。由于有了一堵大墙，所以里面人的权利保护就变成了“大墙”内外的联系，一种互通、互动、关注，这是非常特殊的情况。学生在学校读书，很少有家长问学校待你好吗？只会问你学习成绩好吗？但是“大墙”里面就不是这回事了。外面的人更关注的是里面的安全问题，你的基本权利有没有得到保障。这种“大墙”内外的互动性，这种联系和关注是非常特别的，所以才会引起社会关注。

在公安管理的羁押场所还有一个特殊的地方，就是它的不确定性。羁押人员在里面待多久，他面对的司法程序会走到什么程度，是不确定的。也许在看守所里待一个月，没罪被放掉了。也许在里面待两个月，最终没有被起诉，被放掉了。也许在里面待了三个月，判刑后被转到刑罚执行场所，或法院宣判无罪被放掉的。总之，无论在羁押场所待多久都要依法管理。

三、“大墙”文明的核心是人权司法保障

监所的条件在改善，执法文明的程度在提高，同时，它又是专政场所，那么被羁押人员的基本权利能不能得到保障？

从司法文明角度讲，尊重被羁押人员权利是“大墙”文明的核心问题。在改革开放以来中国司法制度建设的进程中，人权保障问题一直是一个核心问题。简单地回顾一下，2004 年，“国家尊重和保障人权”明确写入宪法修正案。从 2007 年 1 月 1 日起，由最高人民法院统一行使死刑案件的核准权。2009 年 7 月，公安部下发《关于进一步加强和改进公安监管工作的意见》，从执法管理、责任追究等方面对公安监管工作提出明确要求。2010 年 3 月和 2011 年 6 月，中央 12 部委联合下发意

见，要求各部门加强对看守所工作的管理、监督，切实保证羁押人员的合法权益。2012年通过新刑事诉讼法，将尊重和保障人权写入了刑诉法总则。

以习近平同志为核心的党中央高度重视人权保障，党的十八大报告将“人权得到切实尊重和保障”确立为全面建设小康社会和深化改革开放的重要目标之一。党的十八届三中全会决定强调“国家尊重和保障人权”，要求“完善人权司法保障制度”。决定从明确人权保障原则，提升人权保障理念，健全人权保障措施等方面作出了全面部署。决定说：国家尊重和保障人权。进一步规范查封、扣押、冻结、处理涉案财物的司法程序。健全错案防止、纠正、责任追究机制，严禁刑讯逼供、体罚虐待，严格实行非法证据排除规则。逐步减少适用死刑罪名。废止劳动教养制度，完善对违法犯罪行为的惩治和矫正法律，健全社区矫正制度。健全国家司法救助制度，完善法律援助制度。完善律师执业权利保障机制和违法违规执业惩戒制度，加强职业道德建设，发挥律师在依法维护公民和法人合法权益方面的重要作用。

在司法环节对人权的保障还有很多事情要做。人身权和财产权构成人的两大基本权利，其他的一切民事权利或者是这两者的结合体，或者包括在这两者中。比如继承权，继承权涉及人身权和财产权。继承有第一顺序、第二顺序继承，都是按照身份权利来获得继承权。人身权是一个权利体系，而人格权是人身权体系中最为重要的一种权利。所谓的人格，是指在法律关系中享有民事权利承担民事义务的资格。而人格权利就是为了保证主体能够享有权利的这种权利。人格权是一种平等的权利，用西方的语言说，它是与生俱来的权利。我们现在所要做的就是在法律上充分尊重和保障这种权利，就是要理解人格权作为人身权最主要的表现形式，是人的基本权利。人格权虽然是与生俱来的、平等存在的，但是，它的行使还需要得到法律的保障。

人格权是一种权力体系，这一体系包含的内容非常多，它包括人的生命健康权、人格尊严、人身自由，还包括姓名、肖像、名誉、隐私等内容，都包括在人格权的范畴里面。一个人被关在“大墙”里，失去了人身自由，但不代表他在自由被限制之后随之失去了自由权以外的其他权利，不等于他的人格权利就被全部剥夺了，他只是在特定的条件下行使自己的人权并获得保障。不是说人身自由没有了，人格权利就全部没有了，他的健康权、他的尊严、他的姓名、他的隐私、他的名誉还是要受到保护，不得随意被侵犯。说他失去人身自由，是指他需要在法律规定的条件、范围内行使权力。对于管理者来说，被羁押人的这种权利并没有被剥夺，还是要好好保护它。

那么“大墙”里的人的人格权应该怎么来实现？主要有三种方式：

1. 平等保护。这里讲的保护是法律意义上的平等保护，重要的是讲这种保护不因人的差异性而有所区别，不能因为财产多少、能力大小而有所区别，不因人的差异而在权利上有所限制、有所丧失。它必须是平等的，受法律的平等保护，这才真正体现法律面前人人平等的原则。法律面前人人平等是讲任何公民平等地享有宪法和法律规定的权利，平等地履行义务，在法律面前没有任何特权。这条原则更重要的一点是公民合法权益的平等保护。公民权利的平等保护是人们追求幸福的基础，更是社会公平的体现，公民都要求自己的权利能得到法律的平等保护，得到社会的平等对待。

2. 禁止侵害。任何一种民事权利除法律上有规定以外，它是不能被禁止的。我们说法律上有规定有两层含义：一是讲禁止必须有法律规定；二是讲禁止的范围必须是法律规定的范围。比如通信权，无论你受教育程度如何，是处于何种被羁押状态，在“大墙”里都有通信权。比如《拘留所条例》规定，一个月通信一次，电话通信一次时间不超过半小时。打电话对外通信的权利本身是存在的，法律可以特定限制，但如果一个月一次也不给打就不行，说好一次通电半个小时仅仅打了 15 分钟把通信切断也是不行的。可以有所限制但必须在法律范围内加以限制。我们说，哪怕一个刑事罪犯，剥夺了人身自由，在监狱内接受改造，也不能剥夺他的民事权利。为什么法律制度设计中要有刑事附带民事诉讼？如果刑事案件判决涉及民事权利的，就可以刑事附带民事诉讼，如果附带民事，法院在作出判决时在依法作出刑事处罚的同时要对其民事权利作出裁定。

3. 充分补救。当一个人的民事权利不能充分行使时，法律给予他充分的补救。

当他实现有困难的时候，要予以法律救济，使他能够比较好地行使这种权利。现在看来，随着国家法治文明的进步，这种司法补救的途径是越来越好了。党的十八届三中全会决定对人权司法保障提出了更高要求，也就是说人的基本权利在司法环节要受到保障，要通过司法活动更好地保障人权。要保障诉讼权利，在刑事诉讼的各个环节都要让被羁押人有陈述权、辩护权；要严格防范出现冤假错案，落实罪刑法定、疑罪从无、非法证据排除，不得刑讯逼供；要保障律师代理，提供法律援助等。这些都是权利的补救措施，要得到充分落实。

法律手段是调节社会关系的主要手段。2017年中央政法委书记孟建柱同志在《全面深化司法体制改革　努力创造更高水平的社会主义司法文明》一文中说：人民群众关注的权益保障、公共安全、公平正义三大问题，都与司法密切相关。社会公众对司法工作的要求越来越高，不仅要求维护社会稳定，而且要求尊重和保障人权；不仅要求实体公正，而且要求程序公正；不仅要求享有知情权、表达权，而且要求享有参与权、监督权。人民群众日益增长的司法需求与司法能力不相适应的矛盾，已经变得十分尖锐。必须以时不我待、只争朝夕的责任感、紧迫感，加快司法体制改革步伐，深化司法公开，推进司法民主，完善保障人权的司法制度，切实满足人民群众的司法需求和对社会公平正义的期待。

人权司法保障写进党的全会决定，成为治国理政的重要内容，那么我们的司法工作者本身是否充分认识其重要性了呢？人权司法保障问题，是中国司法制度建设不断完善的重要内容，司法部门在不断努力改善硬件条件的同时，在司法理念、司法制度方面也正在不断加强人权司法保障，共同的认识是，“大墙”内羁押人员的人身权利保障已成为司法文明建设的重要内容。

保护人权是现代司法文明的体现。什么叫法治，就是依法办事。依法办事最重要的就是对人的尊重。2015年《中国的人权白皮书》第二部分专门讲到被追诉人、被羁押人和罪犯的人身权利保障。白皮书说：被追诉人、被羁押者和罪犯的人身权利得到保障。2014年，公安部制定《公安机关讯问犯罪嫌疑人录音录像工作规定》、最高人民检察院修订完善《人民检察院讯问职务犯罪嫌疑人实行全程同步录音录像的规定》，严格落实讯问犯罪嫌疑人录音录像工作，对全程同步录音录像的录制原则、录制方式、录制程序、录音录像资料的管理和使用等方面作出详细规定。各级公安部门、司法行政部门共同推进看守所法律援助工作站建设，法律援助机构在看守所派驻值班律师提供法律咨询等帮助，切实保障被追诉人、被羁押者的合法权利。截至2014年年底，法律援助机构在看守所设立了近1700个法律援助工作站，上海、安徽、江西、湖南、重庆、贵州等省（市）看守所实现法律援助工作站全覆盖。公安部开展专项整顿活动，全面提升看守所安全规范管理水平；深入推进监所医疗卫生专业化工作，确保羁押人员患病得到及时、有效治疗。最高人民法院、最高人民检察院、公安部、司法部、国家卫生和计划生育委员会联合发布《暂予监外执行规定》，司法部发布《关于加强监狱生活卫生管理工作的若干规定》等规范性文件，严格公正文明执法水平得到进一步提升。

习近平总书记在关于党的十八届三中全会决定的说明中指出："这些年来，群众对司法不公的意见比较集中，司法公信力不足很大程度上与司法体制和工作机制不合理有关。"习近平总书记指出，三中全会提出的司法改革举措，"对确保司法机关依法独立行使审判权和检察权、健全权责明晰的司法权力运行机制、提高司法透明度和公信力，更好保障人权都具有重要意义"。随着司法活动越加透明公开，司法活动对推动保障人权也会越来越体现到司法工作中去。也就是说，随着改革的深入和各项任务的落实，三中全会所提出的加强人权司法保障方面的各项任务一定会得到落实，并进一步推动"大墙"内的司法文明建设。人权是否得到保障所体现的是法律的严肃性，并不因为"大墙"里面的执法活动不为外人所知法治就可以打折扣。法律规定的公民权利必须得到尊重和保障，能不能做到体现的是法律的严肃性。在"大墙"里面有效保障羁押人员的人身权利，实际上也是在保护司法人员自己，保证司法程序有效进行。

四、"大墙"文明的现实任务是"五化建设"

保护羁押人员的权利是司法建设要解决的一个重点课题。总体而言，在司法人权保护中，"大墙"内羁押人员权利保障还是一个薄弱环节，无论是在理念上、制度的执行上和与外界的沟通上都存在着需要加强和改进的方面。这些问题正在被司法部门重视，已被列为法治建设的一个重要的组成部分。我们越来越感觉“大墙”里面的情况让外界知道、理解，把它转化为中国司法文明的窗口非常重要。既然我们通过到法院参加案件庭审旁听能够从个案审理中了解中国司法建设的进展，了解司法活动的过程，那么如果有更多的市民走进“大墙”，了解“大墙”里面的情况，这对中国的司法文明建设会有很大的作用，能够更好把司法制度的优越性体现出来。

根据中央关于全面深化公安改革的意见，上海出台了全面深化公安改革综合改革方案，其中包括“健全羁押监管制度”改革。公安监管工作改革是司法体制改革的重要组成部分，应当从推进国家治理体系和治理能力现代化的高度，深刻认识推进监所管理改革的重要性和紧迫性。监管场所安全是国家安全的重要组成部分，与政治安全、社会安全、人民安全休戚相关。监所管理部门把握监所安全的主动权要做到：一要创新监所安全风险防控机制。要创新监所安全风险评估与防控工作机制，深入排查易发生监所安全事故的薄弱环节，扎实做好防范被羁押人员脱逃和非正常死亡工作。要创新监所安全运行全程实时监控机制，完善监所勤务模式，合理调整警务部署，创新完善与武警部队的配合联动机制，完善监区门哨设置，强化处突演练，提高联防协作和应急处置水平。二要创新监所安全主体责任落实机制。确保监所安全，关键在真抓，靠的是严管，形成横向到边、纵向到底的责任链条，更严、更细、更实地把监所安全责任落实到每个岗位、每个环节，让每一位监管民警都能够做到心里装着安全、眼里盯着问题。同时，要真正落实监所安全事故问责机制，抓住严格追责问责这个倒逼监所安全主体责任落实的关键。三要完善监所安全保障机制。加快监管场所新迁建、改扩建步伐，加快解决部分监所设施陈旧、设备老化、严重超负荷关押问题，加快提升监管场所基础设施现代化水平。监管场所执法规范化建设水平既体现公安机关的执法水平和执法公信力，也在很大程度上反映着政府的法治形象，体现出国家的法治文明程度和司法生态状况。

从公安机关的角度来说，一直把“大墙”内的“阳光警务”作为重点内容在建设。为使看守所工作更好地适应形势发展要求，全面提升执法管理水平，解决执法不规范、管理不细致问题，杜绝羁押人员非正常死亡、脱逃等，公安部决定在全国公安机关开展看守所勤务模式科学化、执法行为规范化、管理方式精细化、监管手段信息化、设施保障标准化五化建设工作，制定了《看守所“五化建设”标准》，并不断加大推进的力度。其中，与权利保障有关的内容有十几项之多，包括：

医务人员按照《看守所医疗机构设置基本标准》的规定配备；完善羁押人员合法权益保障，通过印制告知书、监室内张贴、制作成视听资料在监室内播放等方式使羁押人员了解权利义务告知内容；设立单向视频会见室和双向视频会见室，便于羁押人员实行视频会见；在方便羁押人员投放和看守所民警、驻所检察人员获取的地方分别设置投诉信箱、检察信箱，定期开启；建立羁押人员投诉处理机制，认真登记羁押人员投诉，及时调查反馈；及时转递并反馈羁押人员的上诉、申诉、控告、举报等；按照“严而不死、活而不乱”的原则制定羁押人员一日生活制度，保证羁押人员每日至少8小时的睡眠时间，每日上、下午各不少于1小时的室外活动；加强羁押人员饮食、消费管理。每周制定食谱，对年老、体弱、生病、残疾、外国籍、少数民族羁押人员，在生活上予以适当照顾；建立羁押人员食品留样制度；向羁押人员及其亲属公布每月消费限额和代购物品价格，以及本人消费情况建立消费账目，羁押人员每次消费由其本人签名确认，每月与羁押人员至少核对一次消费情况；加强医疗卫生工作。看守所医疗机构应具备医疗许可证，医务人员应当具有医疗资质；24小时有医务人员值班；羁押人员人均监室面积不少于2.6平方米；讯问室、律师会见室数量满足办案需要，设施统一规范；配备视频图像对羁押人员全覆盖的监控系统。

“大墙”内的“五化建设”内容非常具体，很有操作性，相信也一定会对推动和落实羁押人员的权利保障起到重要的作用，在当前和今后一段时间都将是“大墙”文明建设的重要方面。

上海市公安监管部门顺应广大人民群众对公平正义的新期待，坚持转变理念、严格执法、文明管理，推进法治文明建设，加强人权司法保障。公安监管由“一看二守三送走”，转变为依法保障刑事诉讼活动顺利进行，保障羁押人员合法权益，教育感化挽救羁押人员，实行人性化管理；管理体制由以往公安机关单一管理转变为十二个综治成员单位综合治理；管理方式由以往封闭式管理走向警务公开透明；

工作要求由以往单纯确保安全转变为安全文明并重。具体可以从以下几方面看：

在建立羁押人员的人身权利保障方面：

1. 权利义务告知制度。公安监所在收押羁押人员时告知其依法享有的权利、必须履行的义务以及权利受到侵害时的救济途径。书面告知交羁押人员自行收存；有关告知内容在监室墙上张贴，运用监所视频播放。

2. 财物管理制度。公安监所在保管羁押人员的入所财物时做到件件清点、登记，羁押人员在清单上签名捺印后，采用透明的封装袋保管方式予以保存。对羁押人员随身携带及家属接济的钱款，公安监所为其设立个人大账卡，大账钱款的收入及支出均由经办民警和羁押人本人确认、签名。大账钱款消费主要采用“菜单式勾选”“超市购买”以及“电子商务购物”等方式进行。例如，上海市看守所运用监室多媒体终端应用系统，借鉴电子商务网站做法，将选购物品的名称、价格以及照片等信息通过视频或照片形式呈现，羁押人员通过点击屏幕自主完成物品选购，系统自动逐人生成采购清单并进行费用结算。

3. 分押分管制度。公安监所对男性与女性羁押人员、成年与未成年羁押人员、患病羁押人员等，实行分别关押和管理。早在 2014 年，上海市公安局监管总队按照市公安局、市高级人民法院、市人民检察院、市司法局联合下发的《关于对本市看守所未成年羁押人员实行区域性集中羁押管理的通知》要求，确定四个区的看守所及市看守所集中羁押未成年人，对收押的未成年人实行集中羁押管理。相关监所均配备经验丰富的管教干部开展管理教育工作，对未成年人的日常生活、饮食、思想教育等方面予以相应的照顾和关心。

4. 生活健康权利保障制度。公安监所严格按照公安部《关于看守所在押人员伙食实物量标准执行问题的批复》要求，保证羁押人员吃足定量，严禁克扣。公安监管羁押人员伙食费标准与本市物价水平实行挂钩机制，随着市场物价的增幅及时调整羁押人员伙食金额标准。

5. 医疗卫生权利保障制度。根据公安部、卫计委有关标准，各公安监所根据押量规模设卫生所、门诊部，依法申领《医疗机构执业许可证》，按照标准配备医务人员和医疗器材设备，并积极推行由地方医院在公安监所内设立门诊。同时，依托医疗社会化手段和监所医疗卫生管理工作制度，强化对羁押人员的医疗保障工作。看守所对新收人员进行血压、血常规、B 超、胸片、心电图“五项体检”；对羁押时间超过半年以上的羁押人员，按照入所健康检查的标准对其进行一次健康检查。监所医务人员每日到监区巡诊 2 次以上，对诉有不适症状的羁押人员进行诊疗和处置；对慢性病人员、重大风险人员、禁闭人员、采取临时固定措施人员、加戴械具等人员进行检查、随访、治疗。公安监所与所在地的地方医院建立羁押人员突发疾病救治的“绿色通道”，力争得到及时、快速、有效抢救。

6. 会见制度。除看守所羁押的犯罪嫌疑人、被告人外，其余公安监所羁押人员均可与其家属进行会见，对一些因路途遥远或身体状况不佳等原因不便来所当面会见的，公安监所可以安排双向视频会见。对外籍羁押人员，经批准可以与所属国驻华使、领馆官员或者亲属、监护人会见。对看守所内患有较严重疾病或羁押时间较长、未成年犯罪嫌疑人、被告人近亲属提出会见申请的，经批准可安排近亲属到看守所进行单向视频会见。

在建立羁押人员的诉讼权利保障制度方面：

1. 依法收押制度。公安监所收押羁押人员时，依法查验收押凭证。对凭证与实际情况不符的以及不属于公安监所收押范围的，不予收押。

2. 防止刑讯逼供制度。看守所不是侦查机关，不查办案件，因此不存在看守所人员刑讯逼供问题，但看守所对防止羁押人员在羁押期间受到刑讯逼供要采取严格措施。办案机关讯问羁押人员应当在看守所讯问室进行；看守所讯问室用金属防护网分隔，使讯问人员与羁押人员分置两侧，并加装录音录像设备进行监督；看守所发现讯问人员违反规定的，应当制止，必要时可以中止讯问。

3. 保障羁押人员辩护权制度。看守所羁押的羁押人员要求委托辩护人，如果书面委托的，看守所及时转交办案机关；如果口头委托的，受理民警做好记录，由本人签名捺印后交办案机关；如果羁押人员只有委托辩护人的请求，提不出具体辩护人或者律师事务所的，看守所将其请求转达办案机关。同时，公安监所对羁押人员的上诉、申诉、控告等材料及时转递有关单位。

4. 保障辩护律师会见制度。新《刑事诉讼法》明确看守所应为办案机关讯问和律师会见等诉讼活动提供平等服务，把保障刑事诉讼顺利进行与保障羁押人员合法权益“两保障两并重”的要求落实到具体执法管理工作中。对此，上海公安监管部门通过新建、调配增设、重新分隔等方式，使全市看守所律师会见室由原来的109间增加至210间，极大减少了律师会见排队等候时间；全市看守所在律师会见室配备单机版电脑，为律师会见提供方便。开发建设了全市统一的律师会见互联网“上海市律师会见预约平台”，该平台设置在市公安局门户网站，看守所根据预约时间先后顺序安排律师会见。上海市公安局监管总队与市律协协商下发了《关于进一步保障辩护律师会见权的通知》等10余项制度。

5. 防止办案机关超期羁押羁押人员制度。超期羁押是侵害羁押人员合法权益的严重问题。看守所严格执行对羁押犯罪嫌疑人、被告人实行换押和羁押期限变更通知制度，运用信息管理系统准确掌握羁押人员羁押期限，有效预防和纠正超期羁押，维护羁押人员合法权益。对羁押人员超过法定羁押期限的，看守所书面报告驻所检察室，并抄送办案机关；对办案机关超过法定羁押期限要求办理提讯和提解的拒绝办理。

6. 羁押人员投诉处理制度。看守所在监室设投诉箱，受理羁押人员投诉、控告、检举。羁押人员可以直接向管教民警，也可以约见所领导、驻所检察官投诉、控告、检举，并规定看守所应当将处理情况告知投诉人。

7. 对社会开放接受监督制度。这项制度实行的途径是多方面的：公安监所实行警务公开制度，公开执法管理的法律依据，公开有关办事程序和监督方式，接受社会监督；公安监所定期向社会开放，邀请工会、共青团、妇联等社会组织走进监所，对监所执法管理和权益保障实施监督，架起监所与社会沟通联系的桥梁；公安监所建立特邀监督员巡查监督制度，受聘请的特邀监督员凭有效证件可以进入监所进行执法监督；公安监所定期邀请人大代表、政协委员来所视察，接受人大代表、政协委员监督；看守所自觉接受人民检察院的法律监督。

8. 申请法律援助制度。为保障因经济困难或其他原因无法聘请律师获得法律帮助的羁押人员，2012年12月，上海市公安局监管总队与市律师协会联合签署了《关于共同规范律师执业、保障律师执业权利等工作的合作协议》，确定五个区看守所为试点单位，开展律师进驻看守所提供法律援助工作。到2013年3月，各区县看守所都与区律工委、区司法局共同设立了法律援助中心驻看守所工作站，由律工委组建律师志愿者队伍，为羁押人员家属和罪犯提供义务法律咨询。

人被关押，充分保障他的权利可以减少对抗性。从原先的“一看二守三送走”转变到现在教育感化挽救的观念，这种转变也是工作定位的转变。例如，羁押人员的会见、通信、通话就为社会特别关注，现行的做法是：

会见。被羁押人的家属、亲友或同事经申请获得批准后，在规定的时间内，凭身份证等有效证件可到监所会见羁押人员。外国驻华使领馆领事官员可以依照有关条约、公约会见本国籍羁押人员。羁押人员书面明示拒绝会见的，监所应当同意并告知申请会见人。会见在规定的时间、区域进行，并遵守会见管理规定。每次会见的人数不超过3人，会见时间不超过30分钟。会见由管教民警填写会见登记表后予以安排。有特殊情况要求在非会见日会见或者增加会见次数、人数和时间的，应当经监管场所领导批准。会见由民警带领到会见室会见，会见期间，民警应当进行安全警戒，维护好会见秩序，严防发生脱逃、行凶、自杀、自残等治安事件，防止无关人员接近会见室。会见结束后，民警应当对羁押人员进行安全检查后还押。

通信、通话。羁押人员与他人的来往信件由监所登记、收发。发现信件内有可能夹带违禁品的，民警可以责令羁押人员当面打开信件予以安全检查。羁押人员需要打电话的，应当向民警提出申请，经民警同意后，使用所内固定电话进行通话，通话费用原则上自理。被现场行政强制措施拘留、拘留审查、驱逐出境、遣送出境的人与他人的通信、通话，应当经拘留决定机关批准。由羁押人员或者其拟通信、通话的亲友提出申请，监所填写通信会见审批表后转拘留决定机关审批。拘留决定机关应当在接到申请后12个小时内予以回复。监所根据审批结果安排或者不予安排通信、通话。

“大墙”是关押人的地方，其硬件条件的改善从一个侧面反映了一个国家物质文明发展的程度，在条件允许的情况下应尽力改善羁押场所的硬件。从总体来看，这些年“大墙”硬件有了明显的改善，羁押人员的居住条件、活动环境、权利保障都发生了很大的变化，新增了许多硬件设施。但是，羁押场所第一核心任务始终是安全，从各个角度看都要防止发生新的“躲猫猫”事件。我们也看到公安“大墙”安全无事故的先进典型。自1979年以来，湖南省绥宁县看守所连续38年安全无事故发生，多次受到省、市、县各级的表彰与奖励，2011年至2016年连续被评为“湖南省监管工作先进单位”“湖南省监管工作突出集体”“湖南省监所安全管理工作突出单位”。为了确保监所的平安无事故，确保每一位羁押人员合法权益不受侵害，绥宁县看守所致力于管理措施、管教方法的健全、完善和创新，为监所安全筑牢第三道防护墙。这就告诉我们只要努力，“躲猫猫”事件是可以防止的。

在依法办事方面，绥宁县看守所从入所到出所，从勤务到管教，做到“六个把关”：一是把好入所关。看守所对新入所人员的身体及物品仔细检查，将违禁物品拒之“门”外，对有病不宜收押的坚决拒收。二是抓好清监。为了杜绝羁押场所的安全隐患，看守所加大清监频率，坚持每周一小清、半月一大清、节假日突击清、发现苗头及时清、重点监室重点部位重点清，及时发现并排除安全隐患。三是抓好监内控制关。看守所充分发挥狱内管理作用，及时发现各种事故苗头。四是抓好饮食卫生防病关。看守所实行厨房卫生、食物采购专人负责，狱医对新入监人员仔细体检，定期或不定期请县疾控中心医务人员到所巡诊，30多年来未发生一起传染流行疾病和食物中毒事故。五是把住留所服刑人员管理关。看守所坚持民警看押带班劳动，杜绝“自由犯”，防止发生脱逃事故。六是抓好值班巡视关。看守所完善了值班巡查制度，要求民警做到眼勤看、耳勤听、口勤讲、手勤动、脚勤走，密切注视羁押人员一举一动，充分把握其心理动态。针对羁押人员的不同个性大力开展“亲情、友情、爱情”的“三情”教育，唤醒、强化羁押人员的做人良知，消除羁押人员抵触情绪和萎靡情绪。

“大墙”文明建设有着特殊的重要性，这方面还有很长的路要走。公安部在推出监所“五化建设”后，又推出新一轮监管建设，核心是十二个字，忠诚、平安、法治、文明、智慧、有为。具体内容包括：始终坚持全面从严治党治警，打造“忠诚监管”。按照“四句话，十六字”的总要求，深入开展“不忘初心，牢记使命”的主题教育，切实增强“四个意识”、坚定“四个自信”，努力打造一支绝对忠诚、绝对纯洁、绝对可靠、坚强团结的公安监管队伍；始终坚持底线思维、问题导向，打造“平安监管”。按照“坚持总体国家安全观”和平安中国、法治中国建设的战略部署，巩固和发扬党的十九大安保工作成果，做实维护国家政治安全、维护社会稳定的各项工作措施，确保国家政治安全和社会治安大局持续稳定，把安全作为监管工作的“牛鼻子”，开展消除监所隐患的专项活动，防止重大突发事件的发生；始终坚持依法治所、公平正义，打造“法制监管”。按照“坚持以人民为中心”的发展思想和“深化依法治国实践”的要求，全面加强执法规范化建设，坚持正确的执法理念，深化法治实践，改进执法措施，完善执法制度，确保在每一项执法管理工作中充分体现公平正义；始终坚持深化改革，强化保障，打造“文明监管”。贯彻关于“加强和创新社会治理”的要求，进一步深化改革、强化保障，切实维护被监管人员合法权益，不断提升法治文明的水平；始终坚持科技引领，信息支撑，打造“智慧监管”。按照党的十九大提出“加快建设创新型国家”的要求，推广“智慧监所”建设，按照“大整合、高共享、深应用”的思路，制定监管系统信息化顶层设计和整体规划，狠抓监所视频监控联网建设和扎实的应用；始终坚持围绕中心、服务大局，打造“有为监管”。围绕中心、服务大局，打好“防范化解重大风险”攻坚战，积极为维护社会稳定作出贡献。深化教育感化职能，努力为法制宣传教育，思想道德建设等作出贡献，提升拘留所社会矛盾化解工作效能，主动服务反恐维稳工作，做好情报收集、研判和预警工作。

“躲猫猫”事件已过去许多年，虽然还发生过一些被社会关注的涉“大墙”的事件，但“大墙”内的司法文明随着国家的法治进程正在不断改善提高。党的十八届三中、四中全会吹响了司法改革的号角，相信包括人权司法保障在内的“大墙”文明一定会做得更好，实现司法公正，赢得更好的司法公信力。

警察面对的“民告官”

官是一种职位，官大官小；官是一种权力，权大权小；官也是一种管理，管头管脚。

警察在老百姓眼里也是“官”，因为警察管的事太多。官是一种职位，官大官小；官是一种权力，权大权小；官也是一种管理，管头管脚。而警察正好符合这样的官特征，因而在“民告官”的官司中，警察所面临的行政诉讼是全部政府部门诉讼中分量最重的。立足“民告官”实务，有以下四个问题值得研究：第一，立法要拓宽“民告官”的通道；第二，庭审要体现“民告官”的作用；第三，官员要转变“民告官”的理念；第四，部门要抓住“民告官”的效能。

一、立法要拓宽“民告官”的通道

据《文汇报》2016 年 5 月 31 日报道，记者从上海市高级人民法院获悉，2015 年全市法院审结一审行政案件 5382 件，行政机关败诉 247 件，行政机关败诉率为 4.6%。报道说：2015 年 5 月 1 日，新修改的《行政诉讼法》正式施行。截至 2016 年 4 月 30 日，上海法院共受理一、二审行政案件 9877 件，同比上升 78.8%……2015 年，在上海法院审结的行政案件中，行政机关负责人出庭应诉 759 件，同比上升 67.2%。尤其是新《行政诉讼法》实施后，出庭应诉数明显增加，为 569 件，占全年总数的 75%。从行政执法领域看，行政机关负责人出庭应诉主要集中在规土、公安、社保、工商、住房等八个领域，上述领域的行政机关负责人出庭应诉数占到 2015 年出庭应诉总数的 63.99%。

再以上海市公安局提供的相关数字来看：2015 年，上海市公安局办结行政复议案件 470 起，办理行政诉讼一审案件 43 起，办理诉讼二审案件 14 起。市公安局职能部门对行政诉讼的败诉和工作瑕疵的分析显示，这些诉讼反映出的执法问题及成因如下：

1. 行政裁量失当，以至于处罚决定与违法情节不相适应，导致败诉。

2. 因行政机关调查取证方式不规范、综合判断不力等原因导致事实认定不清，这里有三种情形:（1）对案件来源的事实举证不足，导致程序性事实认定不清；（2）未对报告内容作详细调查，导致终止调查决定认定事实不清；（3）对不同证据之间印证关系的综合判断不力，导致对是否违法的事实认定不清。

3. 适用法律错误，包括:（1）户籍管理类案件中，适用法律规范错误或缺乏法律依据；（2）政府信息公开案件中，未准确依据法律规定答复申请人。

4. 执法程序失范:（1）未在法定期限内作出答复或超期办理案件；（2）执法方式和步骤不当。

造成上述问题的原因从客观上讲，由于公安执法面广量大，民警疲于应付，造成案件的质量存在问题，主要还是执法主体自身能力问题，包括出庭应诉的技巧问题。

以上分析的数据说明，公安面临的行政诉讼压力即“民告官”的压力是很重的，这一方面是执法任务重带来的结果，另一方面体现了社会主义法制建设的进步。这些年，公安部门对“民告官”的认识不断提高，把正逼出庭应诉与倒逼规范执法有机结合，大力推进“阳光警务”建设，积极面对“民告官”。

说到“民告官”，在中国几千年封建社会中是一件很难的事，即使新中国成立之后，在没有全面建设法治中国时，要做到“民告官”也不是一件容易的事。

“民告官”是行政官司的俗称，法律用语叫行政诉讼，它是指公民、法人或其他组织认为行政主体以及法律法规授权的组织作出的行政行为侵犯其合法权益而向法院提起诉讼。中国行政诉讼第一人是浙江人包郑照。1985 年，包家经镇城建办批准，在镇东南面的河滩上建了三间三层房，还在县房管处办理了产权登记。但搬进新房居住不到两年，包家的房子被县水利局认为是违章建筑，影响泄洪安全，妨碍抗洪防汛，要求包家拆除。5 月，台风季节到了，抗洪也进入关键阶段，于是就给包家下发了《关于强制拆除包郑照违章房屋的决定》。7 月 4 日，县政府出动几十位武警和三百多名镇干部，用爆破的方式将包的房子拆除。包认为是水利部门与房管部门的矛盾使他家遭受了损失，于是决定讨说法。包告到县法院，法院不受理，就告到温州市中级人民法院。1988 年 3 月，温州市中级人民法院通知县政府出庭应诉。农民告政府一时引起轰动，时任县长黄德余决定出庭应诉。1988 年 8 月 25 日，温州市中级人民法院借苍南灵溪电影院开庭，一边是被告县长，另一边是原告包郑照、老伴和两个儿子，庭审从早上八点一直开到晚上十点。审判长宣布闭庭时，县长黄德余离开被告席，走向包郑照，微笑地向他伸出手，并与包家人一一握手。三天后，法院判决，拆房行为合法，包的诉讼请求被驳回。11 月 18 日，浙江省高级人民法院维持原判。

这就是“民告官”的第一案，包郑照也成为“民告官”的第一人。《浙江法制日报》在终审判决第二天发表文章说：此案的重要意义，在于农民和县长以平等的法律地位对簿公堂，把官民关系纳入了法律调整的轨道。此案审结后的几个月，1989 年 4 月 4 日，《行政诉讼法》正式通过，1990 年 1 月 1 日起正式施行，中国有了“民告官”的法律保障。

中国有了“民告官”的法律，但“民告官”的执法效果如何？2013 年全国人大常委会在执法检查中，有一位当事人发言说“民告官”难于上青天，“民告官”见不到官。检查组的结论是“六个率”，即受案率低、上诉率高、申诉率高、实体裁判率低、公民胜诉率低、民众服判息诉率低。我国的行政纠纷数量每年在四百万件到六百万件左右，诉讼的有十万件，2012 年全国法院直接裁判行政机关败诉的占 9.87%，不到 10%，所以说“民告官”还是一件很难的事情，我们看四百万、六百万件的行政纠纷，进入诉讼的是十万件，最后老百姓胜诉的只有百分之十，就是一万件。“民告官”为什么这么难，一是不能告，“民告官”门槛太高，大量的诉讼被挡在了法院之外，告不进去；二是不愿告，对法院的判决有疑虑；三是不敢判，法院顾及与行政机关的关系，不敢纠正行政行为。不能告、不愿告、不敢判这就是“民告官”的难处。

前文列举了一组公安机关当被告的数字，说明了“民告官”的情况正在变化。我当过律师，曾代理当事人打过行政官司，我在公安工作又分管法制工作，负责公安机关的行政复议和诉讼管理，对于法庭的角色担任有自己的看法。此前，我与大学的几位老师和同学到一家区法院旁听了一起行政诉讼案件的开庭审理。庭审的大致情况是：审判是独任审判，严格按照行政诉讼法规定的程序进行。有两名原告，有两级公安机关为共同被告。诉讼的诉求涉及政府信息公开，庭审进行了一个半小时。庭审结束后我与老师同学座谈，讲了自己的旁听体会，我说：我觉得旁听这起行政诉讼案件是一件非常有意义的事情，留下的思考是什么？我觉得有四个方面：

第一，诉讼争议。这起诉讼的争议点是一个很值得研究的问题，即“信息不存在”问题。对政府信息公开诟病最多、争议最大的是政府手上可用解释权太大，反映最大的是什么呢？就是所谓“国家秘密”“信息不存在”，行政相对人一提出异议行政部门就说这是国家秘密或者信息不存在，使行政相对人丧失胜诉权。诉讼法有规定，政府信息公开条例也有规定，涉及国家秘密、商业秘密的可以不予公开。关于信息不存在国家法律也有明确规定，属过程性的信息不是行政相对人可获得的信息。但是怎么来确定国家秘密和信息不存在，成为诉讼中突出的问题。

第二，审判改革。党的十八届三中全会、四中全会提出司法改革，其中都提出了以审判为中心。提出以审判为中心，是讲刑事审判，但是以审判为中心的意义更多是讲法庭的审判活动，对陈述、对事实、对证据、对最后的判决，呈堂供词全部要以审判为中心。既然如此，它对行政诉讼、民事诉讼有没有意义或者说是怎样的意义，是不是也应该按照以审判为中心的改革要求来规范。

第三，涉众案件。一件独立的诉讼本身好办，但是若该案是一件涉及社会稳定的案子，下面旁听的实际上是一个群体，也就是说群体性特征的个案对诉讼活动的影响怎么来把握。

第四，公安出庭。新行政诉讼法调整以后复议机关变成了被告，也就是双被告，在两级公安机关都成为被告的情况下，法庭上怎么应诉，怎么来扮演好各自的角色，各自怎么来承担诉讼责任。

这四方面的思考虽然是从一个个案的审理中得来，但对公安行政诉讼有着一定的现实意义，可以说也是提高公安“民告官”诉讼能力水平需要解决的问题。

关于信息获得问题。信息公开是保障当事人知情权的基本保障，相关信息是否存在，行政机关提供的信息材料是否与申请内容相一致，是法庭在事实审查中必须查明的，就是说“信息是否存在”成为“民告官”诉讼中一个很大的前提。根据上海市《政府法制研究》2015 年第 4 期上显示的数据，据统计 2011 年到 2013 年上海市各级行政机关的政府信息公开答复有 55587 件，其中政府信息不存在的有 9724 件，占了总数的 17.5%。市政府权威发布的这个数字很说明问题，17.5% 答复说信息不存在，很难得到申请人的理解和接受，容易引发争议，成为行政复议案件中的突出问题。《信息公开条例》规定，依法不属于本行政信息公开，或者该政府信息不存在的，应当告知当事人，也就是说法律上是有一个信息不存在的说法。老百姓提出申请，法律上给了政府部门一个告知权，可以告诉老百姓这个信息不存在，但与行政行为相关的事实依据该怎么办，对老百姓来说就不是这么简单的。你说不存在就不存在？老百姓的知情权又怎么实现呢？那么，在实践中该怎么来把握这个法律的特殊规定呢？背后有一个行政诉讼法的适用问题。行政诉讼法第三节规定简易程序，人民法院审理下列第一审行政案件，认为事实清楚、权利义务关系明确、争议不大的，可以适用简易程序，其中第三项就是讲政府信息公开案件的，明确规定这类案件法官一个人审就可以了。那么问题来了，一方面 17.5% 是以信息不存在为由把老百姓给挡走了，另一方面争议到法院的时候又采取简易审的方式来处理不设合议庭评议，对于原告如何依法维护权利，对于政府执法活动会不会变成一个很大的自由空间。

党的十八届四中全会决定中讲到全面推进政务公开，推进决策公开、执行公开、管理公开、服务公开、结果公开。法制建设一个很重要的方面就是法制政府建设，要把政府的信息公开。四中全会决定中有这样一段话：涉及公民、法人或其他组织权利和义务的规范性文件，按照政府信息公开要求和程序予以公布。推行行政执法公示制度。推进政府公开信息化，加强互联网政务信息数据服务平台和便民服务平台建设。政府透明化程度，是检验一个国家或者地区民主法治建设的重要指标。透明到什么程度，只有当行政执法过程中的行政权行使，具体行政行为的过程以及理由、法律程序都能公开透明，这个时候的政府才是真正的法制政府，政府的执法活动才能取得当事人和人民群众的理解。看信息公开不公开的问题不仅是老百姓知情权问题，也是法制政府建设问题。

我看到一个学者研究政府透明度法律规则的文章，作者说，行政信息公开始于北欧国家瑞典，但其成为潮流，是在世界经济大萧条，第二次世界大战以后逐步形成的，西方国家逐步接受了这样一个安排。美国在1946年制定联邦行政程序法时，通过了信息自由法、隐私权法、阳光下的政府法、电子信息自由法等，通过了一系列要求公布政府信息的法律，确立了以行政公开为核心，以保护公民、法人以及其他组织为目标的行政程序法典，美国的政府信息透明度建设产生了世界范围的影响。所以，作者研究认为美国政府的透明度是高的。那么美国政府的信息透明度具有怎样的特点呢？第一，明确公民有权向联邦政府机关索取任何资料，政府有义务对公众的请求作出决定。第二，明确了公开为原则，不公开为例外的原则。这条原则我们现在也是反复强调。第三，制定了政府机关拒绝公众的特定请求必须作出说明，如果拒绝必须讲明原因。第四，建立了公众参与政府透明度建设的机制，要召开听证会、质询会。

上海为推进透明政府建设做了很多工作，特别是自贸区对于推动法制政府建设起了很大的作用。现在讲权力清单、责任清单、负面清单三张清单，其中负面清单就是透明度的一个标志。权力清单、责任清单、负面清单，三张清单中负面清单是最重要的，告诉你什么不可以做，负面清单没有规定的都可以做。负面清单是完全透明的，上海自贸区的负面清单2.0版已经出来了，接下来要出3.0版，就是要极大地提高政府透明度。世界上有一个透明国际组织在德国，它是一个非营利性的、非政府的民间组织，但是其权威性很大。这个组织对信息公开有一个基本标准：第一是获得信息的平等性程度，大家可以平等获得。透明组织不仅强调政府信息的公开，而且强调信息获得的平等性，政府、组织、个人完全一致。第二是相关性程度，获得的信息只要是跟个人有关的，应该都能获得。第三是及时性程度，用专业的语言来说，信息如果不及时更新，它就变成死信息了。

公安部门集聚的人口信息是海量信息，与人有关的信息都有，于是，有的部门就提出人口信息能不能给他们，希望能够把信息系统的端口接到他们单位。理由是遇有事务就不用到公安局来调资料核查情况，如果自己有系统可查阅的话，在办公桌上就可以查，有利于管理。其实这是做不到的，人口信息管理是一个很复杂的关系，里面涉及很多个人隐私。这个信息强大到什么程度，举个普通老百姓的例子，点击进去不但查到本人、家属甚至可以查到同学等相关人员，没这个必要让全上海两千五百万人的信息全部都给你。那么又提出是否可以将数据复制一个盘给他们的问题。其实，这个数据拷给你也没有用，今天拷给你，明天就过时了，不及时更新的话，等于是死库。上海为什么要这么多的人口信息管理员，就是为了及时更新，必须要靠那么多的人来及时更新信息，否则这些信息就没用了。

在旁听庭审后的座谈会上，大家对信息公开，特别是信息的有效保护问题特别敏感，认为这方面存在很大的问题。讨论时老师同学向我问了个问题：现在个人信息在网上被公开，很多人被诈骗，诈骗者说我有你的信息，你给我打多少钱私了等，当然里面肯定有很多真实的信息。大家问公安部门对个人信息保护，到底采取了怎样的措施？

我们分两层意思来讲这个问题。第一层意思，社会上讲的个人信息大都是单方面信息，比如说孩子出生了，马上会有人与你联系告诉你去哪买尿布，去哪买奶粉。其实这都是单一信息，你在什么地方登记了信息，而登记地把这个信息泄露出来，获得信息的人不可能获得综合信息。第二层意思，出卖个人信息的行为是违法的，应当受到法律的制裁。公安机关的人口信息分两期建成，第一期人口信息是把公安内部信息归拢起来，完成了大公安人口信息管理。第二期把社会相关信息统统归拢，民政的结婚死亡信息、人保的就业保障信息等。各个政府系统的人口信息全部归到这里来，那么就是一个大信息。市政府通过了一个信息共享办法，各政府部门都可以使用。但对这种综合信息管理是很严格的，获取是有条件的。

打击电信诈骗是一项综合执法活动，反电信诈骗关联到电信的运营问题，包括信息合理不合理、正确不正确、谁来把关、法律责任谁来承担。家里有个私人电话，要把这个私人电话封掉，是要出具法律文书的，没有法律文书不能封掉私人电话，这是法律问题。现在最简单的办法就是只要不是自己手机里储存的陌生电话就不接，你要找我先发短信，证明我跟你有一定关系再聊。除了利用个人信息进行骚扰，让老百姓最深恶痛绝的是电信诈骗。经常能听到身边熟人被骗的惨痛案件，老百姓希望政府能出重拳打击这类犯罪。

魔高一尺，道高一丈，上海市为打击电信诈骗犯罪，已成立了反电信网络诈骗中心，协调向三大通信运营商、中国银联、在沪的 11 家主要商业银行、6 家第三方支付机构中派员入驻，与其他 54 家金融机构建立及时响应对接机制，联手落实封堵网站、关停电话、清理短信等反诈骗措施。中心从 2016 年 3 月运行以来侦破案件 8283 起，环比上升 36.9%，冻结止付涉案资金 2.25 亿元。通过建立预警模型，及时发现诈骗行为，并通过电话短信提醒、联系家属告知、属地民警上门等方式成功劝阻受骗上当的人员 20 多万人次，案件接报数、损失数环比分别下降 27.4%、34.8%。老百姓反映现在电信诈骗的情况比以前少了，其实不是犯罪分子息手了，而是政府采取了措施，特别是公安部门积极开展打击行动取得了成效。

在推进"民告官"的司法过程中，如何克服"信息公开"障碍，使当事人获得更多的诉权是大家在讨论中关心的另一个问题。信息公开是法制政府一项重要的指标，只要不涉及国家机密、个人隐私，必须及时、正确、适当地向公民提供。及时性，代表信息的时效，过时的信息给人家也没用。正确性，不仅要准确，而且要完整，要求信息的完整性。适当性是争议比较大的问题，什么叫适当，行政诉讼中有适当性审查，适当性审查是法律上争议比较大的问题。我觉得适当性讲的是合理合法的问题，什么叫适当，适当就是合理合法。马路上整治交通，罚你二十元和罚你十元，到底是十元正确还是二十元正确，那就是适当原则。行政执法必须要严加规范，不能搞得太随意。

讲信息公开问题要把《信息公开条例》当中的一些规定结合起来讲。条例第 2 条：本条例所称政府信息，是指行政机关在履行职责过程当中制作或者获取的，以一定形式记录保存的信息。法条的这一规定非常明确，产生争议的原因是对第 14 条的理解。条例第 14 条第 4 款规定：行政机关不得公开涉及国家秘密、商业秘密、个人隐私的政府信息。有关行政机关说信息不予公开适用的就是涉及国家秘密、商业秘密或个人隐私的法律规定，从法律上来讲有个弥补，对申请信息公开的行政机关可以做出不予公开的答复，有关行政机关告知当事人，申请获得的信息依法不属于行政机关可公开的信息，或者说该信息不存在，这就是法律上的交叉理解，或者说发生争议就来自对《信息公开条例》当中一些法律规定的理解与把握。我想，理解这部法律，基本要求应当首先理解为信息公开是法治政府建设的基本要求。就拿过程性信息这个争议比较大的问题来讲，过程性信息的规范表述出自 2004 年《上海市政府信息公开规定》，规定第 10 条第 1 项规定：正在调查、讨论、处理过程中的信息免于公开，但法律法规另有规定的，或者公开具有明显的公共利益并且公开不会造成实质性损害的，可以公开。我们对过程性信息作分析可以看到过程性信息具有动议性、咨询性、辅助性特点，它的不确定性决定了这些信息只是一个过程性信息，由此可以不予公开。问题是决策一旦作出，之前适用过的信息是否仍然属于过程性信息有待商榷。

政府部门讲信息“不存在”，将导致当事人丧失诉权，面对败诉的结果。那么，政府信息公开怎么来完善呢？具体来说有这样几个问题。

第一，要梳理信息公开立法在法律体系当中的位置。把信息公开问题放到国家法律体系建设当中来考虑，对涉及不公开规定的法律法规作出全面的审查与限制。政府信息公开制度的实施，有时受到保密法、档案法等其他法律的制约。但有必要全面整理和审查地方性法规、部门规章当中的公开条件。虽然上位法的规定地方立法无法修改没法突破，但可以对地方规章中属于不公开的内容进行审查和评估，过于宽泛的要约束掉。

第二，要实现免于公开事项的判断标准，免于公开标准要明确并且合理。政府信息公开条例规定中免于公开事项的一些内涵不清，判断要件模糊，容易衍生出诸多问题的要加以克服。最典型的就是国家秘密问题，在现有政府信息公开申请中，有一部分不予公开的理由是涉及国家秘密，甚至有些政府信息在申请人申请前不属于国家秘密，在申请人提出申请以后就变成了国家秘密，这些都要加以克服。

第三，过程性信息不予公开条款显失公平应当予以废除。过程性信息也是信息，把它说成属于过程性信息的这个过程应该有一个限定，是信息确定以前的过程，还是确定以后的过程。根据《上海市政府信息公开规定》第 10 条第 1 款规定，除行政机关将文件档案公开征求意见外，属于调查、讨论、处理过程的信息，因其内容不确定，公开后可能影响国家安全、公共安全、经济安全的不能公开。就是在没有公开征求意见以前，所有过程性的信息可以不公开。但是，把行政决策和行政决定作出过程之中的全部信息都作为过程性信息，并全部排除在政府信息公开的范围之外，不符合政府信息公开要求。对于限制公民获得信息的规定必须要严格、明确，要界定清楚，这才是符合法律精神的。

总之，“民告官”的司法实践告诉我们，首先要在立法上打通渠道，不能给难打官司太多自由解释的空间，针对一些反映突出的矛盾应当通过立法加以克服。

二、庭审要体现“民告官”的作用

这里所讨论的庭审作用并不是讲给法院听的，而是提醒出庭应诉的公安机关认识这个问题，要适应司法改革背景下法庭审理的变化，在适应的基础上出好庭办好案，在审判环节体现“民告官”的作用。

司法体制改革提出要推进以审判为中心的诉讼制度改革，确保侦查、审查起诉案件的事实证据经得起法律的检验。审判是诉讼活动的最后程序，证据是公正司法的质量根基，庭审是诉讼活动的关键环节，可以说，推进以审判为中心的诉讼制度改革，是抓住了保证司法公正的“牛鼻子”，反映了党对司法工作规律认识的进一步深化，为完善我国诉讼制度指明了方向。以审判为中心并不是以法院为中心，而是要求公检法三机关的办案活动都要围绕法庭审判进行，侦查、审查、起诉机关要以符合法庭审判的标准严格依法收集、固定、保存、审查、运用证据，依法保障当事人的诉讼权利，夯实案件审判的质量根基。要求审判机关必须更加重视庭审，切实提高庭审的驾驭能力，保证庭审在查明事实、认定证据、保护诉权、公正裁判中发挥决定性的作用。

从党的十八届四中全会决定的文字理解，以审判为中心的改革讲的是刑事审判制度的改革，但是刑事审判制度改革的要求在民事审判、行政审判中是不是也应该得到体现，或者说也应该按照这样的要求来做呢？最高人民法院 2014 年到 2018 年的改革纲要强调以审判为中心也是讲刑事审判，促使侦查、起诉活动围绕审判程序进行。我认为，以审判为中心的核心内容是要求诉讼的证据质证在法庭、案件事实审查在法庭、裁判理由的形成在法庭，这“三个在法庭”就是以审判为中心，是以审判为中心的基本要义、基本内容。我认为在行政审判、民事审判活动中也应该体现“三个在法庭”的基本要求。在法院的改革方案要点中讲到，要全面贯彻证据审判原则，强化庭审中心意识，这是从广义上讲的，不单只是刑事审判。落实直接言辞原则，严格落实证人鉴定人出庭制度等，也是从广义上讲的，在完善民事诉讼证据规则当中，也讲到了要发挥庭审质证、认证在审定案件事实当中的核心作用。从这个意义上来讲，以审判为中心的基本要求，对证据、对事实、对裁判理由等要求都应该体现在法院所有的庭审中。

以审判为中心带来一个问题，就是审判长的法庭把控。因为以审判为中心，“三个在法庭”，审判长、合议庭就成为庭审的中心。那么审判长怎么把握法庭就不单单是审判长的问题，而是所有诉讼参与人都要接受审判活动的规则。意义在于，所有参与诉讼活动的人都要明白“三个在法庭”是以审判为中心进行审理，以审判为中心的意义在于必须要以此为基本要求。

行政诉讼法已有新的修改，修改后的行政诉讼法有一条和修改前是一样的，就是判断行政行为正确与否的标准是看行政行为是否证据确凿、适用法律法规正确、符合法定程序。我在当律师的时候在法庭上发表代理意见，就讲证据确凿，适用法律正确，处罚程序得当，法庭审理就审理这个。我出庭应诉把握三条，我处罚你，你的违法事实依据有吗？我把证据给他拿出来；我处罚你适用的是什么法律，这个法律直接对应吗？我处理你的过程符合程序吗？我就讲这三条。到法庭上打官司就紧紧围绕这三条展开，你处罚时确定他的违法事实充分，适用法律得当，程序上没有瑕疵，符合这三条，这个案子就成立了，我觉得这是关键。诉讼参与人对诉讼目的都站在各自不同的角度理解，就要审判长来把握。以审判为中心的审判活动，对公安机关意义更大，你不能说我是行政机关，戴着大盖帽，到法庭上不听审判长的这不行，管辖问题、出庭问题、质证问题，都要符合行政诉讼的相关规定，所有的诉讼参与人都应当服从法庭这个中心，按照行政诉讼法的基本要求来参与各个阶段的诉讼活动，实现诉讼目的。

再结合前面说的旁听的那个涉众型的行政案件，诉讼的群体性特征怎么来把握。行政诉讼有一个区别于其他诉讼的特点，个案背后往往是一个类案。家庭民事诉讼、个人财产诉讼等都是个案，两兄弟吵架争一个房子，争家里一块玉石，没有其他可比性。法人之间的财产诉讼案件、合同案件也都是单一的案件。而行政诉讼案件往往具有同类型的情况。比如说交通整治，一个月交通违法大整治处罚了 134

万件，虽然134万件各种违法的具体地点不一样，处罚人员不一样，但是分分类，大致就这几种，乱闯红灯，随意停车，随意变道，乱鸣号，黑车，几个大的概念都可以包含进去。交通整治一个月来，报纸上一天一个报道，报道什么呢，今天这个违法，明天那个违法，但总的来说都是同类违法，处罚的违法行为有共性。对这类案件，更要严格依法办事，因为往往在它的背后是一个群体，一旦形成诉求往往带有非经济利益的目的，不是一个简单的是否服从处罚的问题，还有其他诉求因素在里面。我觉得诉讼的群体性特征在具体案件的审理中更应该把握法治原则，更要强调依法处理。

随着新《行政诉讼法》的实施，行政部门的双被告制被列为法律规定。《行政诉讼法》第26条第2款规定：经复议的案件，复议机关决定维持原行政行为的，作出原行政行为的行政机关和复议机关是共同被告。从行政复议的结果看，相当多的复议案被维持了，也就是说一旦诉讼，法庭上就会出现双被告。就公安行政诉讼来讲，就是作出决定的公安机关和上级公安机关成为双被告。一旦出现双被告，就有一个两级公安机关出庭的责任确定问题。两级公安机关同时出庭这个问题是新行政诉讼法调整带来的，按照新行政诉讼法的规定，复议机关也要列为共同被告，两级公安机关都变成了被告，法院可以要求同时出庭。这就带来一个问题，两级公安机关都成为被告以后怎么来共同应诉。应该讲，两级公安机关是一个共同体，诉讼目的是一致的，都是维护一个行政行为，但是在法庭的诉讼过程中，无论是在陈述阶段、质证阶段、辩论阶段，还是最后发表综述意见的阶段，两个部门各自承担的责任是不一样的，在发表意见的过程中会有分歧，会站在自己的角度。如果是个家庭遗产诉讼，家里的这一部分成员告那一部分成员，小弟弟告两个姐姐，两个姐姐成为共同被告，但两个姐姐又变成两个利益体，因为这个财产分得多一点还是少一点，我对家里尽的义务多，还是你尽的义务多，这个义务的背后是权利的大小，我应该多继承一点还是你应该多继承一点，共同被告是两个利益体，有共同的地方，也有不同的地方。当律师代理大姐姐，要帮大姐姐讲话，代理小姐姐，要帮小姐姐讲话，讲突出对家里的贡献，突出应该获得更多财产的理由，讲这个问题就一定会在法庭上发生冲突。但是在行政诉讼中，两级机关作为同一个案子中的共同被告就不能这么做。在两级行政执法机关列为共同被告的情况下怎么来把握好庭审的要求，这和一般的民事诉讼还是不一样的，诉讼共同体意义就更加明确了。

三、官员要转变“民告官”的理念

自有“民告官”以来，“官”不断面对各种经验，学习着如何去适应这种变化。“民告官”是法治进程的必然要求，矛盾的主要方面在“官”，在有行政执法权的行政机关对行政行为相对人的诉讼是什么态度，这里有诉讼能力的问题和执法规范化建设的问题，无论是提高诉讼能力还是执法规范化，首先还是要解决理念问题。党的十八届四中全会决定中提到法治政府建设，提出要加快建设职能科学、权职法定、公开公正、廉洁高效、守法诚信的法治政府。四中全会对法治政府建设提出了明确的要求，这里面特别指出要坚持严格规范公正文明执法。比如适当性审查，适当性审查实际上是一个裁量权的问题，是行政裁量权的基准制度建设问题。成文法有这样的特征，判例法就没这个特征。到美国去参观律师事务所、大法官的办公室，你会看到屋子的书架上摆满了法律书，美国联邦最高法院每年要出一大套书，都是最新的判例。在美国当律师当得好不好，关键是看熟悉判例的程度，代理一个案子要找到最相似的判例，这个判例就是法律，就看对最新判例的熟悉程度，那是非常难的。你怎么知道昨天判过一个什么案件，你今天讲这个案件昨天刚判过，这个人判三年，你还在这里说只能判一年，同样的案件就该判三年，那么判一年明显是违法。成文法不可能规定得这么细，量刑规定会有一个幅度，表述为是多少年以下，多少年以上。现在贪污的起刑点从五千元调整到三万元，某些人说法律更加宽容贪污行为了。其实不然，现在货币值的概念不一样，当时法律定五千元和现在定三万元不能同日而语。三万元以上三百万元以下，这个裁量会带来很大的自由空间。所以我觉得这还是一个执法活动问题，现在发生的很多诉讼的背后是一个执法幅度问题。看似相同的两件事作出不同的行政裁量，相对人心里就会不服，进而引发诉讼。还有一个问题就是对基本执法行为的共识，包括应知应会规范的掌握。我在抓上海公安机关执法规范化时就强调执法问题要应知应会。我在厂里当工人时，师傅就跟我讲应知应会，什么事应该知道，什么事应该会做，你首先要解决应知应会问题。但是，公安执法是海量执法，一个月一百四十万件的交通执法，怎样能保证件与件之间一点差别也没有呢？大量的执法活动背后实际上是人的操作，首先还是要解决理念问题，一线有执法权的民警首先在理念上要有大的转变，没有大的转变是不行的。理念转变讲这样几个重要的理念：

第一是平等诉权的理念。诉权平等是民事诉讼中必须把握的原则，是讲整个诉讼活动赋予了双方当事人同等的诉讼权利，可以用同样的方式保护自己的权利，原被告双方是同样的，不是说政府行政机关有比行政相对人多的权利，或者有什么特殊的手段，既然上了法庭就是平等的，诉讼权利是平等的。如果说平等诉权是民事诉讼的原则，到了行政诉讼“民与官”，这种理念不仅不能颠覆而且应该更加坚持，如果没有平等的诉权，民的权利怎么保护？所以平等诉权的原则在行政诉讼当中要特别强调，我觉得这不是一个简单的问题，相当程度上行政执法人员在角色上是转变不过来的。警察出庭到底要不要穿制服，一种意见认为，既然你代表行政机关出庭就应该穿制服，表明行政机关的身份。另一种意见说不合适，穿制服有种以势压人的感觉，显得不平等，我是老百姓，你是权力部门，我是被管理的人员，形象上不平等。另外，一旦败诉了，人家会说穿了制服还败诉形象不好。在行政诉讼中强调平等诉权意义在哪里，在于行政执法部门不仅要认识到，在法庭上行政执法部门与行政相对人地位是平等的，而且还要认识到，所有的审判活动要以审判长为中心进行，要在审判长的指挥下，在审判长安排的诉讼活动的节奏程序下进行。一旦打起官司来政府行政部门没有什么特殊的地位。当然有一个观点说，政府部门上了法庭由强势变成了弱势，在法庭上政府部门反而成了弱势。

诉讼中的举证责任问题，在行政诉讼中叫举证责任倒置。行政部门作出的行政决定，行政部门有举证义务，而不是原告举证，老百姓告行政机关的不当行政行为，证据可以不拿，要行政机关举证说明为什么作出具体行政行为。谁主张谁举证是民事诉讼原则，我主张这个事情我应该举证，家里有一套房子继承，你要说出来这是被继承人的，这个房子的产权是怎么来的怎么形成的，你要打官司要说出来。但在行政诉讼中，作出行政决定的机关具有举证责任，不仅是有举证责任，这个证据必须是在作出决定之前的证据，不能是之后补的证据。法律确定得非常严格。在这种情况下，行政机关说我成了弱势。但是我觉得不管是强势也好，弱势也好，这种讲法都不对，就是简单的平等主体，诉权平等，这是必须要明确的一个非常重要的理念。“民告官”在很多情况下难以实现，是不是更应该强调平等主体，行政机关出庭的时候要有平等的心态，不能在法庭上还表现出管理者管人的那种强势，要有平等的语言，以平等的方式参与诉讼。现在有些部门有些行政官员做不到这一点，执法者不出庭，叫“民告官”不见官，新行政诉讼法作了调整，行政官员必须出庭，甚至可以传唤出庭。

第二要确立“民告官”的权利理念。我们都知道“民告官”是俗称，法律上叫行政诉讼。封建社会叫衙门八字开，有理无钱莫进来，你要进来滚钉板。“民告官”是对“官”的一种监督。四中全会提出要强化对行政权力的制约和监督，监督的方式很多，有党内监督、人大监督、民主监督、行政监督、审计监督、社会监督、舆论监督等。行政权是由国家宪法、法律赋予或认可的，国家行政机关执行法律规范，对公共服务实施行政管理活动的权力，是国家政权和社会治理权的组成部分。行政权的实施以国家强制力作为最终保障，权力作用对象必须服从行政管理。也就是说，行政权力是国家行政机关依靠特定的行政手段为管理社会而实施的一种行为，是一种强制性的管理方式。怎么把握这种权利，我觉得非常重要的就是对行政权力加大监督，这是法制建设的基本要求。

检察机关是国家的法律监督机关，民事诉讼法、行政诉讼法都有检察机关对民事审判活动和行政审判活动监督的法律规定，但实际上检察机关主要是对刑事审判活动的监督，通过刑事诉讼发现和纠正侦查与审判活动中的违法行为。在民事领域和行政领域的检察监督非常薄弱。我大学毕业写的论文就是关于民事诉讼的检察监督，后来我在检察院当检察长的时候也重点抓过民事检察监督，我觉得这是法制建设中一个薄弱的环节。现在检察机关监督行政机关的执法行为，主要方式叫“行刑衔接”，即行政管理行为与刑事追诉行为之间的衔接，就是行政管理中发现的刑事违法行为转介到刑事诉讼环节来。但对一般民事行为，怎么进行检察监督是一个弱项。法律上赋予检察机关这样一种权力，行政执法机关要主动接受监督。在司法改革和检察职能调整的背景下，同时也是法治建设中对行政行为实施法律监督的社会要求之下，检察机关已越来越重视对民事行政行为的法律监督。《上海法学研究》2016年第3期刊登了一篇文章《行政执法活动检察监督创新研究》，作者对行政检察监督提出了很具针对性的意见。文章说：修改后的《刑事诉讼法》《民事诉讼法》已于2013年1月1日起实施，修改后的《行政诉讼法》也于2015年5月1日起施行。三大诉讼法为检察机关行使法律监督权、开展行政执法监督提供了更明确的法律依据和监督范围。为此应在两个方面加强。

其一，完善行政执法检察监督立法。健全立法，为检察机关监督行政执法提供保障。一是规范立法，提升法律位阶，增强检察机关对行政执法监督的效力。二是将任意性规范修改为强制性规范，加强检察监督力度。三是进一步明确《检察建议书》《纠正违法通知书》等法律文书的效力。

其二，构建行政执法检察监督制度。一是确立检察机关对行政执法的四项监督权。包括行政执法监督提前介入权、调查权、督促执法权和行政违法纠正权。二是健全检察机关与行政执法机关的协调工作机制。可以成立一个由检察机关、公安机关和行政执法机关组成的相对固定的监督保障协调小组，各组成单位既相互独立又相互配合，保持经常性的联系。三是形成多方位、立体化的行政执法检察监督体系。具体可采用发送法律监督文书，调阅、调查、取证、质询、备案审查、介入重大现场执法活动、支持督促起诉、提出抗诉、提起公益诉讼等方式开展监督。

第三是风险的理念。为什么要讲这个，因为行政执法活动和出庭参加行政诉讼活动往往是“两层皮”，诉讼风险在实施行政行为的时候执法人员往往很少考虑。所以要有一个基本的理念，就是在实施行政行为时必须要意识到可能会引起的诉讼，要把诉讼带来的风险考虑进去，从而对行政执法行为做到更加规范更加慎重。行政执法要更加严格地依法依规，因为不合理执法今后会给可能发生的诉讼带来风险。确定这一理念的意义在于行政行为的管理者要明白行政行为不是管理者一个人说了算，如果你说得不对，我可以到法院去打官司，我有司法救济渠道，你的行为必须要经得起法院的审理，法院会对你的行为进行审查，所以确立风险理念是非常重要的。

讲行政执法要有风险理念，还有一点非常重要，就是要增强自我约束，行政执法行为要有约束感，不能随心所欲。在相当长一段时间里，行政部门存在想怎么说就怎么说，想怎么干就怎么干，老百姓不敢打官司，也没有办法打官司的现象，现在都不行了。

上海市依法行政白皮书反映了上海的一些基本情况，数据是很有说服力的。白皮书里有一个接受司法监督的情况，2010 年到 2014 年上海法院共审结行政诉讼案件 10952 件，其中法院判决行政机关败诉或者行政机关纠错以后申请人撤诉的案件 588 件，纠错率为 5.8%。行政诉讼败诉的主要原因是：行政执法人员程序意识、服务意识、职能意识不强；被诉行政行为缺乏合理性和可执行性，证据收集和事实认定不当；行政效率有待提高；执法行为存在不规范不严谨现象；对法律精神和立法原则把握不准。具体看：2010 年受理案件 1844 件，撤诉或者行政机关败诉或者行政当事人撤诉的 131 件，纠错率 7.1%。2011 年是 6.8%，2012 年是 4.2%，2013 年是 4.2%，2014 年是 5.2%。其中，公安的行政诉讼数据为：2013 年上海公安行政败诉案件 19 件，一审败诉率是 2.7%，下降了 2.3 个百分点。白皮书反映出行政诉讼的总量不低，但是行政部门败诉率不高。上海公安一年行政执法下来打官司的也就几百件，一定程度上反映出一线民警的执法水平还不错。

我梳理了一下，公安在行政执法中引发诉讼，有几对矛盾是要考虑的。

一是忙与粗的矛盾。执法与复议应诉是两个环节，在政府各部门中这两项公安数额都最大，执法活动最多，最后打官司的也最多。交通违法扣分在 12 分以上的就要回炉重新考试，回炉考试更加严格、更加规范，考试的及格率只有 20%，80% 的人通不过。上海公安机关一年查处的交通违法案件、治安违法案件数量这么大，客观上讲的确很忙，警察忙不过来。反过来讲，工作有时也难免很粗，常常会出现一些低级错误。但是在执法的时候，事情就是一个大概的模糊的状态，一个事实发生以后调查差不多就好了，站得住就行了，结果发现细节把握还是站不住，细节不具体、不完整，结果一打官司还是站不住。这是执法活动中一个非常大的问题，忙乱当中出现的粗糙。

二是处与诉的矛盾。处罚与诉讼两张皮，按照行政诉讼法的规定，行政复议诉讼管辖部门是行政部门的法制部门，法制部门负责复议和诉讼。问题就来了，复议诉讼反正不是直接执法的部门，打官司不是我的事情，就变成执法处罚与复议诉讼两张皮，前道工序不管后道工序。搞司法责任制改革，检察官有责任制、法官有责任制，公安侦查员、公安执法人员不能没有责任制。前面第一道工序不讲责任，到后面怎么讲责任。出庭应诉的警官不是当事警官，不是当事的处事警官，处事警官出庭作证寥寥无几，一年经手那么多案子，都交当事的处置警官去出庭、听证，不可能，所以就变成了两张皮。《上海法学研究》上面有一篇虹口法院两位法官写的文章说，举证、质证是为了恢复矛盾纠纷发生时的客观真实，质证就是要把客观事实变成法律事实。当你在处罚的时候你有个认定，这个认定是一个法律事实，我说你闯红灯，开了一张单子，当我把这张单子开出来的时候，所确认的事实已经是法律事实了。然后到了法庭上，法庭通过质证还原当时的客观事实。警察说你闯红灯，旁边那个人证明你没有闯红灯，或者说车在走的时候正在变灯，或者什么，通过法院对证据的审理来还原客观事实。举证、质证是为了恢复矛盾纠纷时的客观真实情况。我们都说，程序是获得社会公信和当事人认可的基础，你没有基本的程序公正就谈不上法律公正，程序公正保障法律公正。文章有个非常好的论述，庭审的功能是什么？就是通过庭审发现真实，庭审的价值在于发现真实，作出裁判必须基于客观事实。然而，在法庭发现事实的过程当中，法律真实与客观真实之间存在着紧张关系，发现真实是审判工作最主要的内容，也是法官肩负的职责，通过司法程序当中的举证质证、当事人的陈述等环节来恢复矛盾纠纷发生时的客观真实。但必须注意到，裁判者无法让时光倒流，回到矛盾纠纷的发生现场去亲历客观真实，只能通过庭审来推断真实的情况，这就是法律事实。我觉得他们分析得非常正确，分析得非常好。处与罚之间，有一个法律事实和客观事实的区别，要通过诉讼活动来解决。我们讨论的问题是什么，当客观事实变为法律事实的时候，在诉讼活动当中出现了两张皮，应诉的人并不是当时法律事实的目击者、直接处罚者。他是被动地接受了这样一个法律事实。然后这个法律事实再去凭他所占有的全部材料去还原客观事实，那么在出庭时就必然会发生冲突。

三是刚与柔的矛盾。刚与柔讲的是执法力度问题，执法活动究竟是刚性一点好还是柔性一点好，是一个很难回答的问题。刚性与柔性的问题又转化为裁量问题。

中国执法部门有自由裁量权，久而久之就变成警察执法究竟是刚性一点还是柔性一点的问题。执法复议的时候怎么来把握这个尺度，法律的执行该怎么把握？总的来说，很长一段时间是刚性不足柔性有余。现在强调严格执法，严格执法体现在两个方面，一个要求执法人员必须严肃执法，秉公执法，严格按照法律规定和程序办案，真正做到以事实为依据、以法律为准绳。执法的时候必须秉公、严肃、依规执法。另外一个就是要求执法人员必须要尽责，要敢于纠正，不搞态度执法、关系执法、人情执法，这是对严格执法的一种要求。

四、部门要抓住“民告官”的效能

在法治中国建设的大背景下，如何面对越来越多的公安诉讼活动，如何适应“民告官”的法制要求，是摆在公安机关面前的一件大事，我的基本观点是要通过“民告官”来正逼诉讼能力，倒逼规范执法，既要解决诉讼能力不足的问题，更要从源头上解决执法不规范的问题，只有这样才能真正解决警察打官司的问题，才能把“民告官”对政府的积极效能体现出来。

党的十八届四中全会提出法治政府建设的基本要求是下一步工作的指导精神。习近平总书记在关于下一步怎么来加强法治政府建设讲了很多，其中很重要的一条就是全面推进政务公开，把执行公开、管理公开作为基本要求，以此推动执法公信力建设。习近平总书记说：全面推进政务公开。推进决策公开、执行公开、管理公开、服务公开、结果公开。重点推进财政预算、公共资源配置、重大建设项目批准和实施、社会公益事业建设等领域的政府信息公开。

怎样才能推进行政法治，提高执法公信力，可以从几个方面去思考：

1. 行政执法体系内部进一步加强协调。加强内部协调，明确职责，最典型的例子就是苏州河上捕鱼的事。上海的苏州河水质刚刚改善，就有人在河道上用搬网抓鱼，而且量很大，每天抓掉很多鱼，看得心疼。为什么心疼，第一作为上海的母亲河，苏州河水质条件刚刚改善，鱼养在里面对于改善水质是有好处的；第二，毕竟水质还在改善的过程中，把这些鱼抓起来卖给老百姓吃，食品安全要出问题。我看到过两篇相关的报道，一篇是2016年12月26日《解放日报》上刊登的一篇文章

《苏州河当年是怎样"复圆水清梦"的》。文章说：苏州河是上海的母亲河。它源于美丽的太湖水系，从青浦区赵屯进入上海界内，在外滩注入黄浦江，横贯浦西，勾勒出这个国际大都市最早的雏形。20世纪80年代，上海每天要向苏州河排入140余万吨的工业污水和生活污水，形成了一条自河口至华漕长达23公里的常年黑臭污水带，它每天注入的滚滚黑水，占黄浦江总污染的46%。1988年，上海市委市政府下决心整治苏州河，拉开了整治苏州河工程的序幕。按照"以治水为中心，全面规划、远近结合、突出重点、循序渐进、标本兼治"的原则，苏州河环境综合整治工程分三期实施，工程总投资140亿元，耗时20年，被誉为上海生态环境"第一工程"。1998年，苏州河环境综合整治一期工程正式启动。治理苏州河，污水截流是关键，2001年4月21日，上海市政府召开动员大会，苏州河支流截污工作全面展开。彭越浦、真如港、木渎港、新泾港、新槎港、华漕港六条苏州河支流每天生产的30万吨污水被截流，送往占地66.17公顷的石洞口城市污水处理厂。截污纳管的同时，综合调水作为辅助措施屡次使用，还有一个措施就是底泥清淤。底泥疏浚配合曝气船的河水复氧，使苏州河得以"生态修复"。从1997年起，苏州河沿岸172处原材料、农产品、垃圾、粪便码头结束其历史使命。苏州河二期工程于2003年4月11日正式开工，2005年年底完成。第二期工程正式将苏州河综合整治范围拓宽至全流域，目标是切断所有可能的污染源。2007年11月，苏州河环境综合整治三期工程开工，总投资31.4亿元，具体任务有四：苏州河市区段防汛墙加固改造和底泥疏浚工程；苏州河水系截污治污工程；苏州河青浦地区污水处理厂配套管网工程；苏州河长宁区环卫码头搬迁工程。苏州河水由黑变清，更大程度上得益于上海人民的共同努力，得到了上海市民最大的理解和支持。江河湖泊是水资源的重要载体，是生态系统和国土空间的重要组成部分，是经济社会发展的重要支撑，具有不可替代的资源功能、生态功能和经济功能。

另一篇报道刊登在《新民晚报》，该报2016年9月21日有篇报道《苏州河到底能不能捕鱼？——多个部门"打太极" 无规可管"水生态"》。文章报道：记者以市民身份致电市水务局法规处，工作人员表示，根据《上海市河道管理条例》第35条，在河道管理范围及堤防安全保护区内，未经市水务局或者区河道行政主管部门批准，不得设置鱼簖、网箱及其他捕捞装置。但这条规定并没有回答“苏州河内到底可不可以捕鱼”。对方表示：“对我们来说，判定的（唯一）依据是，是否有碍于行洪。”记者发现，根据工作人员的说法，这又产生了两种微妙的情况。如果影响行洪，水务局是管的，“但关于是否影响行洪，得先由防汛部门认定”；如果不影响行洪，“这种情况下我们管不了，其他部门是否能管，不清楚”。其他部门的回答又怎样？记者致电上海渔政监督管理处。工作人员回复，该单位的执法范围是渔业水域，苏州河是市区内的景观河道，属于非渔业水域，所以不在其管理范围内。之后，记者联系到上海市农委水产办。相关工作人员说，苏州河内捕鱼可依据《上海市河道管理条例》，应由水务部门或闸航部门进行相关处置。“问题”又抛给了水务部门。但这个事情谁来管，理来理去结果区政法委说这个事情归水务局管，把法律找出来说归你管，水务局一读是归我管，这样吧我再委托你政法委管，因为我没有人，没法管。

2. 在公安改革中推进行政执法改革。公安部改革方案中有一个明确的改革要求，就是完善权力运行机制，深化执法规范化建设，保护群众的合法利益，促进社会公平正义。在改革方案的细化要求中讲到完善执法权力运行机制，健全行政裁量权基准制度，细化、量化裁量标准，最大程度地公开执法依据、执法程序、执法进度和执法结果。上海的公安改革方案对此问题也提出了非常明确的要求，对行政改革这一块提出了非常具体的改革要求。在总共六十项改革中，有几项都是讲行政执法权的改善问题。提出要进一步完善执法公开制度，进一步完善行刑衔接制度，进一步建立执法责任清单，进一步完善执法办案责任追究制度等。

中办国办下发的《关于全面推进政务公开工作的意见》提出，到2020年，政府公开工作总体迈上新台阶，依法积极稳妥实行政务公开负面清单制度，公开内容覆盖权力运行全流程、政务服务全过程。《文汇报》在报道这件事的相关文章《“阳光政务”应敞开政务之窗》中提出这样的观点：公开透明是法治政府的基本特征，法治政府同时也是“阳光政府”。全面推进政务公开，让权力在阳光下运行，对于发展社会主义民主政治，提升国家治理能力，增强政府公信力、执行力，保障人民群众知情权、参与权、表达权、监督权具有重要意义。我们说要让政务公开做足加法，就必须以社会需求为导向，以新闻媒体为载体，大力推行“互联网+政务”，让政务公开配上互联网的引擎。政务公开做足加法，就必须让政务公开工作接受社会的“年检”，让公众和行政相对人对政务公开的成效打分。政务公开做足加法，各级领导干部必须达成共识：政务必须公开，公开是常态，不公开才是例外。政务公开从来就不是一句空洞的口号，而是一项涉及面广、政策性强、工作要求高、人民群众极为关注的“阳光工程”。关键在于做足加法，加大力度，让相关法规和文件的各项规定都真正落地生花。

公安改革的要求很明确，凡有行政管理权、行政执法权的部门都要“阳光”，将你的权力拿出来晒一晒，让老百姓、让你的管理对象知道是怎么回事。这种要求必须转化为对行政执法的有力监督，也必然能够提高行政执法的公信力。行政执法部门必须要努力提高思想认识，特别是要认识到公信力来自群众的评价，包括有力的监督。公信力来自规范的执法，包括每位执法者；公信力来自难以避免的“民告官”，包括各级执法部门。只有这样来提高认识，才能真正提升执法的公信力。

公安“民告官”量大，涉及各级公安机关，而且我们有理由相信这种局面会长期存在。如何适应“民告官”的形势，关键在自身。下一步建设有几个关键点。

一是抓好基础。诉讼能力的背后是规范执法问题。规范执法问题的核心是基层执法问题。基层执法部门要把执法活动抓好，基层基础工作是下一步建设当中要抓的非常重要的一个问题。随着执法任务和执法能力建设的重心不断前移，基层公安机关执法正面临越来越繁重的任务。就城市派出所而言，各业务警种的执法任务几乎都已承担在警务网格化的范围内，各种公安执法责任都已装在里面。在上海市政协交通大整治视察活动时听到有委员说，现在马路上执勤的都是辅警，那真正的交警在干啥？交警总队的副总队长作了很好的说明，让大家知道执法活动方式的变化。那就是交警更多地被划入责任区，执行机动执勤。在机动执勤的过程中有效整合了基层派出所的巡逻警，叠加在一块既提高了执法效率，也较好解决了警力不足的矛盾。我觉得这样的做法是正确的，虽然增加了基层执法的任务和压力，但从整体看，对改善地区的治安秩序是有好处的，对基层公安执法环境建设也是有利的。

二是严把复议关。复议是诉讼的第一道关，如果你把复议关抓好了，对后续抓好诉讼就有极大的帮助，所以这个关非常重要。关于抓好复议关的问题，复议条例提出了具体的要求，这里有几个环节：第一是更好地体现复议的法定性。这种法定性既是老百姓、法人的一种救济渠道，也是依法进行复议管理的重要方面。第二是体现内部监督。监督的渠道很多，但是行政监督有一个很重要的特点，它是内部的层级监督，是上级机关监督下级机关。行政复议既然是一种系统内的监督，是一种层级监督，那么，这种监督要更加注重专业指导和专业规范。既然是一种内部监督，就应当不同于外部监督，把监督更多地体现在业务指导、业务把关上。通过复议这种特殊方式的监督发现问题，倒过来推进执法规范化，从源头上解决问题。上海市公安局在这方面有一个很好的总结，在体现行政复议作用方面做了三件事：（1）建立纠错案件“即查即编”案例指导制度。也就是说针对行政复议案件审查中发现的各单位在办案过程中较为典型的、较为普遍存在的执法问题，组织专人及时以案例汇编的形式进行整理，编发行政复议案例，发布在市局法制办主页复议应诉专栏，为公安分局办案提供战时指导。（2）加大复议案件的审查纠错力度。顺应新《行政诉讼法》的要求，提高案件审核力度，对可能产生败诉后果或可能被法院判决确认违法的办案程序问题和事实认定问题加强审核，提高行政复议撤销变更率，将复议纠错文书向基层单位反馈。（3）编写《行政案件示范案卷》。他们组织业务骨干编写《行政案件示范案卷》，对一些比较典型的案件，从程序、听证、笔录制作等方面细化办案要求，结合行政复议诉讼的实际，深入查找行政执法中存在的突出问题，指导基层公安机关办案实践。

上海市公安局法制部门还有几招：（1）在行政案件复议复核工作中，充分贯彻“阳光警务”工作模式，积极探索释法说理工作机制。针对具有广泛社会影响、较大争议或者案件当事人矛盾较深的案件，围绕案件事实、证据、程序和法律适用等问题对当事人以案释法，“以理服人，以理息诉”，让当事人切实感受公平正义。（2）建立文书公开机制，除涉及国家秘密、商业秘密、个人隐私、未成年人以及涉及社会敏感问题和突出矛盾等不宜公布的情形外，将以市局名义作出的行政复议和国家赔偿案件法律文书在市局“阳光警务”平台上公开，提高行政复议结果的透明度。（3）推进刑事复核公开，开辟“上海公安刑事复核”微信公众账号，通过运行

“上海公安刑事复核”微信公众号，针对所有刑事复核案件，推行受理公开、合议组成员公开、结案公开，提高了执法办案、公安业务办理的透明度。

三是负责人出庭。行政机关负责人出庭应诉是法治政府建设的一个要求，在上海市依法行政状况白皮书（2010—2014）里面有一个行政机关负责人出庭的数字，根据上海市高级人民法院的统计，2012 年全市法院受理的行政诉讼案件，各级行政机关负责人出庭应诉的为 9.1%，2013 年为 13.1%。

关于行政领导出庭问题法律有明确规定，《行政诉讼法》第 3 条第 3 款规定：被诉行政机关负责人应当出庭应诉。这里用的是“应当”，从法律上讲，法律在表达义务性规范时，一般用“应当”，表示具有强制性。如果不能做到，则与行为后果联系在一起。正是从这个意义上说，《行政诉讼法》第 66 条第 2 款规定：人民法院对被告经传唤无正当理由拒不到庭，或者未经法庭许可中途退庭的，可以将被告拒不到庭或者中途退庭的情况予以公告，并可以向监察机关或者被告的上一级行政机关提出依法给予其主要负责人或者直接责任人员处分的司法建议。我觉得行政机关负责人出庭还有一个重要的意义，就是有助于对类案的把控，你出一次庭就知道这类案子会出现的问题，有助于进一步加强责任制落实。我们且不说行政负责人面对“民告官”是否有时间每个案子都出庭，因为真要办好一个案子绝不是开庭那天庭上坐坐的时间。前期的案头准备要花大量的时间。但是，一个行政单位的行政执法活动有相似之处，一个行政单位的执法方式也有相同之处，最终表现出来的“民告官”也会有相同之处。负责人出庭在个案应诉的同时，往往可以站在行政管理的角度，透过个案发现类案中存在的共性问题，并可拿出针对性的解决方法，对提高行政执法能力有着事半功倍的效果。

四是打造专业队伍。根据诉讼法的规定，复议诉讼由政府法制部门负责，政府法制部门就有责任打造出一支精通复议和诉讼的专门队伍，把这支队伍建设好。“民告官”中两级行政机关为共同被告是《行政诉讼法》的新规定，有着积极的意义，有助于提升行政复议的重视程度，减少一些本可在复议中解决的矛盾，使上级复议工作变得更具实体性。《行政诉讼法》第 26 条第 2 款规定：经复议的案件，复议机关决定维持原行政行为的，作出原行政行为的行政机关和复议机关是共同被告；复议机关改变原行政行为的，复议机关是被告。我理解立法的本意就是要推动上级行政机关在复议环节的实体运作，不能简单地把它看成是一个程序，要不然你在法庭上就难了。从行政机关内部来讲，一定要把两级行政机关的应诉能力作为一个整体、一支队伍来建设。

讲到能力建设问题的关键一环是出庭能力建设，我当过职业律师，在以后的几次岗位变动中也有过出庭诉讼的实务经验。我体会到，除专业问题之外，出庭的庭风问题很重要。出庭的风格、风度这些基本的庭风问题，有几个基本要求是要考虑的：

语言文明问题。法庭上语言文明不仅是指必须用普通话表达，强调法言法语，更重要的还有一个尊重对方的问题。尊重对方在“民告官”案件中指两种情况。一是尊重“民”，二是尊重诉讼代理人。就尊重诉讼代理人而言，在庭审的过程中一般能做到，但尊重“民”在诉讼的全过程都能自觉地做到并不是一件容易的事，尤其是因为“民”与“官”的身份区别，“管理者”与“被管理者”的地位区别，“执法者”与“被处罚者”的概念区别，使“官”难以做到在法庭上自觉地尊重自己的对手，尊重作为原告的“民”。“官”在法庭上的据理力争容易被看成是强词夺理，法庭上的直言不讳容易被看成是借机蔑视执法者，在许多情况下作为“官”的执法人员出庭时容易在情绪上发生变化。因此，作为“官”在行政诉讼中往往更要强调对“民”的尊重，以确保诉讼活动的正常进行。

“官”在法庭上是否尊重“民”并不会更多表现在言词方面，一般并不会出言粗鲁，更多的情况是在法庭事实调查特别是质证过程中的配合，当出现对方违背客观事实推脱辩解时，能否冷静地坚持以事实来说话。往往在这种时候更能体现出一个好的庭风。

风度问题。法庭上要强调一定的风度，“官”不能表现得盛气凌人，要尊重诉讼各方。仪表也非常重要，行政执法部门的人员出庭应诉不着统一的制服，那么是否可以着另一种比较规范的服装呢？法院规定法官审案必须穿统一的服装；律师协会规定，律师出庭必须穿统一的服装；检察院规定检察官出庭支持公诉必须穿统一的服装，我想都是有道理的。出庭诉讼的很多事情都是很有意思的，你在法庭上对事实、对证据、对法律怎么运用，那是很有味道的。一组组证据，怎么出示，怎么运用，怎么归纳是很重要的。我在出庭的时候，都会把相关证据归类。第一组证据一共有几份材料，然后这一组证据证明一个什么问题，都会做这样的归纳表述。还有一个运用问题，专门法律的运用一般都比较娴熟，关键是综合法律的运用，涉及相关问题的综合法律运用往往体现一个诉讼代理人的水平，你对综合法律运用的娴熟程度以及针对性，很能体现出你的水平。还有陈述的问题，一般在普通审的过程中都有第一轮、第二轮的答辩陈述，特别是第二轮的发言怎么具有针对性，怎么维护你的诉讼目的，这是很值得悉心体验的问题。很多都是要靠训练靠积累靠底蕴，靠平时的文化基础，但是这些方面对公安机关出庭代理人来说显然是需要提高的。现在有一种观点认为今后要加大公职律师出庭应诉，请专门的诉讼代理人出庭，我认为是有道理的。上海市公安局有很多公职律师，考出律师资格的有很多，如果让他们以公职律师来出庭，我觉得是一件值得推进的事，让更具有出庭能力的人出庭，“官”在这方面能力会更强一点。

警察打官司不是一件坏事，警察败诉几起案子也不是一件坏事。为什么会败诉，问题出在哪里，这对加强自身队伍建设是有好处的。我始终觉得就事论事讲诉讼能力提高好像显得不够，更多的意义是促进公安部门规范执法。

后 记

继第一本书《公安行政管理概论》，第二本书《出击突发事件现场》之后，第三本书《人民警察的时代担当》完稿交出版社，实现了自己退居二线后出三本书的计划。

我到公安工作时已经担任领导职务，但从警的第一件事，是学习敬礼，像一名普通民警敬一个标准的军礼。从此，与公安事业结下终生的情缘。公安是和平时期国家安全与稳定的中坚，每位公安民警都透着一股力量，每项公安事业都透着国家需要。《人民警察的时代担当》是以一个亲历者的视角去体验公安事业的发展，讲公安事业在法治中国建设征程中快速发展的点点滴滴，所包含的内容只是公安全部工作中的一块，或者说是与公安行政管理相关的一块，却体现了人民公安、尽责公安、威武公安的智慧与豪气。

党的十八大把法治中国建设确立为治国理政的基本方略，绘制了蓝图，架构了“四梁八柱”，包括公安在内的司法部门都实践了。这些年公安事业的发展体现着在法治精神引领下的发展。虽然我已离开一线岗位，却依然感受到同志们的法制意识、法治思维、依法管理所体现出的法治精神，正是这种精神不断推进公安工作在日益繁重的任务面前，交出了一份份让党和人民满意的答卷。在全国有“亚信峰会”“AEPC 会议”“G20 会议”“金砖五国会议”等重大活动，在我生活的上海，公安组织了全面禁止燃放烟花爆竹、交通违法大整治等具有重大影响的执法行动，胜利完成了第一届中国进口博览会安保任务，体现了新时代人民警察的担当。

事业在发展在进步，站在时代的高度我们都在路上，每天都是新的起点。“担当”是一种行动，是一份收获；“担当”需要不断的探索，需要发扬光大。到如今，可以说，在实现中国梦的征程中公安机关和公安民警都在努力，正用自己的汗水，甚至鲜血，为伟大的中国梦添彩，为自己心中的中国梦出彩。当这本书出版的时候我已退休，但我相信有了勇于担当的人民警察，公安事业会续写出更加辉煌的篇章。

在此，我要感谢三年来，对我静下心来写书给予极大支持的上海政法学院，感谢姚建龙、蔡一军、周舟老师的支持，特别要感谢为本书校对核稿的陆江鄰同志。

江宪法

图书在版编目(CIP)数据

人民警察的时代担当/江宪法著. —上海:上海人民出版社,2019
ISBN 978-7-208-16099-6

Ⅰ. ①人… Ⅱ. ①江… Ⅲ. ①警察-工作-中国-文集 Ⅳ. ①D631-53

中国版本图书馆CIP数据核字(2019)第210785号

责任编辑 夏红梅
封面设计 一本好书

人民警察的时代担当
江宪法 著

出　　版 上海人民出版社
(200001 上海福建中路193号)
发　　行 上海人民出版社发行中心
印　　刷 上海商务联西印刷有限公司
开　　本 720×1000 1/16
印　　张 16.25
插　　页 4
字　　数 246,000
版　　次 2019年11月第1版
印　　次 2019年11月第1次印刷
ISBN 978-7-208-16099-6/D·3491
定　　价 65.00元